コンサルを超える
問題解決と価値創造の全技法

定番フレームワークの最新活用法から社会課題解決まで

名和高司
一橋大学大学院国際企業戦略研究科教授

Discover

二一世紀のバリューを創っていくのは、
問題解決のプロではなく、
価値を真善美の「善」に基づき判断できる人だ。

はじめに

今世紀に入ってから十数年、それまでにはなかったビジネス書が一気に広がり、ベストセラーとなるようになった。先駆けは、照屋華子氏らによる『ロジカル・シンキング』（東洋経済新報社　二〇〇一年）だろうか。

その後、内田和成氏による『仮説思考』（東洋経済新報社 二〇〇六年）や、渡辺健介氏による『世界一やさしい問題解決の授業』（ダイヤモンド社 二〇〇七年）などが続き、現在ではビジネスパーソンの常識ともされているようなさまざまな「技法」「思考法」が、当時のビジネスパーソンたちには新鮮なものとして、熱狂的に受け入れられていった。その流れはいまも続いている。

ところで、いま挙げた『ロジカル・シンキング』の照屋氏、『世界一やさしい問題解決の授業』の渡辺氏はともに、マッキンゼー（マッキンゼー・アンド・カンパニー）の出身だ。そして、『仮説思考』の内田氏はボスコン（ボストン コンサルティ

ング グループ：ＢＣＧ）の日本代表だった。

ＭＢＡ*で学ぶようなビジネススキル書の著者たちの多くは、マッキンゼー、ボスコンに代表される外資系コンサルティング・ファームの出身者たちだったのだ。

本書では、そのようにして数多く、さまざまな形で世に流布しているマッキンゼーとボスコンの「技法」とそこにある思考法を、まずは紹介する。マッキンゼーに二十年弱（後半の十年弱はディレクター）、ボスコンのシニアアドバイザーを六年間務めた私が整理し、基本から応用まで、全体図をもって一挙にお見せしたい。

と同時に、現在のコンサル（以後、マッキンゼーやボスコンに代表される外資系戦略系コンサルティング・ファームをコンサルと呼ぶ）の限界と将来への展望、そして、読者に向けて、コンサルを超える思考法・発想法についても述べていくつもりだ。


マッキンゼーとボスコンを比べると、問題解決の分析の仕方、問題の本質への肉薄の仕方は驚くほど似ている。しかし、クライアントマネジメント、すなわち、相手をその気にさせるやり方が異なる。

詳しくは、第一章で述べるが、ひとことで言えば、問題をひとつずつクライアン

*ＭＢＡ（Master of Business Administration）
経営学修士号、または経営管理修士号と呼ばれる学位。
一八八一年の米国ウォートン・スクールが世界初のビジネススクールであり、一九〇八年に設立されたハーバード・ビジネス・スクールが現在のＭＢＡ課程の基礎を作ったとされている。

ト自身が素手で解いていくように促すのがボスコン流、誰がやっても同じ答えが出るように型にはめていくのがマッキンゼー流だ。

まったく異なる方法のため、たとえばマッキンゼー流に固まってしまった人はマッキンゼーのやり方がいいと思い、ボスコン流に固まっている人はボスコンのやり方のほうがいいと思ってしまう。その両方で活動したコンサルタントはごくわずか。ましてや両方の頂点を見た者となると、いまのところ、私が唯一の「証人」となってしまう。それが、私が本書を書かなければならないと判断した理由でもある。

—「問題解決請負人」から「機会発見請負人」へ—

ところで、コンサルタントとは何だろう？　いったい何をする人か？

まずは、「問題解決請負人」と定義できるだろう。コンサルが呼ばれるときというのは、「問題」が生じたときだ。会社がうまくいっているときには、依頼されない。自覚症状があってはじめて人々が訪れる医者のようなものだ。

基本的には、病んでいる人たちの病気の原因を突き止めて、治療法を示し、回復に導くのが仕事だ。要するに、病から復活して普通の状態になりました、企業でいえば、企業再生しました、で終わるわけだ。

けれども、本来は、そこからどうやって楽しい人生を送るのか、どうやってより快適な企業戦略を展開していくかが重要だ。つまり、そこからどれだけ伸ばしていけるか、そこをいっしょに考えていくのもまた、コンサルの仕事だと思う。すなわち、**「機会発見請負人」**、**「機会の最大活用の請負人」**、**「成長の請負人」**、**「価値創造の請負人」**だ。

コンサルはいまのところ、残念ながら、「問題解決請負人」の域を出ていない。しかし今後もコンサルが発展していくためには、「機会発見請負人」になっていかなければならないだろう。

――本書の構成――

本書は、

1　コンサルの基本技

2　超一流コンサルのスゴ技

3　コンサルを目指す、コンサルを超える

の三部構成となっている。

第一部では、「問題解決力」「仮説構築力」「インパクト力」「フレーミング力」などビジネス書のタイトルとしても馴染みのある基本技を八章にまとめた。いわば「**問題解決請負人**」の部分だ。ここでは、一橋ビジネススクールのMBAコース並びに、EMBA（エグゼクティブMBA）コースでの講義資料を初公開している。

現在のコンサルはこの基本技が中心となっているわけだが、それだけではいずれAIに取って代わられる。ペッパー君*にもかなりの部分、できてしまうだろう。そこで、続く第二部、応用編の登場だ。

問題解決を行っていくと、表面には出てこない各企業に固有のさまざまな真の問題が潜んでいることに気づくことがある。基本技で問題を要素分解することでは見えてこない問題がいくつもある。そうした問題をいかに解明していったらいいのか？　ここではじめてペッパー君にはできない領域が登場する。

同時に、「**機会発見請負人**」への途が開けるときでもある。若い頃、私が師事した大前研一氏からの学びが大きい部分でもある。

*ペッパー君
感情認識ヒューマノイドロボット。「感情エンジン」と「クラウドＡＩ」を搭載した世界初の感情認識パーソナルロボット。
ソフトバンクロボティクスが販売などの事業展開を手掛けており、ヒト型ロボットとして店舗などへの導入が進んでいる。

最後の第三部では、一部二部で学んだ技を、どのように活用していったらいいのか、そもそも個人や企業がコンサルの武器を身につける目的は何なのか？　さらに言えば、個人の生きる目的、企業の存在理由は何なのか？　個人と企業の志と人間力について述べていく。

さらに、社会的事業を行う人たちに向けて、社会課題解決にコンサルの手法を用いていくことも提唱する。実際、マッキンゼーを辞したのち、社会起業家となり、従来のＮＰＯなどとは異なる経済的にも余裕のある企業を設立、社会貢献にマッキンゼー流を取り入れて、成功させている人はいまや珍しくない。アメリカの若い世代では、優秀な人から順に社会的企業を起業していくほど主流となっている。

第四次産業革命*とも言われるなか、つねに変化し、変革を続ける企業のみが生き残ることができる。それを支える個人が求められている。コンサルティング・ファームで試行錯誤を重ねながら形となってきた思考法、仕事術は、さまざまな場面で役に立つはずだ。

これからコンサルを目指す人たちはもちろん、コンサルの技を導入したいと考えている企業や公共団体の経営幹部や一般のビジネスパーソン、そして、多くが半ば

＊第四次産業革命
人工知能の進化に伴うＩｏＴ（Internet of Things）により巻き起こる産業構造の変化。一八〜一九世紀の蒸気機関による動力獲得の第一次、一九世紀末〜二〇世紀初頭の電力やモーターによる動力の革新を指す第二次、二〇世紀後半のコンピュータによる自動化の促進を指す第三次に次ぐ産業革命と呼ばれる。

ボランティアのまま終わってしまいがちな社会的企業の方にも、ぜひ読んでいただければと願っている。

本書が、個々人の成長と所属する組織の成長、ひいては、日本の産業界や社会の発展に少しでも寄与するものとなれば幸いだ。

名和高司

コンサルを超える　問題解決と価値創造の全技法―目次

第一五章　社会課題を解決したいあなたへ　479

おわりに　497

第一部
コンサルの基本技

第一部では、まず、論点思考、仮説思考、インパクト思考など、コンサルのロジカル・シンキングの基本から、MECEからアンゾフのマトリクス、ボスコンのマトリクス、マッキンゼーの7Sなどの主要フレームワーク等々、ビジネスパーソンの間ではお馴染みのコンサルの基本技をご紹介する。コンサルの問題解決基本技法集としても十分、お役立ていただける内容だ。

しかし、それだけなら、すでに十二分すぎるほどの類書があるなか、わざわざ本書を著す必要はない。実際、基本技をセオリーどおりに使うのだったら、AIにもできてしまう。問題は、セオリーどおりに使うだけのコンサルが多いことだ。

ここでは、基本技を紹介しつつも、その限界と、その限界を超える技の使い方も述べていこう。

第一章

問題解決力

「ビジネススクールでは学べない」知の原点

「はじめに」で、コンサルタントというのは基本的に、問題解決をする人だと定義した。では、「問題解決」とは何か？　なぜ、それが手法として確立しているのだろうか？　まずは、そこから始めよう。

最初に、「問題解決」は、ビジネススクールでは教えていない、というのをご存じだろうか？　スタンフォードのビジネススクールでは、クリティカル・シンキングとロジカル・シンキングについては教えているようだが、もとより、それができるようになったからといって、問題解決ができるわけではない。それらは、要は、頭の使い方のひとつにすぎないからだ。

「問題解決」は、いわば総合芸術のようなものだ。それを構成する技術をひとつふたつ極めたからといって、プロとして通用するようにはならない。かといって、「学術的」にも成立しない。極めて「学際的」な領域なのだ。だから、本来、調査・分析・研究が身上である大学院のカリキュラムには向かないわけである。

さらに、**「問題解決」というのは、アカデミックに解くというより、実践で解くものだ。**ところが、ビジネススクールは基本的には学者が教えるところである。そもそもアカデミックな世界しか知らない学者に、実際のビジネスの課題、企業の現実的な問題を解いてもらおうというのがどだい無理な話だ。

かれらは、問題をますます混迷させ、難しくすることはできても、解決はできない。自分の学説に合ったケースなら、快刀乱麻のごとく斬ることができるかもしれないが、ほとんどの問題は複雑に絡み合っていて、なかなか美しく学説にはおさまらない。無理に学説に当てはめようとしても、正しい問題解決にはならない。**学者には問題解決は教えられない**のである。

ハーバードなどの欧米の一流ビジネススクールには、かのマイケル・ポーター*の

*マイケル・ポーター 一九八〇年、最初の主著『競争の戦略』発表以来、経営戦略論の最前線に立つ米国の経営学者。ハーバード大学経営大学院教授。いわゆるポジショニング派の雄として、ファイブフォース分析やバリューチェーンなど数多くの競争戦略手法を提唱してきている。

ように、一皮むくとコンサルといった実学に近い教授陣がいないわけではない。とはいえ、やはり自分たちのセオリーを無理矢理押しつけようとしたり、セオリーにのっとらないものははじいてしまったりする傾向からどうしても逃れられない。

もう一点、ビジネススクールでは、臨機応変にいろいろなものを組み合わせ、応用することがなかなか難しいということもある。

マーケティングなり、ファイナンスなり、なんらかの切り口からなら、その分野の専門家がそれなりに方法論を持っている。しかし、**実際の問題に、「マーケティング」とか「ファイナンス」とかラベルが貼られているわけではない。**ファイナンスもマーケティングもイノベーションもリーダーシップも全部かかわるとなると、それぞれの教授を集めて、みなで取り組まなければならない。それでは、たとえば、東芝が抱えていたような課題は、とてもじゃないが解決できない。

ちなみに東芝については、じつはボードメンバーに経営学の学者が入っていた。学者のなかでは、フレキシブルな方だったのだが、やはり太刀打ちできなかった。

新人コンサルが最初に学ぶ問題解決一週間集中講座

多くの場合、問題は、ラベルを貼れるほど単純ではない。問題解決というのは、先ほど述べたように、いわば総合芸術なのだ。あらゆるものを駆使して、**あらゆる角度からロジカルに考える。そして、最後は、論理を超える。**

つまり、全体像を見て、バランスをとる。ある種の**直観と感性が要求される**世界なのだ。このことについては、これからじっくり述べていくことになる。

というわけで、現実の問題は、通常の問題解決の論理とスキルだけで解けるようなものではない。が、だからといって、問題解決の論理やスキルは身に付けなくてもいいということではまったくない。

いまお話ししている「通常の問題解決手法の限界」は、そもそも通常の問題解決の手法を知っている、身に付けている、という前提の話なのだ。つまり、十分条件ではないが、必要条件なのである。それを知らない、というのは、申し訳ないが、そもそもお話にならない。

だから、マッキンゼーでもボスコンでも、新人はまず、基本的な問題解決手法をたたき込まれる。そして、本書の第一部では、その新人にたたき込むのと同じ内容を読者のみなさんにたたき込もうというわけである。

じつは、私が教える一橋ビジネススクールでも、問題解決の一週間の集中講座を二年間、おこなってみた。この第一部の「コンサルの基本技」は、その集中講座のいわば「本邦初紙上公開」なのである。

ところで、いま、「二年間」と書いた。ビジネススクールとしては画期的な、学生にとっては貴重な機会となるはずなのに、二年で打ち切りになってしまった。なぜか？

教授陣、学生ともに、評価が二分したのだ。その重要性を認めた人たちと、使えない、と思ってしまった人たちに極端に分かれてしまった。前者には、コンサル志望や起業家志望など、自分で考えたり工夫をしたりすることが好きな人たちが多かった。一方、後者の人たちの評価しない理由は、「ひとつの正解が示されるわけではないから、教わった気がしない」というものだ。実際には、こちらの人の数のほうが多かった、というわけである。

しかし、**現実のビジネスの課題に、たったひとつの正解があるわけではない**。さらに言えば、そのスキル自体、一週間やったからすぐに使いこなせるようになるものではない。経験を積み、場数を踏まないと、通用するものにはならないのだ。

じつは、この件には続きがある。その講座に良い評価をくれなかった学生たちも、もう一度社会に戻ってみて、「一橋ビジネススクールで学んだことで一番役に立ったのは、問題解決の講座だった。当初は、答えがないことに不満を持ったが、自分で答えを見つけるための方法論が身に付き、応用が利くことが、いまになってわかった」という声を寄せてくれる。講座がなくなったことを残念がる学生も少なくない。そこで、再び、二〇一七年から始まったエグゼクティブMBA（EMBA）コースでは、問題解決の講座を始めることになった。

実際、ワンランク上を目指す人、エグゼクティブになろうという人たちにとって、問題解決は必須科目だ。ただ、繰り返しになるが、ここで教官として教えられるのは、ベテランのコンサル出身者、または百戦錬磨の経営者だろう。学者畑一筋でこられた先生には難しい。やはり、問題解決の場数がものを言う、経験値の世界だからだ。

「問題解決」の二大要素 分析力と構築力

先に、問題解決は総合芸術だと述べた。そこにはさまざまな要素があり、さまざまな能力が求められる。大別すれば、**「分析力」**と**「構築力」**だ。

徹底的に分析し尽くす、というのは問題解決の重要な要素である。**丸ごとでは処理できない課題を、どんどん要素分解していくことによって、問題の本質に迫って**

いく。病原（課題の本質）を見極めるまで、細かく解剖していくわけだ。要素分解が苦手で、全体としてふわっととらえてしまう人がいるが、そういう人はなかなか本質に迫れない。

コンサルの用いる問題解決の基本技は、意外なほど共通している。ＭＥＣＥ（ミーシー）に分ける、ロジックツリーにする、「ＷＨＹ？」を五回など、基本はすべて同じだ。それらについては、このあと次の章から順にご紹介していくことにしたい。

しかし、こうした「分析」は、問題解決の半分でしかない。たとえ、問題の在りかがわかったとしても、その取り除き方がわからなければ、そして、実際に、取り除くことができなければ、問題を解決したことにはならない。**問題がそこにあるということをロジカルに証明するだけでは何の解決にもならない**のである。

実際、企業の問題は、生物同様、外科的に問題の箇所を取り除けばいい、というものではない場合がほとんどだ。さまざまなことが複雑に混じり合い絡まっていて、何かを切り取ってしまうと、全体が崩れてしまったりする。あるいは、問題だと思っていたのは、本当は問題ではなくて、それを生み出す根本的な問題があり、すぐに再発する、ということもある。

要するに、**ひとつのことが悪さをしているというより、複雑骨折をしているようなもの**なのだ。

では、どうするか？　ということで、次の「構築力」が重要になってくる。いったんその問題の本質がわかったとしても、それを解決するためには、今度は違うストーリーが必要になってくるのだ。

真理より心理

分析によって、組織の問題がある程度特定でき、それを解消する方法を決定したとする。もっとも重要なのは、ここからだ。「実行」の段階だ。いわゆる「戦略より実行」の世界だ。この段階での最大の障害は何か？

それはきわめて人間的なものだ。**問題の特定はＡＩにも可能な「自然科学」の世界だが、その先は「心理学」の領域**だ。どういうことか、簡単にご説明しよう。

実践するためには、みながその気になって、あの手この手で問題解決にあたらなければならない。しかし、何かを変えようとすれば必ず、自分たちがいまやっていることを否定されたと感じて、反発する人が出てくる。実際、既得権を侵されることになる人たちもいるだろう。いわゆる抵抗勢力だ。

そうでなくとも、人は基本的に変化を嫌う。二〇一七年にノーベル経済学賞をとったリチャード・セイラー教授[*]らが「現状維持バイアス[**]」と呼ぶ傾向である。正面から反対してくる人、秘かに反対派のとりまとめに画策する人、サボタージュする人……抵抗のしかたは、いろいろだ。

問題がわかったとしても、その解決には、また別のストーリーが必要となるのである。

＊リチャード・セイラー　シカゴ大学教授。行動経済学の理論家として国際的な研究業績を持つ一方、『セイラー教授の行動経済学入門（The Winner's Curse）』など、行動科学の一般向け啓蒙書も多数執筆。二〇一七年、ノーベル経済学賞受賞。

＊＊現状維持バイアス　リチャード・セイラー教授の専門である行動ファイナンス（人間の非合理的な心理を経済学に応用する学問）で特徴的なもののひとつ。現状を変える不利益のほうが、変えたら得られるかもしれない利益よりも大きいと思えてしまうというもの。

人体同様、企業組織は周りの細胞との関連を見、全体のバランスを見ながら、いわば漢方的に全体を直していかなければならない。**全員が力を合わせて、現状を打破しようという意思を持つためのストーリーが不可欠**である。

何をどういう順番で解いていったらいいか、誰をどういう役割で巻き込むべきかなどを構想する「構築力」が必要となるのだ。そして、そこで用いるのはロジックよりも心理学なのである。

なぜなら、こうすれば絶対によい方向に向かう、と、ある種「ビリーブ・ミー」の世界をつくらなければいけないからだ。**ロジックだけではなくて、ひとりひとりの意思に訴え、感情に訴え、動機づけていく**ことが必要なのだ。そうしなければ、とてもではないが、みなの気持ちをひとつにしていくことはできない。ひとつにできなければ、解決はできない。

これは、別にコンサルに限ったことではない。実学、ビジネス界の人たちは、常日頃、おこなっていることである。もし、ロジックだけで人が動き、問題が解決するのだったら、前述のようにＡＩ、ロボットにもできてしまう（というより、そもそも人間がおこなうから、複雑な「問題」が生じている、とも言えるわけだが……)。**正論を正論だからと振りかざしたところで始まらない**のである。

こうした状況を知ってか知らずか、ビジネススクールにも、最近、「ジェネラルマネジメント」という怪しげなカテゴリーができている。リーダーシップなどの人の問題からお金の問題まで、総合的に解いていく手法の確立を目指しているようだが、学問としてそれが可能になるかどうかは疑問だ。

じつのところ、ロジカルに出てくる答えは、ひとつとは限らない。未来が一〇〇%完全には予測できない以上、答えはいくつもある。

ここで重要なのは、もっとも正しい答えを出すことではなくて、答えを当事者たちに信じさせること、そして、実行させることだ。

どんなに正しい答えでも、当事者ができない、と思ったらそこでおしまい。回り道であっても、当事者にこれならできると思ってもらえれば次に進める。

そして当事者とは、現場の人たちだ。新しい道は、そこから開けるのである。

ファクトベースのマッキンゼーと心理学重視のボスコン

戦略系の二大コンサルといえば、マッキンゼーとボストン コンサルティング（以下、略してBCG、またはボスコンと呼ぶ）である。この二社は、さまざまな点でよく比較される。

マッキンゼーの特徴は、ファクトベース。決められた形どおりにファクト*を集め、新人でも、正しい分析とそこから導き出される答えを得ることができるよう、優れたプログラムを持っていて、それによって、原則として、一プロジェクト三カ月で答えを出す。

シニアマネージャーと複数の若手コンサルタントによるチームでおこない、人に

*ファクト（Fact）
ロジックを組み立てていくためのデータや具体例のこと。

よる質のばらつきも少ない。**「ファクトベース、一プロジェクト三カ月、調査し、分析し、戦略を立てて終了」**が、マッキンゼーの定番メニューである。

問題は、本来、**総合芸術である問題解決がただの分析にとどまりがち**だということだ。新人だけでなくシニアマネージャークラスも、経営や実学の知識が乏しいために、分析に頼りがちになる。これでは近い将来、ＡＩに負ける。

大前研一さんがマッキンゼーの日本代表として日本に本格的にコンサルを広めた頃は、そうではなかった。ただの分析屋ではなかった。それが、どんどん専門化され、いまのように、「問題解決」イコール「ロジカル・シンキング」のようになってしまった途端に、もっとも重要なところが抜け落ちてしまった。

私には、**本来、ただの前提でしかなかったロジカル・シンキングがすべてのようになってしまっている**ように見える。

堀紘一さんが日本代表を務めていたボスコンは、マッキンゼーとはかなり「芸風」が異なる。**一プロジェクトに三年はかけることもざら**である。担当コンサルタントは、クライアント企業の社内に入り込み、問題解決への道のりを手取り足取り、**社**

員とともに試行錯誤しながら伴走する。

そのなかで、クライアントの企業の人たちが、自分たちで気づいていくのを、辛抱強く待つ、というやり方をとるのだ。わずか三カ月で、あとはあなた方が実行してくださいね、と突き放すマッキンゼーとは大違いだ。

課題の分析と問題の特定までの手法は変わらない

では、両社に「変わらない本質」とは何か？ それは、**企業の「本当の課題」の在りかをえぐり出すことがコンサル前半の勝負**である、という点だ。

ここでコンサルの秘技のひとつを、ご披露しよう。本当の問題を特定するにあたって、**コンサルは、当初クライアント企業が解決を相談してきた問題以外のところにこそ、本当の問題がある、という仮説のもとに分析する。**

私の経験では、ほぼ一〇〇%、そのとおりだ。

たとえば、コンサルを依頼してきた社長の存在自体が企業の最大の問題だった、というのは決して珍しいことではない。そのように、表面的な問題の裏に隠れた本質的な問題にいかに肉薄できるか、それがコンサルタントの腕の見せどころ、というわけだ。

したがって、クライアントから解決を依頼された「問題」の答えをいきなり出そうとしないで、**「本当の問題は何だろう?」とつねに考え直す。**

「いま、解こうとしているのは、本当の問題ではないはず」と、つねに本当の問題に迫ろうとする。それが、マッキンゼーにもボスコンにも共通する、コンサルの「本質」だ。

最初に答えを示すマッキンゼー流と相手に答えを気づかせるボスコン流

では、違いは何か？　それが、先ほども述べた「心理学」の部分である。

本質に肉薄する本当の問題が見つかったとする。その解が正しければ、問題解決の大半は終わると考えがちだ。ただし、当のクライアント企業がその解を、「たしかにそうだ」と心の底から認め受け入れなければ、話にならない。

そして受け入れた結果、全社一丸となって、示された解決案を「実行」していってはじめて、問題は解決される。だから、**出した解に対するクライアントの「腹落ち」をいかに導いていくかが極めて重要で、そこが「心理学」**なのである。

では、それぞれがいかに誘導するか？

マッキンゼーは、最初に答えを言う。解決までの遠く複雑な道のりについても、すべて種明かししてしまう。**本質的な課題をロジカルに示す。**その本質的な課題が、相手の感情的な問題にある場合も、たとえば、「社長に決断力がないからです」といった具合にロジカルに伝える。

そうなると、お察しのとおり、聞く側は素直に耳を貸さなくなる。相手によっては、答えが正しければ正しいほど、反発を呼んでしまう。「たしかにあなた方の言うことは正しい、けれどもあなたたちみたいな、経営の経験もない若造なんかに、無責任に言われたくない」といった具合だ。そうなっては、せっかくお金と時間をかけた解決のための戦略も実行されずに終わってしまう。

これに対してボスコンは、**最初から答えを示すのではなく、相手が自分で気づくように上手に導く。**なにしろ、三年かけていっしょにその道のりを歩くわけだから、時間はある。だから、**分析の結果の報告・提案も、相手が受け入れやすいような言い方をする。**そうやって相手をその気にさせるのである。

相手がその気にならなければ、決して実行されることはないのを熟知しているからだ。実際、相手が、どんどんやる気になっていくことによって、結果的に正しい方向に導くことができる。

ただし、クライアントは自分で気づいたと思っているわけなので、コンサルタントの切れ味に対し、不信感を持つこともある。また、人によっては、そのややまわりくどい謎解きのような言い回しに、「結論は何だ」といらつくこともあるだろう。


このように、クライアントの本質的な課題をロジカルに分析・特定する能力は同じでも、それの解決策を「組み立てる」部分の手法は、マッキンゼーとボスコンでは、一八〇度異なる。どちらが「心理学」を上手に活用しているかと言えば、明らかにボスコンに軍配が上がる。

ただし、ここで言うボスコンとは、堀紘一さんが築き上げたボストン コンサルティング・ジャパンのことであって、すべてのボスコンに共通しているわけではない。米国はもちろん、世界中に広がるボスコンは、マッキンゼーと同じく頭でっかちな手法をとる。日本のボスコンのような人間の機微に触れるようなコンサルを行うわけではない。日本独自の、いわば、コンサルのガラパゴスなのだ（だから、日本のボスコンで働く人は、ずっと日本にとどまる。海外では通用しないから）。

さて、あなたが経営者だったら、どちらを選ぶか？

ボスコンに対する主要な批判は、相手の身の丈に合わせた問題解決では、相手のポテンシャルをフルに引き出さないままに終わらないか、という点だ。たしかに、どんどん要求水準を上げていかないと、中途半端に七合目程度で終わってしまうことになる。

では、最初から高いハードルを示すマッキンゼーのほうがいいだろうか？　というと、それはそれで、示された解決策の一割も実行されないまま終わってしまうことも少なくないという現実を見るにつけ、疑問が残る。

ただ、これだけイノベーションのスピードが速まっているいま、ひょっとしたらボスコン的なゆったり三年というのは待ち切れないかもしれない。**三カ月で一割をとるか、三年で七割をとるか、**の選択と言えるかもしれない。

マッキンゼーとボスコンの違いについては、あとの章でも詳述する。

この章のまとめ

- 問題解決は総合芸術である
- 「問題だ」と思われているものは、現象にすぎず、本質的な問題ではない
- 問題解決には、分析力に加えて、構築力がカギとなる
- そのためには、真理に迫る論理力だけでなく、心理に迫る洞察力が必要
- 答えはひとつではない。実行されてはじめて答えにたどり着く
- ファクトベースのマッキンゼー流と、心理学重視のボスコン。導入する企業にとっては、三カ月で一割をとるか、三年で七割をとるかの選択とも言える。

第二章

課題設定力「論点思考」

そもそもの「課題設定」が、勝敗の分かれ道

マッキンゼーをはじめ、問題解決は、たいてい次の順に行われる【図1】。

ステップ1　問題を定義する
ステップ2　問題を構造化する
ステップ3　優先度をつける
ステップ4　分析方法を設定する
ステップ5　分析を実施する
ステップ6　発見内容を統合する
ステップ7　問題解決法を提言する

[図1]
問題解決の7ステップ

ステップ1	ステップ2	ステップ3	ステップ4	ステップ5	ステップ6	ステップ7
問題を定義する	問題を構造化する	優先度をつける	分析方法を設計する	分析を実施する	発見内容を統合する	提言する

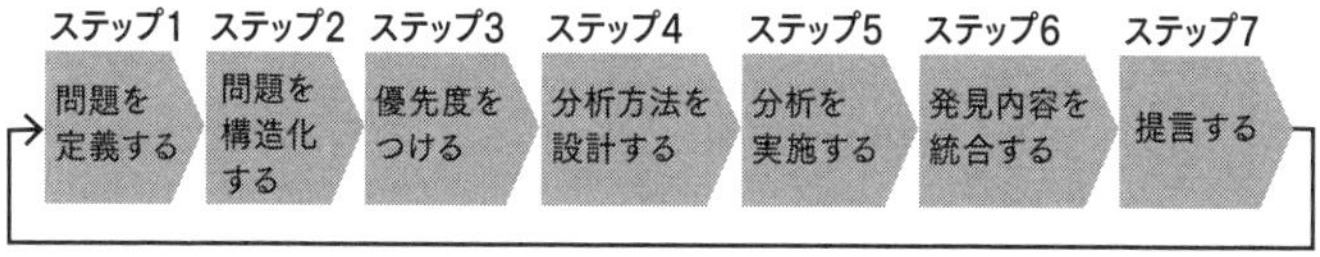

このうち、もっとも重要なのは、

ステップ1　問題を定義する
ステップ2　問題を構造化する

という最初の二つのステップだ。

つまり、結局、**何が本質的な問題なのかをきっちりと見極める「課題設定」**である。これがうまくいくと、**問題解決全体の五〇%はできたことになる**とされる。

当たり前のことのようだが、受験生メンタリティのままの人にとっては、案外、これが難しいようだ。提示された問題を解くことには慣れているけれども、問題を設定することには慣れていないのである。

しかし、**最初の課題設定が悪いと、その後、何をやってもピンボケ**で、問題の本質には迫れない。最初の五〇%はうまくいかなかったから、残りの五〇%でカバーしよう、というわけにはいかないのだ。そのくらい大切なところなのである。

コインの裏側には解はない

問題解決でよく陥りがちなのが、コンサル用語でいうところの「フリップ・ザ・コイン」。「コインを裏返した」だけのチープな答えだ。

たとえば、「いまの出版界と弊社の問題は返品率の高さです」、だから、「返品率を下げましょう」。これでは答えにも何もなっていない。ただ、コインを裏返しただけ。何の洞察もない。売上が落ちているとか返品率が上がっているというのは現象でしかないわけで、知りたいのは、その現象を引き起こしている本質的な問題だ。

よく陥りがちなのは、こうした「現象」を五〇個並べて、ひとつずつモグラ叩きにかかる、という問題解決の方法だが、もちろん、本質的な問題が明らかになっていないなかで、そのようなことをしても、うまくいくわけがない。

チョークポイントを見つける

では、どうするか？

まず、現象としての問題の構造を知ることだ。構造が見えてくると、どこから始めたらいいいかがわかる。

具体的には、列挙した「現象」について、因果関係のあるものをループで結んでいく。そして、本当に根っこになっているのはどこかを探っていくのだ。

その根っこの部分を、コンサル用語で、「チョークポイント」という。

チョーク（choke）というのは、窒息させるという意味の英語で、格闘技用語。首を絞める絞め技だ(レスリングでは反則技だが、柔道ではれっきとした決め技だ)。

チョークポイントとは、その首を絞めているものを指す。

首を絞められたら動きがとれないから、まずはそこを解いてやらないといけない。にもかかわらず、首を絞められていることによって生じている末梢神経の障害など、目に見える症状への対症療法に追われがちだ。それでは結局、何の解決にもならない。

いったい、首を絞めているものは何なのか？「それ」を取ったら生き返る「それ」とは何なのか？そのチョークポイントを探すのがコンサルの仕事であり、腕の見せどころとなる。

先ほどの出版の話を例にとれば、ひょっとしたら、そもそも無理な成長志向がチョークポイントとなっているのかもしれない。実力もついていないのに、いきなり一年で二〇〇%の成長率を目標にしているとしたら、そこがチョークポイント。その場合の解決法は、時間軸を先に延ばす、実力のあるメンバーをチーム丸ごと獲得する、などということになるかもしれない。

「イシューからはじめよ」

このように、チョークポイント、すなわち本質的な問題が見極められると、その後の処方箋はわかりやすいものになる。先ほど、正しい課題設定ができれば、問題解決の五〇％はできたも同然だ、と言った。実際の労力についても、この部分に五〇％とまではいかなくても結構な時間をかける。

私の二十年に近いマッキンゼー経験のなかで出会った、もっとも問題解決力に秀でたコンサルタントのひとりに、安宅和人氏*（現在、ヤフーのCSO）がいた。『イシューからはじめよ』というベストセラーの著者であり、最近はデータサイエンティストとしても有名だ。かれがマッキンゼーでインターンシップの指導を担当してい

*安宅和人
マッキンゼーに入社した四年半後、イェール大学脳神経科学プログラムに入学。その後、同社に復帰し、消費者マーケティングに従事。二〇〇八年秋よりヤフー株式会社。現在チーフストラテジーオフィサー（CSO）。著書に『イシューからはじめよ』他。

たとき、五日間の期間のうち二日を、この「課題設定」に充てていた。

「問題の本質は何か?」

「それはどのような構造をしているのか?」

丸二日間、ほとんど缶詰めのような状態で、ひたすら議論を重ねていた。

とこんなふうに言うと、

「あれ? ファクトを集めなくていいんですか?」

「まず、現場を見てからでは?」

という声が聞こえてきそうだ。

「科学者は先入観を捨て、リアルな現象から、発見するものだ。それが科学的アプローチではないですか?」と。

しかし、それは正しくない。虚心坦懐にものを見る、というのは聞こえはいいが、実際には、いろいろなものが見えすぎてしまって、何が本質だかわからなくなるのがオチだ。

そもそも**科学者は、必ず仮説を持ったうえで、現象を観察する**ものだ。いったん、これが本質だ、と決め打ちして、その「色眼鏡」で現象を見てみる。

このとき、たまたま一発で、ぴったりはまることもあるにはあるが、たいていはそこに当てはまらないものが出てきてしまう。そこで、無理矢理現象をねじ曲げるのは政治家か官僚で（？）、**科学者は、「仮説」を作り直す**。そうやって、正しい仮説に近づいていくわけだ。実際、科学者たちは、そのようにして、世紀の大発見をしてきた。

犬も歩けば棒に当たるが……

この仮説を立てて本質的な問題に迫っていくアプローチを示したのが、安宅氏による「犬も歩けば棒に当たる図」だ［図2］。

・「イシュー度」とは、問題の本質度

[図2]

イシュー（問題の定義）からはじめよ！？

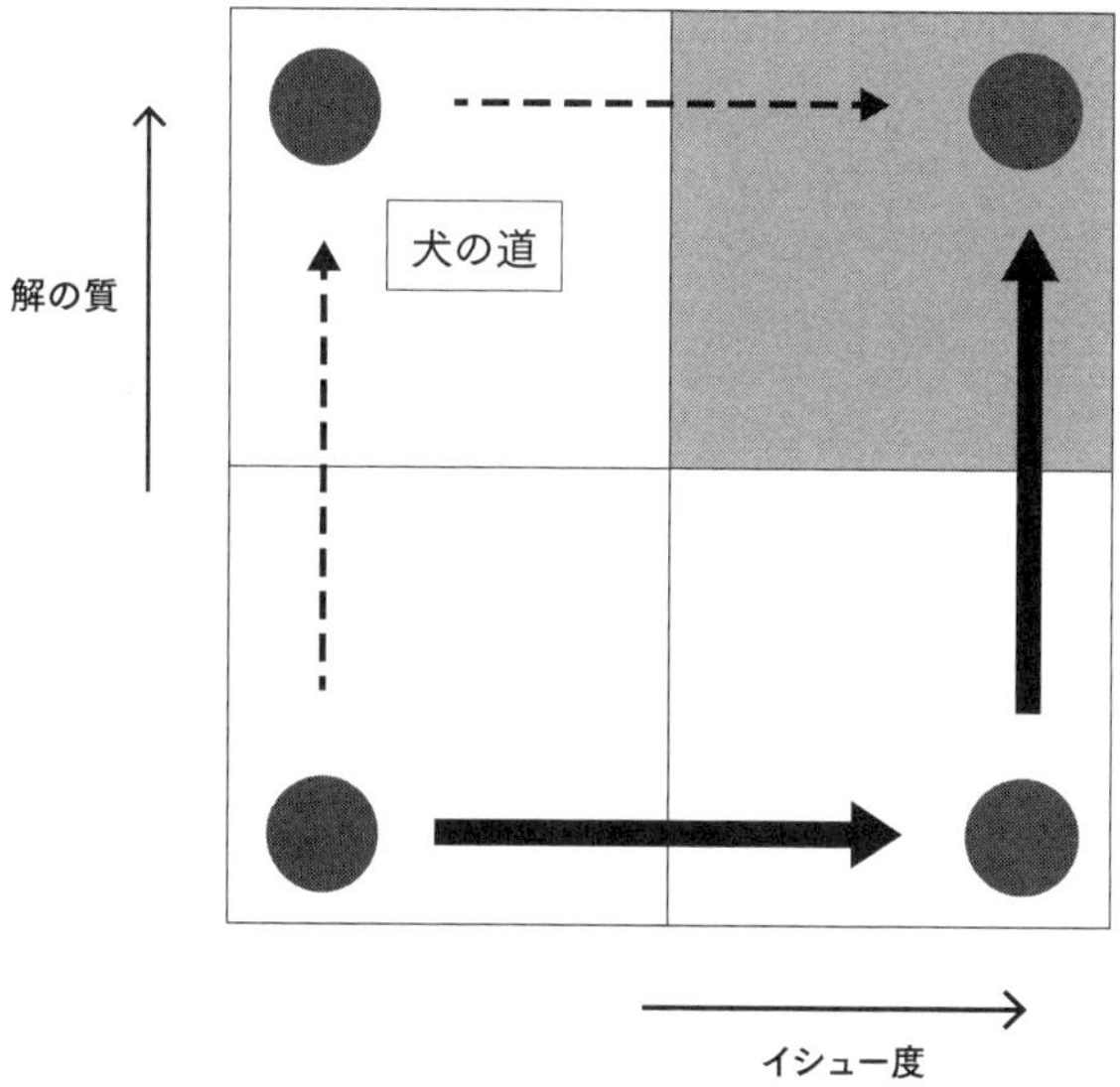

・「解の質」とは、ぼんやりとしたものにピントが合っていく（レゾリューション）度合い

「犬の道」と書かれている点線は、目の前のものに焦点を当てて、片っ端から本質の在りかを探し回るというもの。一方、実線で示されたアプローチは、ある程度、的が絞られたところで、ぼんやりとしたものに、だんだんピントを合わせていく、といったイメージである。

「犬の道」では、目の前はよく見えるのだけれど、問題ではないものが見えすぎてしまって、問題がどこだか、かえって見えにくくなってしまう。いずれ本質にたどり着く可能性はあるが、あまりにも場当たり的だ。

たとえば病気でも、身体中全部、精密検査をするわけではない。症状から、原因（病原）に仮説を持って、そこを検査する。

問題解決でも、はじめに、「イシュー度」、すなわち、問題の本質について仮説を立ててみる。そして、その問題の所在を徹底的に掘っていって、解の質を上げていく。こうすれば、やたらめったら現場を探しに行くよりも、効率よく、確実に問題の本質にたどり着くことができる。

NOT ボイル・ジ・オーシャン！

「犬の道」の問題点は、非効率性だけではない。あまりにもいろいろなものがあるために、本質がどれなのか見分けがつかない、という難点もある。これをわれわれコンサルはよく、海で宝物を探すことにたとえる。

海の底のどこかに財宝が眠っているとする。これを探す方法として、あなたならどうするか？

最悪なのは、海の水を全部、煮立ててしまって、底が見えるようにしてしまうことだ。コンサル用語で、**ボイル・ジ・オーシャン**[*]という。そうすれば、あらゆるものが見えてくる、というわけだ。

*ボイル・ジ・オーシャン（Boil the Ocean）
実現不可能なことをやろうとする、過剰なことをすること。

だがはたしてそうだろうか？

その方法が最悪なのは、コストや時間がかかるからだけではない。そもそも、海底をすべて見て回るなど、想像しただけで気が遠くなりそうな効率の悪い方法だ。それ以上に最悪なのは、**あらゆる余計なものもいっぱい見えてしまう**ことである。結局、海底にあったときと同様、本質を見逃してしまう、目に入らなくなってしまう可能性があるからだ。

ここは、**常識的な方法、すなわち、歴史的な文献や情報から、この辺だろうとあたりをつけて、掘りにいくのが最良の方法**だと言っていいだろう。

当たり前じゃないか、と思われるかもしれない。しかし、実際には、すべてを網羅したうえで判断しようとしたり、何が問題なのかもわからぬまま現場に行っては、いろいろなものを拾ってきてしまうといった行動があまりにも多い。そのうえで、ああだこうだと、不毛な議論を重ねる、というのは、組織においても、行政においても、よく見られる光景である。

問題は、すべての要素のなかから見つけるものではなく、はじめからこういうことじゃないかという仮説を持って見にいくものだ。

つまり、「イシューからはじめる」ことが重要なのだ。

イシュー度をどのように見極めるか？

では、イシュー度という横軸をいかに右に進めて、本質に近づいていくか？　実際には口で言うほど容易ではない。じつは才能によるところが大きい、というのが本音だ。しかし、そう言ってしまっては身も蓋もないので、天賦の才を経験の量で補うことも可能だと付け加えておく。実際、**問題を解く練習・経験を重ねていくことで、だんだんと勘がつかめてくる。**

そこで、問題解決といえば、必ず出てくる有名な練習問題をひとつ。

エレベーター*が一台しかない十階建ての建物を想像してほしい。ボタンを押してもなかなか来ないために、利用者はいつもイライラしている。管理会社には、なんとかしてくれという苦情がひっきりなしだ。さて、あなたならどうする？

「もう一台エレベーターを増設する」という答えでは、まずコンサル会社には受からない。コストと時間をあまりにも無視している。「健康増進のために、階段の利用を勧める」というのは、少しひねりが利いている。ただし、三階以上をいつも徒歩で登るのは、結構つらいだろう。

模範解答は、「エレベーターの前に鏡を置く」。そうすれば、身だしなみを整えたりするので、待ち時間が苦にならなくなるからだ。

この種明かしをはじめて聞いた人は、「問題のすり替えではないのか」とはぐらかされた気になるかもしれない。では、そもそも「問題」は何だったのか？

多くの人は、「待ち時間が長すぎる」ことが問題だととらえ、なんとか時間を短くする方策を考えてしまう。しかし、そもそも待つ時間を有効に活用できるように

*エレベーターの話　ラッセル・リンカーン・エイコフ著『問題解決のアート』（建帛社）に掲載されている。

すれば、待ち時間は問題ではなくなってしまう。

問題の本質は、時間の長さではなく、「手持無沙汰に待つ」という時間の質の問題だったのである。

問題をすり替えたのではなく、問題の表面にとらわれず、問題の本質に迫ったのである。それが、「イシューからはじめる」ということだ。

ホワイトスペースを狙え

ここでもうひとつ、例を挙げよう。かのスティーブ・ジョブズが好んだストーリーだ。問題というより将来の機会といったほうがいいかもしれないが。

アイスホッケーでは、パックと呼ばれる球をどれだけゴールにシュートするかで得点を競う。誰かがパックをとらえると、みながそこに群がるわけだ。

さて、かつてウェイン・グレツキーという名選手がいた。かれはいつも、みなとは真逆のあらぬ方向に走った。なぜかというと、そこが空いているからだ。パックを持った選手は、自分のチームの選手にパスをつなげようとする。だったら、空いているところで待つのが得策というわけだった。

案の定、グレツキーが走ると、いつもそこに球が来た。かれが自分でつくったスペースに球が転がり込んでくるのだ。

この話のオチとは、要するに、**どういう可能性があるかの仮説を持って、みずから場をつくると、それが次のリアリティになる、**ということだ。

いかにも、スティーブ・ジョブズが好みそうな話だ。みんなが群がっているところに行ったところで、取り合いになる。競争戦略用語を使えば、血みどろの**「レッドオーシャン」**[*]というわけだ。一方、何もないところに自分で新たな機会をつくり出せば、ひとり勝ちになる。これぞまさしく**「ブルーオーシャン」**[**]！

こうやって聞くと、当たり前の戦略に見えるかもしれないが、現状分析に終始し

＊レッドオーシャン
＊＊ブルーオーシャン
INSEAD（欧州経営大学院）教授のW・チャン・キムらは、その著書『ブルー・オーシャン戦略』の中で競争の激しい既存市場「レッドオーシャン（赤い海、血で血を洗う競争の激しい領域）」より、競争のない未開拓市場である「ブルーオーシャン（青い海、競合相手のいない領域）」を切り拓くべきだと説いた。

ていると、そんな効率の悪い方法はない、ということになるだろう。そこにはいまは、何もないわけだから。何もないところに行ってどうする!? と。しかし、次のアクションのことを考えると、そこが最大のチャンスの場となる。

「そこに何があるか、ではない。次にどんな可能性があるかだ」——スティーブ・ジョブズの好んだ言葉だ。

問題そのものが解決策になる

スティーブ・ジョブズには、リアリティを歪曲する力があると言われた。実際、タブレットなど使い勝手が悪すぎる、と思われていたのに、スティーブ・ジョブズの手にかかると、いかにも格好いいものにすり替わる。すると、みんなが先を争って使うようになり、その結果、人々の生活の一部になってしまった。まさに、ぽっかり空いていたスペースに、かれが新しい現実をつくり出したわけだ。

分析すれば現象は見えてくる。みんながパックの周りに集まっている混乱した状況は見えてくるだろう。しかし、混乱を解決する方法が見えてくるわけではない。**混乱している状況に入っていくことが問題解決ではないのだ。**混乱を解決しようと思ったら、混乱していないスペースにものを振らなければならない。

そもそもいまの困った現象を引き起こしている原因に突き当たると、その現象そのものがなくなることも少なくない。

例を挙げてみよう。たとえば新聞業界。全国津々浦々に広がる販売店による配達の仕組みが日本の新聞業界を支えてきた。ところが、いまはそれが重荷になっている。新聞購読者が減るなか、販売店システムがもっとも弱かった日本経済新聞が比較的元気なのは皮肉なものだ。

販売店の仕組みをいまのまま続けても、結局は時間稼ぎにすぎず、いずれ時間の問題でなくさざるを得ないものだということはみな、薄々気づいている。販売店のためにこのまま続ける、というのでは、新聞社本体が潰れてしまう。しかし、販売店をすべて切ってしまうことなどできない。いまはできない。

まさに、氷山にぶつかり沈みゆくタイタニック号の上で、椅子の並び替えを工夫しようと言っているようなものだ。問題の本質から目をそらし、現象面だけに対応して生き延びている気になっていると、それこそ命取りである。

ではどうするか？

タイタニック号*といえば、じつは乗客が生き延びる方法があった、という話をご存じだろうか？　氷山にもっと接近し、ぶつかって、乗客に氷山の上に降りてもらえばよかったのである。そうして、救助を待つ。海の中に飛び込んで溺死するよりずっとましだ。**氷山という問題そのものを解決策にしてしまう**、まさに、発想の転換である。

だとすると、新聞社にいまできる最善の策は、いまのリソースを生かせる次のビジネスを支援していくことではないか？

問題である販売店そのものを解決策とするのだ。

＊タイタニック号
二〇世紀初頭に建造された豪華客船。処女航海中の一九一二年四月一四日深夜、北大西洋上で氷山に接触、翌日未明にかけて沈没した。ドキュメンタリーや映画化も数多く行われており、レオナルド・ディカプリオ、ケイト・ウィンスレット主演の『タイタニック』は、一九九八年のアカデミー作品賞を受賞した。

ＷＨＹ？を五回

うまく問題の設定ができると、それが答えの在りかとなる。そしていまの現象が起こっている真因を取り除くことができれば、その現象そのものがなくなる。では、どうすれば、そうした課題設定ができるのか？

犬も歩けば棒に当たるからとやみくもに探し回るよりも、ここだ！　と決め打ちしながら、人のいない場所に向かったほうがいい。とはいえ、スティーブ・ジョブズならぬ凡人が、ここだ！　と決め打ちをしても、当たる確率はあまりにも低い。結局、いつまでたっても、本質的な問題には迫れない。

そこでよく用いられるのが、「ＷＨＹ？を五回」という方法だ。トヨタのカイゼンの方法として有名になった。そして、トヨタの「ＷＨＹ?を五回」でよく出てくるのが、次の例だ。

あるラインがよく問題を起こしていた。さまざまな仮説を持って、ＷＨＹ?を五回繰り返しながら、そのラインの不具合の原因を探っていった。すると、最後に出てきたのが、そもそもなぜ、ここにこの工程があるのか？　というＷＨＹ?だった。

このラインがなかったらどうなるだろう?

お察しのように、その結果、その工程はなくすことになった。

ラインの中で、単に椅子を並び替えるような改善策ではなく、問題の本質に迫っていったのだ。まさに、トヨタの「ＷＨＹ?を五回」の神髄だ。

WHY NOT YET?を追い詰める

さて、WHY?を五回やって、問題の本質に迫ったとする。そして、**「何が問題か」がわかった。ここでよくある間違いが、「では、それを取り除きましょう！」としてしまうことだ。**例の「コインの裏返し」*である。

本質的な問題でありながら放置されてきたのには、それなりの理由があるはず、そう簡単にいくはずがない、と考えるべきだ。

同様に、課題の立て方としてよくある間違いが、「こうすべきだ」という結論を出してしまうことだ。「○○すべき」というのは答えにはならない。「そうなったらいいね」という希望的観測でしかない。**すべきなのは百も承知ではあるものの、そ**

*「フリップ・ザ・コイン」（四七ページ）

うなっていないから、問題なのだ。

WHY NOT YET? すなわち、「なぜ、まだそうなっていないのか?」を解かなければならない。

この「なぜできないのか?」を考えることが、問題解決のキモ中のキモとなる。

問題解決は四段論法で

コンサルは、四つの問いを立てて、問題を解決していく。

まず、**WHAT? 何が問題なのか?** という問いだ。

次に、**WHY? なぜ、それが問題なのか?** という問い。

ここで、いきなりHOW？　いかに問題を取り除くか？　にいくのではなく、**WHY　NOT　YET？**　つまり、**なぜまだそれができていないのか？**　を考える。

そのうえで、**HOW？　それができるようになるためには、どうすればいいか？**を問う。

なぜ、三番目のWHY　NOT　YET？　がキモなのか？

通常の三段論法でやると、

1　こういう問題がある

2　それを解かなければならないのは、こういう理由だ

3　だからこうすべきである

というわかりやすい論法になる。しかし、実はそんなことは、はじめからわかっていることが多い。むしろわかっていてもできないことが問題なのである。

なぜ、本来やるべきことができないのか？　これこそが、問題の本質なのだ。そこが見えてくると、そこに対するHOWが答えになる。

私がいろいろな企業で問題解決のお手伝いをさせていただくときも、この四つを解いてもらう。その際に、一番の掘りどころが、やはりWHY　NOT　YET？の部分だ。

なぜ、いまそれができていないかに、その会社の固有の病気が出てくる。それがないと、ありきたりのべき論、教科書的な回答が出てきてしまう。

これが、WHY　NOT　YET？　の力だ。

問題（脅威）から機会へ

「はじめに」でも述べたように、コンサルが呼ばれるのは、問題があるからだ。何の問題もない企業は、そもそもコンサルを雇おうなどとは考えない。したがって、問題解決がコンサルの仕事になるわけだが、じつは、**企業は問題を解くだけでは元気にはならない**。病巣を摘出してとりあえず生き延びたというのでは、緊急避難でしかないからだ。いかにこれまで以上に元気に活躍できるようになるかが、本質的な問題解決だ。

つまり、重要なのは、**問題を成長機会に変える**ことである。

タイタニック号に突き刺さった氷山を生還の通路とする。みなが、これが問題だと言っていることこそを取り込んで、そこから新たにできることを考えるのだ。

コンサルの全員がこの手法をとるわけではない。マッキンゼーではむしろ、企業再生のプロとして、病気になった企業をなんとか持ち直させるまでを得意とする人たちが主流派だ。

しかし、私は、**問題を摘出するより、未来につながる新しい道を示す**ほうが健全だと思っている。だから、マッキンゼーの採用担当になったときには、問題解決型の人ではなく、機会創出型の人を採るようにした。

詳しくは、第三部でお話しするが、ユニークな逸材が数多く育った。もっとも多くは、問題解決の手法だけマッキンゼーで学ぶと、さっさと辞めていった。起業家を手伝うか自分が起業家になったほうが世の中のためになると確信して……。

たしかに、問題解決の手法はスタートアップに非常に役立つ。世の中の本質的課題を見つけ、その課題を機会に、すなわち新しいビジネスにできるからだ。短期的な問題はとりあえず問題として解決するにせよ、そこからヒントを得て、次の成長のネタを見つけることのほうが課題設定としては重要だ。

そんなこと頼んでいない、ただ問題解決をしてくれればいい、というクライアントもいるだろう。しかし転んでもただでは起きないで、会社をより元気にしてもらえば、桁外れにうれしいはずだ。

これを私は「十倍返し」と呼んでいる。意外な答えを出して、**問題だと思っていたものを新しい成長のきっかけに変えてしまう**というのが、コンサルの本当のバリューの出しどころだ。コンサル冥利に尽きるとは、このことである。

だから、**問題が多いというのは、多くの成長機会に恵まれている**、ということでもある。やることがいっぱいあるわけだから。問題は、やることがありすぎて、どこから手をつけていいかわからない、ということにすぎないから、そこの道筋さえつけることができればいい。

逆に、**順風満帆、何も問題がない、という会社のほうが危ない**。改善の余地がないということだからだ。それ以上課題がないというのは、あとは下り坂しかないことを意味する。

再び、トヨタの例で恐縮だが、トヨタの人は、褒められると怒る。褒められると成長の余地がなくなるからだという。世の中の手本だと言われても、うれしくない。それより、自分たちにとっての次の手本を見つけようとする。つねに、何ができていないか、なぜできていないのかを見極め続けるのが、トヨタらしい成長の作法なのだ。

これに気がついたのは、かつてマッキンゼーで、主要な企業の部門長クラスに自己採点をしていただくプログラムを行ったときのことだ。

面白かったのは、会社によって点のつけ方に特徴があったことだ。5をつける人たちが多い会社。3をつける人が多い会社。そんななかで、ほぼ全員が1をつけていたのがトヨタだったのである。5をつけると、それ以上成長の余地がないことになる。成長するために1をつけたがる、というトヨタのマインドセットのなせる技だ。これはもう問題発見というより成長機会発見というべきだろう。

つねに、どうすればもっとよくなるかを考える。問題こそが、次の成長の機会だととらえる。素晴らしいことだ。

問題を成長の機会に変えることを意識しながら、課題を設定することがカギとなる。さらに言えば、**いまの暗いトンネルの先に、明るい未来が開かれているという設定の仕方をする。**

そうでなかったら、やる気がしない。みなをその気にさせることはできない。

このように、**出口を意識するというのが、課題を設定するときのもうひとつの視点**だ。

ＳＯ ＷＨＡＴ？と、空、雨、傘

われわれコンサルが使う「空、雨、傘」もすっかり有名になってしまったので、ご存じの方も多いと思う。

いまの空を見ると曇り空である、という事実があったとする。

これは事実（ファクト）だ。しかし、「空」の観察結果を語ったところで、ＳＯ ＷＨＡＴ？「だから何？」となる。

ここに少し推論を加えて、「これから雨が降るかも」となると、予測になる。つまり、いまの現象からもう一段踏み込んだものが「雨」だ。それでもまだ、ＳＯ ＷＨＡＴ？「だから何？」に答えたことにはならない。

では、このような観察や予想を踏まえて、どのような行動を喚起すればいいのか。これにはいくつかの選択肢がある。「外に出るな」というのもそのひとつだろう。「外に出るのだったら、傘を持て」もそのひとつ。で、「空、雨、傘」である。

よくありがちなのは、さんざん分析して、「空は曇りである」といういわば当たり前の事実を述べるにとどまる報告書である。余計な推察を加えず、事実をそのまま伝えることが仕事だとされている官庁系や大会社にありがちだ。

しかし、それだけでは何の行動にも結びつかない。推論を加え、推論のあとにレコメンデーションがあってはじめて提案としての価値が生まれる。

気象予報士であれば、「いまは曇り、午後は雨になるでしょう」と「予想」までが仕事だ。しかし、最近の気象予報士は、「今日は傘を忘れずに」というレコメンデーションまで忘れない。しっかり、「空、雨、傘」を実践しているのだ。

実践に結びつけるためには、空や雨だけでなく、「傘」まで言い切る必要がある。

だからコンサルはつねに、SO WHAT? と尋ねる癖がついている。

ただし、これは、家庭や恋人同士の間では使わないほうが身のためだ。私もうっかり、SO WHAT? と口にしてしまって、一週間、家族が口をきいてくれなかったという前科がある。

この章のまとめ

- 問題の本質(チョークポイント)についての仮説から出発する
- WHY?を五回で、問題の本質を深掘りする
- 「やるべきこと」を見つけるのではなく、「WHY NOT YET?」(なぜできていないのか)を見極めることがカギ
- 問題箇所に集中するのではなく、ソリューションスペースを広げる
- 問題を機会に変えることで、異次元の可能性につなげていく
- 事実に推論を加え、推論のあとにレコメンデーションがあってはじめて、提案としての価値が生まれる

第三章

仮説構築力「仮説思考」

「デイワン仮説」を持て

前の章で繰り返し述べたように、問題解決においては、課題の設定が非常に重要だ。それも、現象から入るのではなく、これがこの会社の問題だろう、この会社の病気はこれだろう、これが本質的な問題だろう、という仮説を立てる。何が課題かを設定することは、答えの在りかに対する仮説を持っていることと、ほとんど同義なのだ。

では、少ない情報の中で、最初の仮説は、どのように立てたらいいのだろうか？

これについて、コンサルは、**まず「デイワン（Day 1）仮説」を持て**、と教育されてきた。

デイワン、つまり、**コンサルに入った最初の日に仮説を立てる**わけだ。クライアントの話を聞きながら、「ここが怪しい」と考える。そして、だんだん追い詰めていく。そう、コロンボ刑事*のようなやり方だ。

思い込みもはなはだしい、ひどい話だと思われるかもしれない。もちろん、分析しているうちに、最初の仮説が間違っていたことに気づいたり、違う問題が見つかってきたりすることも多い。そのときは、すぐに仮説を作り直す。自然科学の研究の場合と同じだ**。

通説を疑う

いくらあとから替えていくとはいえ、デイワン仮説があまりに的外れだったり、

＊ 刑事コロンボ
一九六八年から三〇年以上続いた米国のサスペンス・テレビ映画。それまでのミステリーと異なり、最初に犯罪のシーンが示され、それを主人公の刑事コロンボが解いていく。毎回ゲストスターが、いずれも社会的地位の高い犯人を演じ、冴えない中年男のコロンボに追い詰められていく様子が人気を呼んだ。

＊＊
五一～五二ページ参照。

ありきたりのものだったりしたら、問題解決のプロセスは非常に遠回りなものとなってしまう。そもそもクライアントからの信頼を損なう。最初に、**いかにはっとするような仮説を立てられるか。**それが、コンサルの腕の見せどころとなる。さて、どうするか?

じつは、ここにも、いくつかのコツがある。その一番は、あまのじゃくになることだ。

つまり、疑い深くなること。**表面的に課題だ、問題だ、と騒いでいることに対して、疑いを持つ**ことだ。現在問題だと思っていることからいったん距離を置き、少し離れて眺めてみるとよいだろう。

企業の側で、これが課題だ、と騒いでいる事柄については、まずは疑うこと。たいていの場合、それは本質ではないからだ。

だから、最初に言うのは、「それが問題だと思っている限り、本質的問題は解けませんよ」ということ。そして、「いったん距離を置いて、現状を遠くから眺めてみましょう。そして、整理し直してみましょう」と提案する。

たとえば、いま、書店で本が売れなくなっているという。本はどんどん出版されるが、売れないものだから、すぐ返品になってしまう。返品率が上がると、出版社の経営が厳しくなる。この「問題」をなんとかしなければならない。

そこで、流通の仕組みの問題だ、価格の問題だ、書店の問題だ、本の中身の問題だと、モグラ叩きが始まる。しかし、そこで出てくるような問題は、すでにだいたい掘ってある。おそらくは、本質的問題は、まったく違うところにあるのだろう。

あまのじゃくになるということは、言い換えれば、**通説を疑う**、ということでもある。**世の中で、普通はこうだ、こうでなければいけない、と言われていることに対して疑う。実際、業界の常識は世の中の非常識**なのだ。

これは**視点を変える**、ということでもある。**視点を変えて、いまやっていることを、いったんゼロベースで見てみる**と、結構無駄なプロセスがたくさん存在することに気づくものだ。前の章で例に挙げたトヨタの、問題の多いラインのケースなど、まさに視点を変え、全体を眺めることによって解決が得られた。

ズームインからズームアウトへ

さらに、言い換えれば、問題と言われている箇所にとらわれすぎないことだ。それでは、先に述べたパックに群がる凡人アイスホッケー選手になってしまう。ボールに群がる子どものサッカーといったほうが、イメージしやすいだろうか。いきなり「解の質」を高めようとする行為が命取りになるのだ。それが、問題の本質を見失うことになってしまう。安宅氏の言う「犬の道」だ。

感度のいい仮説を導き出すには、虫の目で見るのではなく、鳥の目で見ることが有効だ。そうやって、ソリューションスペースを広くとる。そして、誰も注目していないホワイトスペースにこそ、本質的な解が潜んでいることに気づく。まさにアイスホッケーの神様グレッツキーの技である。

これを私は**「ズームイン思考からズームアウト思考へ」**と呼んでいる。被写体（現象）にぐっと焦点を当てる「ズームイン」アプローチでは、山ほど盲点（ブラインド・スポット）ができてしまう。**全体を広く俯瞰する「ズームアウト」によってはじめて、これまで見落とされてきた本質に気づく。**

そしてそこから急降下して、まだ誰も気づいていない獲物を狙い撃つ。まさに鷹のようなハンターを目指さなければならないのだ。

AIに負けない発想とは？

ただし、問題を見つけるだけなら、AIのほうが速い。ビッグデータから法則や異常値を見つけるスピードは、人間業をはるかに超える。無数のパターンの蓄積により、その一連のパターンに適合するものとしないものをただちに見つける。そして、パターン認識によって、なぜそうなのかという原因究明までやってのける。

コンサルの世界では、三〇〇〇通りの問題を解けば、たいていの問題には「デジャブ」*（既視感）が持てると言われてきた。もっとも、そのためには年に一〇〇通りの違った問題を解いても、三〇年はかかる。二〇余年しかコンサル経験がない私など、未熟者ということになってしまう。

しかし、AIならこのようなパターン認識は一瞬にこなしてしまう。桁が倍になっても朝飯前だろう。このようなパターン認識勝負になると、人間のコンサルは到底AIに勝てない。では、何なら勝てるのか？

人間がAIに負けないためには、**非常識な見方、あり得ない組み合わせ、これまでになかったパターンを見つける**以外ない。

さらに言えば、**未来の常識になるようなことを見つける**発想だ。過去のことはすべてAIの中に記憶されている。だから**過去には存在しない、ある種、非常識な組**

＊デジャブ
既視感。「たしかに見た覚えがあるが、いつ、どこでのことか思い出せない」というような違和感を伴う場合が多い。夢や単なる物忘れとは異なる。神経の〝通り道〟が違ってくることで起こる脳内の情報処理プロセスに起因するものだとされる。

み合わせから生まれる発想が、人間ならではの問題解決となる。当たり前のことはAIに任せておこう。

ただ、ここで、何が当たり前かを知っておく必要がある。そうでないと、そもそも何が新しい組み合わせなのかもわからない。したがって、**当たり前のところから出発して、普通の人は考えないところに答えを求めていく**ことが、優れたコンサルの発想法となる。

だいたい、コンサルに依頼する前に、その会社の人は、さんざんその問題について考えてきたわけである。それと同じ道をたどっても、付加価値を出すことはできない。

コンサルは、クライアントが発想もしていなかったところに解を見出さないと、存在意義がない。その業界、その会社の人たちの発想方法を一応学んだうえで、**虚を突く**、ことこそが、コンサルの技となる。

盲点（ブラインド・スポット）を突く

これは、推理小説などの犯人探しと似ているかもしれない。一番容疑者っぽくない人が最後に容疑者だとわかる、という類のドラマの手口だ。

私が大好きなハリウッド映画に『ユージュアル・サスペクツ』という名画がある。ご覧になった方も多いだろう。常連の「容疑者」五人のうち、名優ケビン・スペーシーが演じるキントがもっとも「シロ」っぽい。しかし、じつはかれこそが真犯人であった、という筋書きだ。

あの人を調べる必要はない、あそこは検証しなくてよい、と思い込んでいる領域こそが疑わしい。企業においても、業界の常識、自社の不文律にこそ、課題の本質が隠されていることが少なくない。そこを**ブラインド・スポット**（盲点）と呼ぶ。

前の章で、「ホワイトスペース」と呼んだ部分だ。

ブラインド・スポットは、外から見ると、なぜそこに手をつけないのか？　と素朴に疑問を持つような場所だ。しかし、内側の人間は、業界構造はこうなっているのだから、当社の伝統的な正攻法だから、といった理由で、はじめから、そこには答えはないと決めてかかっていることが多い。

逆に言うと、そういう**業界の非常識のようなものは、外の人間、特にアタッカーから見ると、格好のビジネスチャンスとなる。**最近では「デジタル・ディスラプション」（デジタル技術を駆使した業界破壊）と呼ばれているものである。書店業界やその他小売業界や製造業に対して猛威を振るっている「アマゾン・エフェクト」はその好例だ。

となると、その業界内の企業としては、現在の慣行のなかでのベターな改善策を求めるにとどまっていては限界がある。いずれ時間の問題で、その慣行の不合理を突いてくるアタッカーがやってくることを想定し、逆に、自分たちからそれを起こす準備をしておくことだ。

まずは、シミュレーションしてみる。**もし、現在の「慣行」を格好の標的と見る者が現れたらどういうことになるだろうか**。自分たちがそれを仕掛けないまでも、そういう事態が起こったときに備えて、自分たちのなかにそのような**セルフ・アタッカー・チーム**を用意しておく。これが慣行だから、などと言っている場合ではない。将来のために欠くことのできない準備だ。

業界の慣行以外にも、ブラインド・スポットはたくさんある。**それまであまり相手にしてこなかった顧客層**というのも、そうだ。

一般に、企業はよく買ってくれる、コアなお客さんの声に耳を傾けようとする。どうせ買ってもくれない人の話を聞いても無駄、というわけである。しかし、コアなお客さんの話ばかり聞いていると、どんどん答えのゾーンが狭まっていってしまう。聞けば聞くほどニッチになってしまうのだ。

それより、お客さんではない人の声を聞き、お客さんにならない理由を知ったほうがいい。そこにこそ、未開のチャンスがいっぱい眠っている。まさに「ズームイン」思考から、「ズームアウト」思考への転換だ。

にもかかわらず、マーケターの多くが濃いお客さんのほうに行ってしまうのは、費用対効果に敏感だからだろう。濃いお客さんへの投資は、確実にリターンが見込めるからだ。プレイステーション対Wii*は、その典型的な例である。

ゲーマーにフォーカスして、かれらの要望に応え、どんどん高度化していったのがプレイステーションだ。たとえば、三次元でちゃんばらの刀が合って、チャリンなどと音が鳴るようにするには非常に高度な技術が必要となる。そのために、プレイステーションの生みの親である久夛良木健氏は、「セル」と呼ばれるスーパーコンピュータを搭載するという離れ業をやってのけた。

それがゲーマーにはたまらないらしいのだが、普通の人には、もはやついて行けない世界となっていった。ゲーム人口が減っているなかで、ごく一部のゲーマーを喜ばせるだけの商売が成り立つわけがない。案の定、巨額の投資を回収できず、ソニーは潰れそうになってしまった。

これに対し、任天堂がWiiで相手にしたのは、三歳から七〇歳まで、ゲーマーにならない人たちだった。もともと花札から始まった任天堂には、ソニーのような技術はなかった。ゲーマーの顧客もついていなかった。その**「課題」そのものが問**

*Wii（ウィー）
任天堂が開発し、二〇〇六年に発売した家庭用ゲーム機。任天堂の第六世代目の家庭用据え置き型ゲーム機で、無線通信で接続されるコントローラ「Wiiリモコン」による直感的な操作で、テニスなどのゲームを、身体を動かしながら楽しむことができる。

題解決となったわけだ。

ゲーマーではない普通の老若男女を対象に、新しいマーケットを拡大していくことで、ひとりで遊ぶものだったコンピュータゲームを、みんなでいっしょに楽しむものにした。お茶の間の団らんという、大きな社会価値を取り戻したのだ。

まさに、発想の転換だった。

「悪い子」はどこに?

ホンダの創業者である本田宗一郎氏は、「『悪い子』こそが会社をよくする」と言っていたそうだ。ここでいう悪い子とは、たとえば、これがルールだから守れ、と言われたときに、「なぜですか?」といちいち突っかかってくるような社員だ。従順な優等生だけでは企業は進化しない。「よく考えてみたら、このルールが変だと言ってくるようなやつが、新しいことをしでかすのだ」と。

ただ、幹部候補研修などで見る限り、いまのホンダにそういう悪い子はなかなか見当たらない。いまのやり方に対して異を唱えないで、それを是として、そのなかで最大限尽くそうとする優等生ばかりだ。

そういう優等生が幹部候補に選ばれやすいのかもしれないが、それでは、ゲームのルールを変えられない。そもそも課題設定そのものに問題があったとしても、とにかく努力して答えを出してしまうからだ。それで問題を解いた気になるのだが、じつは本質的な解決にはつながらない。

完全に企業戦士になりきってしまうと、問題意識すら持たなくなってしまう。週末だけでもいいので、いまやっていることに疑問を持って、一歩引いて見てみる。そして、学んだこと、疑問に思ったことを書き留める。そういう立ち止まる時間、内省する時間、要するに問題意識を持つ時間を持つことが大切だ。

会社としても定期的に、そもそも自分たちは何のために存在し、何をすべきか、なぜそれができないのかをゼロベースで考えてみる機会が必要である。オフサイトなどあえて非日常的な環境で、とことん本質的な議論をしてみることが望まれる。

そういえばホンダが元気だった頃、「ワイガヤ」*が盛んに行われていた。当時を知る小林三郎さん（ホンダの研究者、経営企画部長を経て、現在は中央大学客員教授、一橋ビジネススクールの非常勤講師）によると、「ワイガヤ」は二泊三日かけて行わない限りホンモノではないという。

最初の一日は、口角泡を飛ばして、各人が好きなことを言い合う。その晩は、腹を割って議論を尽くす。二日目になってようやく、その中からみんなで課題の本質に迫っていく。そして最後の日に、何をどう変えていくべきかについて合意する。

ところが、最近は泊りがけで行うことは、ほとんどなくなったという。いわば「ワイガヤ・ライト」だ。飲料やたばこじゃないのだから、「ライト」でお茶を濁しても、本質的な課題に肉薄することはまず不可能だろう。このあたりに、いまのホンダの問題、言い換えれば、大きな成長のきっかけがありそうだ。

＊ワイガヤ
立場の相違にかかわらず、同じ組織に属する者たちが「ワイワイガヤガヤ」と気軽に話し合うこと。ホンダが提唱した言葉で、仕事・プライベートのどちらでもない職場での多人数による会話のことを指す。

ダイバーシティ組織では、盲点が見えやすい

いまや、ダイバーシティ、[**]すなわち、多様な人材の活用への取り組みは、企業、特に大企業では常識ともなっているが、それは単に、女性や外国人といったマイノリティを優遇するためのものではない。同質な人たちだけで、特に疑問を抱くこともなく当たり前に行っていたところに、異なる発想をする人たちが加わることで、問題意識が喚起されるところにこそ、真価がある。すなわち、**ダイバーシティは、組織のブラインド・スポットを見つけ、カバーする**ための有力な手段となるのだ。

多様な価値観がぶつかることによって、発想が多様化する。そういう意味では、できるだけ社外の人との接点を増やしていくことも、ダイバーシティと同様の効果を持つ。これを私は、「**組織の表面積を広げる**」という言い方をする。

＊＊ダイバーシティ
(Diversity)
多様な人材を積極的に活用しようという考え方のこと。もとは、社会的マイノリティの就業機会拡大を意図して使われることが多かったが、現在は性別や人種の違いに限らず、年齢、性格、学歴、価値観などの多様性を受け入れ、広く人材を活用することで生産性を高めようとするマネジメントについていう。

表面積というのは、外界と接する面積だ。大企業ほど、これが小さい。表面積が狭くて、中での調整だけで終わっている。だから、中の論理で回る。その論理が回らないと、お前はルールがわかっていない、となる。そのルールがいわゆる企業の常識、外から見ると、非常識の塊だ。典型的な大企業病である。

だから、表面積を広げなければならない。つまり、外との関係に時間を多く使う。それも、得意先や自分たちにべったりのサプライヤーではなく、新しい相手と接点を持つ。具体的には、違う業界との接点を持つことだ。そこに気づきがある。

大企業ではこれがきわめて難しい。稲盛和夫さんのアメーバ経営*という仕掛けが優れているのは、**ユニットが小さくなることによって、外に接する表面積が広くなる**ところにある。部内の理屈に気を配るより、外と折衝しなければならないことが多くなるからだ。

表面積を広げるには、このように、一ユニットをできるだけ小さくするのが、ひとつの知恵だ。大きな組織になるほど役割分担が進み、個々人は歯車のひとつになっていってしまう。一方、小さなユニットのひとつひとつが責任を持って考える集団になれば、外界との接触によって、さまざまな気づきが生じる。

＊稲盛和夫のアメーバ経営
京セラや第二電電（現KDDI）などを創業し、日本航空（JAL）を再建。また、経営塾「盛和塾」を主宰、中小企業経営者を育成する等、日本を代表する名経営者、稲盛和夫氏は、独自に創出した「アメーバ経営」と呼ばれる経営手法でも知られる。これは、全社員が自ら採算をつくる、小集団独立採算制度である。

ただし、アメーバ経営には、重大な反作用もある。個々のユニットが小さいため、大きな投資やリスクには逡巡してしまう。また、外に向く力が大きいため、遠心力が働きすぎて、組織内部の一体感やシナジーが醸成されにくい。ベンチャー精神は保つことはできても、スケールのあるビッグビジネスは育ちにくいのだ。

この反作用を補正する経営力がない限り、アメーバ経営だけでは、中小企業の集合体にすぎなくなる。**規模と柔軟性という二律背反を乗り越える知恵がカギ**となるのだ。

OBゾーンに打ち込む

第二章で、WHY NOT YET? なぜできていないか? を考えることで、その組織固有の本質的な課題が見つかる、というお話をした。WHY　NOT　YET？　を考えることは、ブラインド・スポットを見つけるうえでも有効だ。

というのも、WHY　NOT　YET？　を突き詰めていくと、必ずそれぞれの企業、あるいは業界の**「OBゾーン」**＊にぶち当たる。いわゆる禁じ手、あるいは「聖域」に行き着いてしまうのだ。

「そこが問題の本質ではありませんか？」と水を向けても、「それはルールとしてやってはいけないことになっている」という回答が返ってくる。外側の人たちにとっては不思議なことこの上ないものの、内側の人たちにとっては、最初から問題解決の手段として除外されている。先に述べた、**業界の慣行、構造的問題**などと呼ばれるもので、そこが、OBゾーンだ。

OBゾーンにぶち当たったら、コンサルはまず、本当にそれが禁じ手なのかと、疑いを向ける。慣行とか構造的問題といっても決まり事にすぎないのだから、それを変えることはできるのではないか、と考える。

しかも、よく見ていくと、**OBゾーンの最たるものは、当の社長**だったりする。社長の思いとか、社長がこれが好きだとか嫌いだとか。

＊OB(Out of Bounds)ゾーン
プレーができる区域外のこと。ゴルフでは、ホールの外側に打ち込んである杭を結んだラインをOBラインと呼び、そのラインよりも外に出るとOBとなる。

以前、赤ちゃん用品を扱う企業に、ペット用品も扱うように提案したことがあった。少子化で赤ちゃんは少なくなる一方で、ペットに人間並みの愛情を注ぎ、お金をかける人が増えているからだ。

ダンナさんよりもペットにいいものを食べさせている、ダンナにはペットフードを食べさせているという悪いジョークもあるくらいだ。だったら、赤ちゃん用品と同レベルのクオリティのペット用品を扱うようにしたら、マーケットが広がるのではないかと考えたわけである。

しかし、その提案は結局、採用されなかった。トップが、人間さまと犬猫を同レベルで扱うなんてとんでもない、と思い込んでいたからだ。

たしかに、そのことで不快に思うお客さまもいるかもしれない。が、ほとんどの人は気にしないはずだ。社長のそのこだわりこそがOBゾーンだったのである。それによって、とてつもなく大きなチャンスを逃しているのだ。もっとも、未踏の成長ゾーンとして、将来に楽しみを残しておいてくれた親心と、好意的に解釈できなくもないが。

同様に、よくあるOBゾーンが、**リストラはしない、という社長の方針**だ。その一方で、人がいるからなかなか**デジタル・ディスラプション**、すなわち、新しいテクノロジーを用いた、古いものの破壊を伴うイノベーションに踏み切れない、という言い訳がまかり通っていたりする。この場合、いきなり辞めさせようとするから、そんな冷たいことはできない、となるわけで、再教育などの成長のチャンスを与えたあとのことだったらどうだろう？

こんなふうに、それぞれの企業には、「これはしない」と決めていること、不文律化していることがたくさんある。そこにチャレンジしていくのが、多くの場合、コンサルの役割となる。

なぜいままで、これをやっていなかったのか？
なぜ、それはいまだにダメなのか？
WHY NOT YET? WHY NOT NOW?
と辛抱強く聞いていく。
最初はたいてい、きょとんとした顔をされる。さらにしつこく聞くと、「そんなこと、考えたことすらない」「それは動かしようがない」などという答えが返ってくる。けれども、この**「できないことになっている」という思い込みにこそ、問題の本質がある。**先に述べた「チョークポイント」、できない理由の本質がある。

チョークポイントの多くは、自縄自縛だ。たいていは、自分で自分の首を絞めている。誰になぜ絞められているかもわからずに。

たとえば、売上の低迷という事態に対して、いったん来期は利益を落とし、無駄を切り捨てたうえで、次年度から再浮上する、という方法もある。しかし、それを決断するトップは多くはない。連続増益記録を更新したい、いったんそこで落ちると負け癖がつく、マーケットから疑いの目で見られる、などという理由によるものだ。実際には、**業績を自分の成績表だと思い込んでいることが、選択肢の幅を狭めてしまっている真の原因である**ことが多い。

しかし、五年でしっかりと業績を出そうと思ったら、いったんみそぎをしたのちにV字回復するという選択肢もあるはずだ。それを、なんとか現状を維持しながら、ちまちました打ち手に終始するため、結果的には大きなことができない。そういうジレンマに陥っている会社は非常に多い。

それは本当に、トレードオフの関係か?

意思決定とは、限られたリソースの中で何かを選ぶことだ。それはとりもなおさず、**それ以外の多くを捨てる選択をすることでもある。**トヨタの豊田章男社長は、「決断」とは「断ずる」(やめる)ことを「決める」ことだと語る。けだし、名言である。

しかし、その選択をせずに、あれもこれもと、踏ん切りがつかない経営者が非常に多い。いわゆる「ウィッシュフル・シンキング(身勝手な希望的観測)」である。そういうなかで、何を捨てますか? とあえて問うのが、コンサルの仕事だ。

実際、多くの事柄があちらを立てればこちらが立たず、のトレードオフの関係にある。そんななかで何を捨て何を選ぶかの選択は、非常に難しい。ひとつ間違えると命取りとなる。どうすればいいか？

そこでのひとつのヒントは、**時間軸の視点を加える**ことだ。

Ａをとるか、Ｂをとるか、**それぞれの選択について、短期的なマイナスとプラスと、長期的なマイナスとプラスを列挙してみる**わけだ。そして、ＡとＢが本当にトレードオフの関係にあるのかどうかを見直してみる。

そして、仮に先にＡを行って、次にＢを行うことはできないのか？　その逆ならどうか？　を突き詰めてみる。すると、単なる順番だけの問題だったことに気づくことも少なくない。


たとえば、品質とコストの問題。品質を落とせばコストは一見安くなる。けれども、その結果、売上が落ちると、結局はコスト高になってしまう。かといって、品質の良いものを作ろうとすると、イニシャルコストがかかり、利益が出ないというリスクがある。

ただ、お客さんが品質の良さに気づいて大量に売れるようになると、コストが下がる。そうなると、品質を上げることとコストを下げることはトレードオフの関係ではなく、両立可能なこととなる。

このように、先を見越して、最初はコストが合わなくても品質の良いものを作る、というのは、先行投資的な考え方だ。これを、低価格で売るために、コストを下げ品質も下げる、となると、もう二度とお客さんは買ってくれなくなってしまう。

かつてユニクロは、それで失敗した。そこで学習したユニクロは、決して品質は妥協せず、大量生産のリスクをとってコストを下げることに成功している。

品質とコストは、長い目で見ると、決してトレードオフではなく、「トレードオン」＊の関係になる。とはいえ、時間軸的にはいったんコストが利益を食うということは当然覚悟しなければならない。

しかし、その決断が、将来大きな利益を生む結果につながる可能性がある。そのためには、短期的な利益を優先して価格を吊り上げ、小さな市場シェアで甘んじてはならない。短期的な利益を犠牲にしてでも、価格を上げずに、大きなスケールをとりにいく覚悟が必要になるのだ。

＊トレードオン
あちらを立てればこちらが立たずの「トレードオフ」の対立概念として、ピーター・ピーダーセン（二二八ページ）の著書『レジリエント・カンパニー』に登場する。ピーダーセン氏は、同著の中で、企業は、経営・事業と、社会や自然環境とのトレードオンを目指すべきだと述べた。

仮説検証とリーン・スタートアップ

さて、この章の最初に、まずは仮説を立て、事実（ファクト）と照らし合わせて、もし合わなければ、何度でもつくり直していくことだ、と述べた。この仮説検証のプロセスについて、コンサルの間ではよく、**プルーブかディスプルーブか**という言い方をする。

何を証明したいのか（プルーブ）を決めるのが仮説である。そして、事実に基づいてその仮説を検証しようとする。しかし、反証（ディスプルーブ）が集まるようなら、その仮説はただちに、ボツ。次の新しい仮説に進化させていく。そうやって、壊してはつくっていくわけだ。

このとき、絶対に避けなければいけないのが、仮説に合う現象だけをピックアップすることだ。口で言うと、当たり前のように思えるかもしれないが、政治家に限らず、経営者もマーケターも、「不都合な真実」から目をそらそうとしがちなので、注意しなければならない。

この、まず仮説を立て、それに基づいてファクト（事実）を見ていきながら、ファクトに基づいて仮説をつくり直していく、という一連の作業は、最近シリコンバレーで流行の**リーン・スタートアップ**[*]に通じるところがある。**最初から完璧なものをつくるのではなく、まずMVP（ミニマム・バイアブル・プロダクト＝最低限役に立つ商品）を市場に出す。そしてマーケットの反応を見ながら、つくり直していく**、という方法だ（これについては第二部で詳述する）。

問題解決も、これに似ていて、張り子の虎のように、一応の仮説を初日に立てる。完璧からほど遠いものでかまわない。いわば、デザイン思考でいうところのモックアップ、試作品だ。それを、企業や市場の現実に照らし合わせてみる。すると、いろいろな反応がある。矛盾するファクト、ディスプルーブも出てくる。それを受けて、つくり直していく。それが、問題解決のプロセスとなる。

＊リーン・スタートアップ
提唱者は米国の起業家、エリック・リース氏。自身のベンチャーの立ち上げに成功した体験をもとにまとめた起業の手法論。トヨタ生産方式（リーンプロダクションシステム）を知り、自身の手法との共通点を見出している。

壊す勇気

グーグルは、世の中にないものを発想するのがずば抜けて得意な会社である。そのための仕掛け、仕組みをたくさん用意していることでも知られている。その中のひとつに、**企画が外れるとお祝いする**、というのがあるのをご存じだろうか。

当たったらお祝いするのではない。外れると、祝う。**そちらに行っても道はないことを見つけたことに対するお祝い**だ。仮説検証がひとつすんだことをみなで祝うわけである。

しかし、グーグルのような会社は少数派で、多くは、失敗を歓迎しないカルチャーにあることだろう。「やっぱり、ここにはニーズはありませんでした。撤退したほうがいい」「この戦略（仮説）は間違っていました。このプロジェクトは中止にしたほうがいい」とは、なかなか言い出せない。

グーグルでは九〇％以上失敗しないと、ちゃんとリスクをとったことにはならない、とされる。なぜなら、失敗するというのは、いろいろな可能性にチャレンジしている、ということだからだ。九〇％成功しているとしたら、そもそもそれは、十分チャレンジしていることにならない。これは、『一勝九敗』という著書がある柳井正社長率いるファーストリテイリングにも通じるところだ。

一方、日本の一般的な大企業は、真逆。そこでの常識は、九〇％以上成功しないとダメ——この違いは大きい。

しかし、**成功確率が九〇％のようなものをチャレンジとは呼ばない。**成功しそうもない、非常識なことをやるからこそ、チャレンジ。**失敗の確率が少なくとも五〇％はあることにあえて賭けてみるのが、チャレンジだ。**

だから九〇％失敗するのは当たり前。それでも、そのような挑戦をし続けることで、普通は誰もやらない一〇％の成功が生まれるのだ。

アンドンを引く勇気

失敗をよしとしない文化の中では、チャレンジが起こりにくくなるだけではない。失敗だとわかっていながら、それを認めたくないため、致命的になるまで続けてしまう、というリスクもある。むしろ、こちらのほうがダメージは大きいかもしれない。

またぞろトヨタの例で恐縮だが、有名なトヨタの「アンドン」は、不具合を見つけた段階で、流れ作業のラインをストップさせる仕組みである。通常は、生産性を優先させるので、ラインをストップさせるのは「犯罪」だ。アメリカでは、ラインをストップさせた工員は、即刻、クビになるという。一時的な生産性を重視するあまり、たとえ不良品の山を生み出す結果になったとしても、ラインを動かし続けることがよしとされてきたのである。

しかし、トヨタのケンタッキー工場では、トヨタ流の「アンドン」方式が導入された。絶対に不良品を次の工程に送り出さないためだ。そして、例のＷＨＹ？五回で、徹底的に問題の真因をつぶすまで、ラインを動かさない。

アメリカの従業員は最初、半信半疑だったという。『トヨタ物語～強さとは「自分で考え、動く現場」を育てることだ』という最近のベストセラーのなかに、次のようなエピソードが紹介されている。

ある日「アンドン」を引いて一五時間もラインを止めてしまったアメリカ人のポールさんは、翌朝、工場のトップだった張富士夫さん（その後、トヨタの社長、会長を経て、二〇一七年まで名誉会長）に呼び出された。てっきり、解雇を宣言されるものと覚悟した。

しかし、張さんはかれの手を強く握って頭を下げた。

「ポールさん、うちの工場はできたばかりで、たいへんな時期です。一五時間、つらかったでしょうね。おかげさまで復旧しました。ありがとう。これからもあなたにはずっと助けてもらわなくてはなりません」

ポールさんは、思わず泣いてしまったという。そして定年まで、トヨタ生産方式をケンタッキーに定着させることに尽力する。「アメリカではじめて、考える作業員を育てたことを誇りにしています」とポールさんは述懐している。

ラインを止めても、クビにならないどころか、ボスからありがとうと感謝される。これがアンドン方式の本質である。そうすることで、**現場は、失敗を隠さず、それを貴重な学習機会にしていく。**これこそ、考える現場を基軸としたトヨタ流の進化の神髄なのである。

学習するためには、失敗を認める勇気、いったんは行けると思ったものを壊す勇気が必要なのだ。だからこそ、グーグルは、トヨタ同様、失敗を祝うのである。

本質に近づくスパイラル・アプローチ

「壊す勇気」は、問題解決にも不可欠だ。はじめから正しい答えに飛びつこうとすると、どうしても常識的なところから出られない。壊す勇気があればこそ、さまざまな非常識な仮説に挑める。

仮説が外れたら、そこには解がなかったことを潔く認めて、さっさと次の仮説に進む。それは、まったくゼロ地点に戻るというわけではない。少なくとも、ひとつの有力な仮説をつぶせたわけだから、少しだけ本質に近づいたことになる。

絵で描けば、**ぐるぐる回りながらも、本質に向かって、より深くスパイラル状に進んでいく**ことになる。このスパイラル・アプローチを、われわれコンサルタントは非常に大事にしている。

犬も歩けば棒に当たるとばかりに、やたらめったら歩き回っても本質に出くわす確率は低い。ここだと確信して掘ってみても答えがなかった場合、それでもこの近くにあるはずだと、周りを掘ってみる、そこにもなければ、あえてその先を、と、掘っていく。気がついたときには、最初のデイワン仮説とは似ても似つかない、ディスリー仮説になっていたりする。そうやって、少しずつ真相に近づいていく。これが、「仮説思考」というものだ。

たまに、最初の思いつきのデイワン仮説が最後まで残っていることがある。そのような直線的な問題解決は、ほとんどの場合、本質を外している。仮説は、どんどん進化させていかない限り、うすっぺらなもので終わってしまう。

どうせ、全然違うものになるのであれば、最初から仮説なんて立てなくてもいいのでは？　などと、労を惜しむようなことを考えている人がいるかもしれない。しかし仮説がない限り、本質は見えてこない。**仮説があればこそ、それを否定し、さらに深く進化させることができる。**

何度でも言おう。何の予見も持たずに、ものを見る、というのは、一見科学的なようでいて、結局、本質を見ることのできない前科学的な方法だ。なんらかの仮説があるからこそ、ものが見える。そして、その仮説を事実に基づき変えていく勇気を持つことで、本質に迫っていける。

「仮説を持つ勇気」と「仮説を壊す勇気」、その二つが仮説思考のポイントである。

答えはその人自身の中にある

私事で恐縮だが、ゴルフのコーチをつけてみて、つくづくわかったことがある。それは、私にはゴルフの才能がないということだ。

以前ついてしまった身体をスウェイさせてしまう癖が、コースに出るとどうしても出てしまう。コーチがどれほど正しいフォームに直させようとしても無駄だった。

ただ、そこで気づいたのは、目的は、スコアを上げることなのか、正しいフォームを身に付けることなのか、ということだ。本来の目的から逆算していけば、自分らしい癖に合わせて、パーで回れるようにしよう、という解決策が出てくる。

みんなに教科書に書いてあるようなことを言っていても芸がないし、そもそも問題解決にならない。それよりも、その会社の癖、会社らしさに合わせてゴールに導いていくのが、本筋ではないだろうか。


つまり、他者と自分を比べて、他者のフォームを真似しようとしても無駄で、それよりも、自分らしいフォームを身に付けることに専念する。自分のフォームを徹底的に変えるのではなく、いまのフォームを上手に使って、パーで上がる方法を見つける。

つまり、問題の本質も、それを解決する答えも、すべて自分の中にあるということだ。

競合が出現したとか、業界がどうのこうのとか、外部の話をする人が多いが、外部の環境変化を嘆いていてもしょうがない。**外部の脅威や機会をうまくかわしたり、取り込んだりしてこなかった自分のほうにこそ問題の多くはある**はずだ。**問題の原点は自分の中にあり、その解き方も自分なりのものがある。**最後は、問題は自分だということになるはずなのだ。

問題は自分自身だと言われると、暗くなる人もいるかもしれない。しかしそれは見方を変えれば、**「正しい答え」を見つけるのではなく、「自分らしい答え」を見つける**ということだ。そうなると、これほど元気の出る話はないではないか!?

先に、問題こそが、次の成長の機会だととらえるようにと書いた。実際、ユニクロの柳井さんは、「リスクはチャンスだ」が口癖だ。**リスク、すなわち危機も、チャンス、すなわち機会も、ともに「機」をいかに見るかだけの違い**にすぎない。

その「機」を機敏にとらえ、いかに自己変革と成長に結びつけるかがカギとなる。実際、柳井さんにしろ、孫正義さん(ソフトバンク)にしろ、永守重信さん(日本電産）にしろ、稀代の「大風呂敷」（「大ぼら吹き」とも揶揄されるが）経営者たちは、危機を機会にすり替えるのも、逆に、機会のときにそれを危機として社員の気持ちを締めるのも、とてもうまい。**危機と機会が表裏一体のものだ**ということをよく理解しているのだ。

そして**それをどう生かすかの答えは、自分たち自身の中にある**ことも熟知しているのである。

この章のまとめ

- 通説や常識を疑うこと。そのためには、素直（良い子）ではなく、あまのじゃく（悪い子）たれ
- 目の前のことにとらわれず（ズームイン）、視野を広く持つ（ズームアウト）
- 「既顧客」ではなく、「未顧客」に注目する
- 時間軸を取り込むことで、トレードオフをトレードオンに変換する
- 盲点を探すこと。そのために、ダイバーシティを取り込み、外部と接する表面積を広げる
- 「OBゾーン」に打ち込み、「聖域」に踏み込む
- 失敗を恐れず、失敗から学ぶこと。仮説を壊し続ける勇気を持つ
- 問題とその答えの本質は外部ではなく、自分自身の中にある

第四章 インパクト力「インパクト思考」

イシューツリー

前章の「仮説思考」によって、何が本質的な課題かという課題設定ができたとしよう。大きな、そして重要な一歩だが、問題解決のまだ最初の入口に到達したにすぎない。それでいきなり、その問題が解けるわけではない。その大きな課題を、さらにいくつかの課題のかたまりに分けて考えていかないと、現実の問題は解決できないのだ。

この課題を分ける作業――イシューをさらにサブイシューに分けること――を「構造化」という。そして、この課題を「構造化する」プロセス、problem structuringこそ、問題解決の質と効率を左右するプロセスだ。

[図3]

イシューツリー

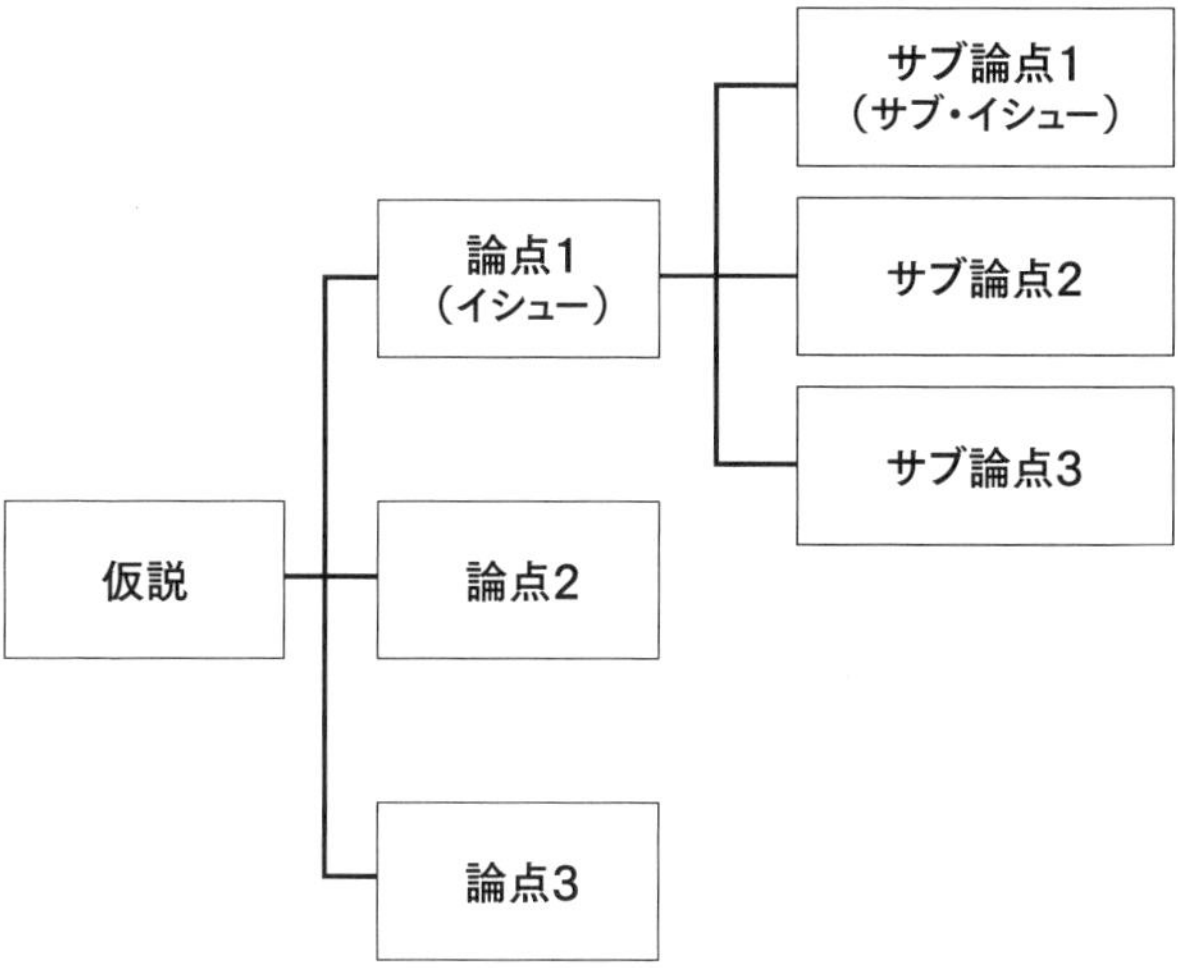

最初の課題設定には、ある種、直観的なひらめきが必要で、それがなければ何も始まらないのではあるが、実際の問題解決に進んでいくには、その課題を分析できるように、いくつかの塊に分けていくことが必要なのだ。

これについて、学生には、ゾウのイラストを用いて説明する。ゾウをいきなり食べようとしても、もちろん無理で、せいぜい踏みつぶされてしまうのがオチ。食べられる大きさに、きちんとカットしなければならない。

ゾウを食べるというたとえは、動物保護団体から突き上げられそうだが、要するに、細分化し、分解する——構造化することで、ゾウのように、どんな大きな問題も、その重みにつぶされずに解いていくことができるのである。

具体的には、**「イシューツリー」**を用いる。問題の本質であるイシューが、どのようなブロックによって構成されているかを考察し、それらをサブイシューに分ける。そして、それぞれのサブイシューをさらに、細分化していく[図3]。

すなわち、**「構造化する」とは、問題の本質から出発し、それをエレメントに分けて見ていく**、ということなのだ。

優先順位の80：20のルール

ここで出てくるのが、「ＭＥＣＥ」という考え方だ。本書をお読みの方ならおそらく何度か聞いたことがあるのではないかと思うが、では、正確な意味についてはどうだろう。

Mutually Exclusive and Collectively Exhaustive の頭文字をとったもので、**漏れなく、ダブりなく、**全体を厳密に分けていくということを意味する。

物事をＭＥＣＥに分けるという作業、簡単そうに見えて、実際にやってみると、結構難しい。厳密にやろうとすると、きりがない（この点は、次の章でもう少し掘り下げることとしたい)。
そもそもの目的は、大きな問題の塊を構造化することによって、本質的な問題を解決することなのに、厳密に構造化していこうとするあまり、かえって問題の本質が見えなくなっていってしまいがちなのだ。では、どうするか?

余計な枝葉を切ることである。いったん大きく分けたあとで、枝葉末節を切って捨てるのである。

80:20の法則、パレートの法則*というのを、聞いたことがある方は少なくないと思うが、ここでもそれが当てはまる。すなわち、**問題全体を一〇〇とすると、問題の本質的な在りかは、だいたい二〇ぐらいのところにある。**

完璧主義やお役所的な仕事を問われる人から見ると、全体の二〇%しかカバーしないじゃないか、ということになるかもしれない。しかし、問題解決で重要なのは、時間的制約の中で問題を解くこと。本質を見極め、有効な打ち手を編み出すことだ。

その目的から鑑みるに、枝葉の八〇%まで苦労してカバーしたところでたいしたリターンは期待できない。それより、重要な二〇%だけにフォーカスすれば、だいたい物事の本質は見えてくる。だから、八〇%は捨てる。そういう話である［図4］。

*パレートの法則
イタリアの経済学者ヴィルフレド・パレートが発見した「べき乗則」。経済において、全体の数値の大部分は、全体を構成するうちの一部の要素が生み出しているという理論。

[図4]

80:20ルール

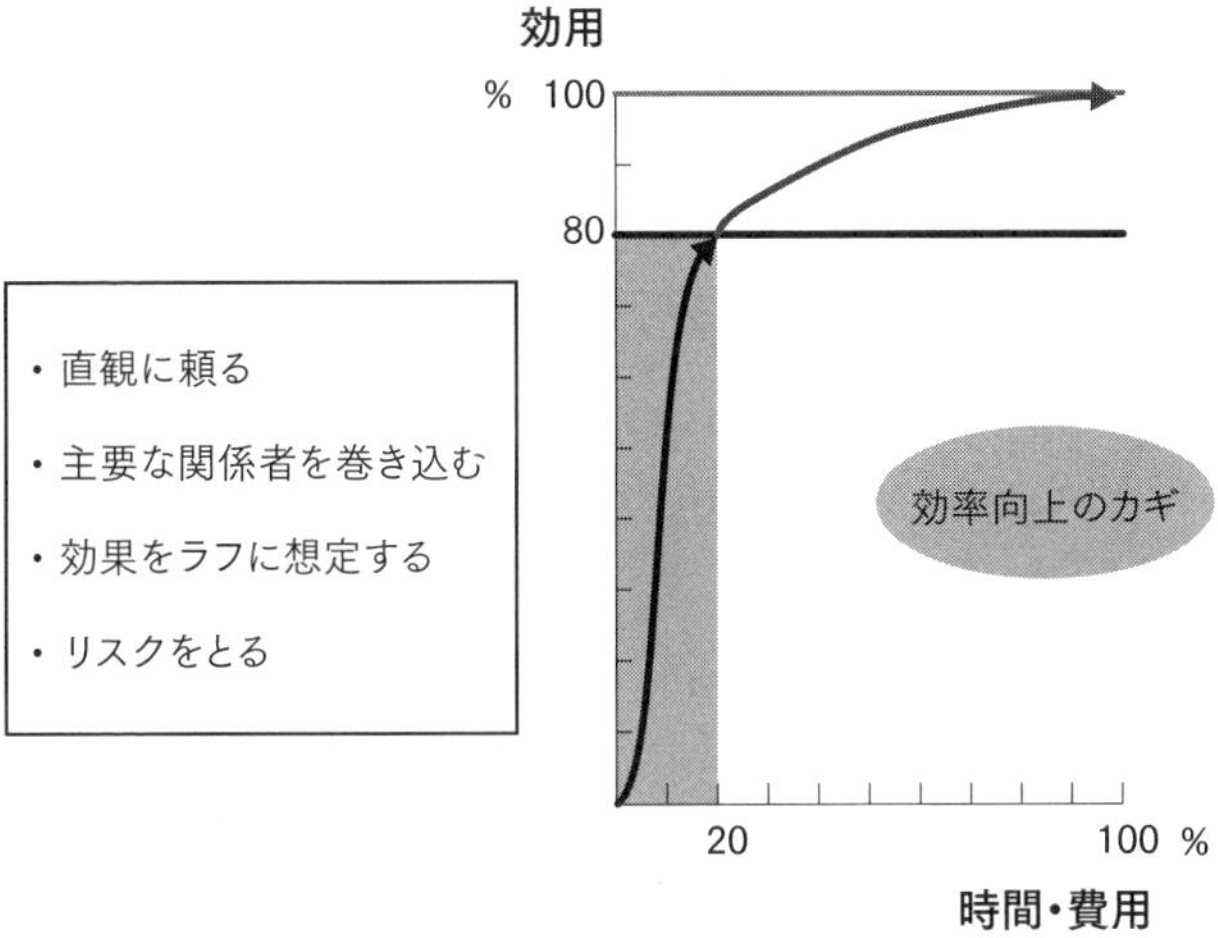
効用
%
100
80
・直観に頼る
・主要な関係者を巻き込む
・効果をラフに想定する
・リスクをとる
効率向上のカギ
20
100 %
時間・費用

ただ、これも口で言うほどたやすくはない。そもそも、その二〇%をどのように見極めるのか？　もし間違った二〇%、枝葉のほうの二〇%を見てしまったら、どうなるのか？　そして、重要な二〇%を捨ててしまったら？

そこで、**何が本質的な二〇%かを見極めること**、どこがインパクトのある部分かを見極め、そこに問題の本質の在りかを絞っていくことが、次の重要なステップとなる。

ロー・ハンギング・フルーツをとるな

重要な二〇%の部分に絞っていくには、どうするのか？

それは、**全体に対するインパクトの大きさにしたがって、サブイシューに優先順**

位をつけていくことだ。では、どのように？

ここで重要なファクターのひとつが時間軸だ。**何をもって問題解決とするかは、時間軸の置き方によって、まったく変わってくる。**短期的な現象を整理して少々改善するだけでいいのか、あるいは時間がかかってもいいから本質的な問題を解決したいのか。**成果を出すべき時間軸によって、何にフォーカスするかが異なる**わけだ。

このとき、やり方は二つに大別される。

ひとつは、まずできることからやる、難しくないことからやる、という方法。「ロー・ハンギング・フルーツ」、すなわち、すぐにもぎとれる果実を狙うやり方だ。

けれども、ロー・ハンギング・フルーツをいくらとっても、何のインパクトもない。高いところのものはいつまでたっても手が届かない。下手をすると、かえって採りにくくなってしまうともいえる。

その場しのぎのイシューとはいえ、解決にはそれなりに時間がかかる。その結果、なんとなくやっている気になってしまって、高いところのフルーツをとるための努力には一向に手がつけられなくなる、という副作用すらある。

もうひとつが、インパクトのあることから始める方法。時間がかかり難しいけれど、本質的な解決に向かうという選択である。問題解決の腕に自信（過信？）がある本格派が、飛びつきがちな方法だ。

しかし、多くの場合、これはあまりにも重たい。おおごとになる。しかも、なかなか結果が現れない。で、これも、決して正しい優先順位とは言い難い。

で、どうするか？　これら二つのファクターを合算して考えてはどうか？　ということで作成したのが、一二九ページの**図5**のチャートだ。縦軸がインパクト、横軸がスピードだ。

優先順位をつける方法

では、「インパクト」とは何か?

経営にとってのインパクトとは、言うまでもなく、収益(ボトムライン)だ。収益が出ない限り、事業は継続できない。したがって、少なくとも長期的な収益に紐付かないものは重要ではない。たとえば売上一兆円規模の企業の場合、収益に及ぼすインパクトが一〇〇億円以上のイシューでなければ、最優先で取り組む意味がないということだ。

経営課題である以上、このボトムライン・インパクトは、優先順位を決定するうえでの最重要ファクターである。

もうひとつの軸は「スピード」だ。同じインパクト、たとえば一〇〇億円の利益だとしても、それを得るのにどの程度の時間を要するかによって優先順位は変わる。

図5は、この二つの軸をそれぞれ三つのレベルに分けたものである。

インパクト重視派は、チャートの「7番」に飛びつく。インパクトは高いけれど時間がかかる選択肢だ。「いまのうちに早く手をつけておかないと、手遅れになる」「みんな手っ取り早いやつばっかりやって、大事なことはほったらかしにされる」

という正論のもと、7番に取り組もうとする。

逆にスピード重視派は、5番から手を出す。たしかに、スピードは速く、すぐに実入りがある。ただし、インパクトは小さい。

7番から取り組む人は、いわば大学入試で一番難しい問題から解いていこうとするタイプだ。しかし時間切れで一問も解けず、0点。実力はあるのかもしれないが、確実に落ちる。

では、手っ取り早く5番をやればいいのかというと、ここにも落とし穴がある。再び大学入試を例にとると、簡単な問題から解いていくというアプローチである。しかし、この手の問題でいくら数をこなしても点数は知れている。配点の高い難問題は手つかずとなり、結局不合格ということになりかねない。

5番もダメ。7番もダメ。答えは1番に決まっている。インパクトが高く、効果もすぐ出る――1番から手をつけるのが正しい。

では、7番は永久に手をつけずにおくのか？

そんなことはない。**7番を1番のかたまりに細分化する**のである。

[図5]

優先順位のつけ方

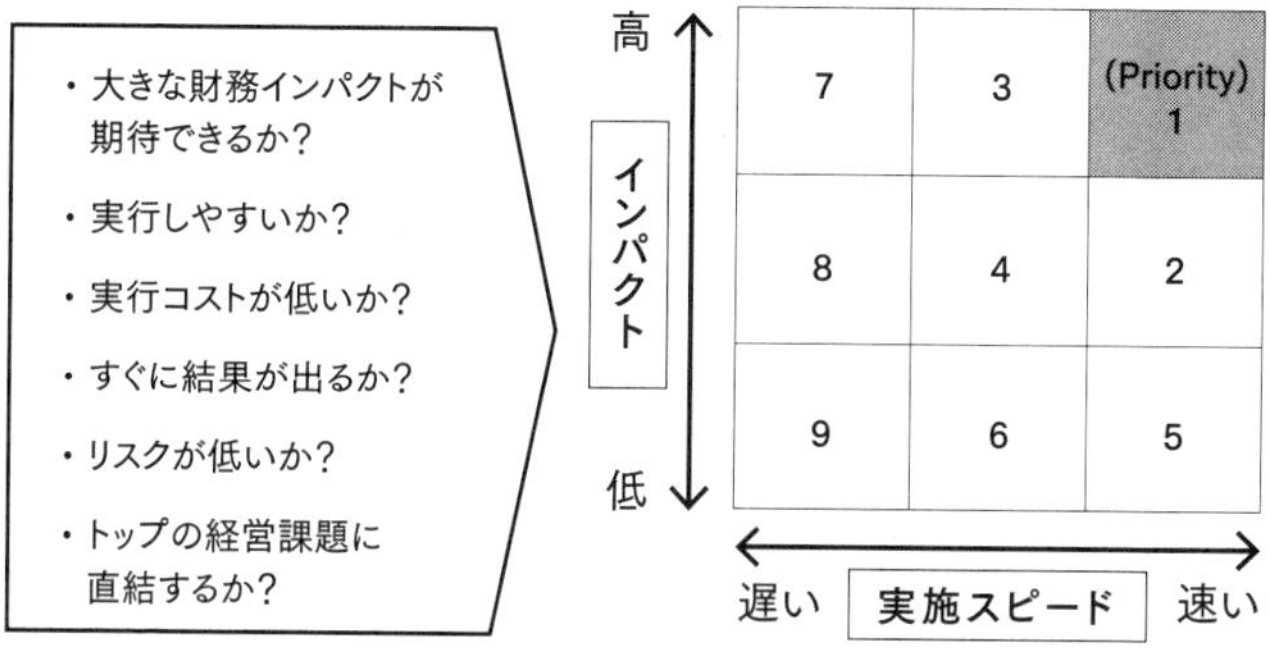

・大きな財務インパクトが期待できるか？
・実行しやすいか？
・実行コストが低いか？
・すぐに結果が出るか？
・リスクが低いか？
・トップの経営課題に直結するか？
高
インパクト
低
7
3
(Priority) 1
8
4
2
9
6
5
遅い
実施スピード
速い

7番というのは、まだ、「構造化」が足りていない、大きなブロックのままだ、ということだったのだ。だから、時間がかかる。もっと細かくかみ砕くことで、1番のブロックに仕立て直す。そうすれば、解けていくわけだ。

そもそも1番のような最優先課題は、企業がとっくに取り組んでいることが多い。一方、いつまでも放置されやすいのが7番だ。そして、これがシロアリのように企業の屋台骨をじわじわとむしばんでいく。そこで、**この手つかずの7番を1番に再構造化することこそが、コンサルの腕の見せどころ**となる。

このように、**いったんイシューツリーにして構造化すること、そしてその中で重要なツリーをさらに細かなイシューに分けていくことを、「イシューアナリシス」**と呼ぶ［図6］。

単に構造化するだけではなく、優先順位をつけることが、問題解決の生産性を上げるうえで重要だ。

[図6]
イシューアナリシス

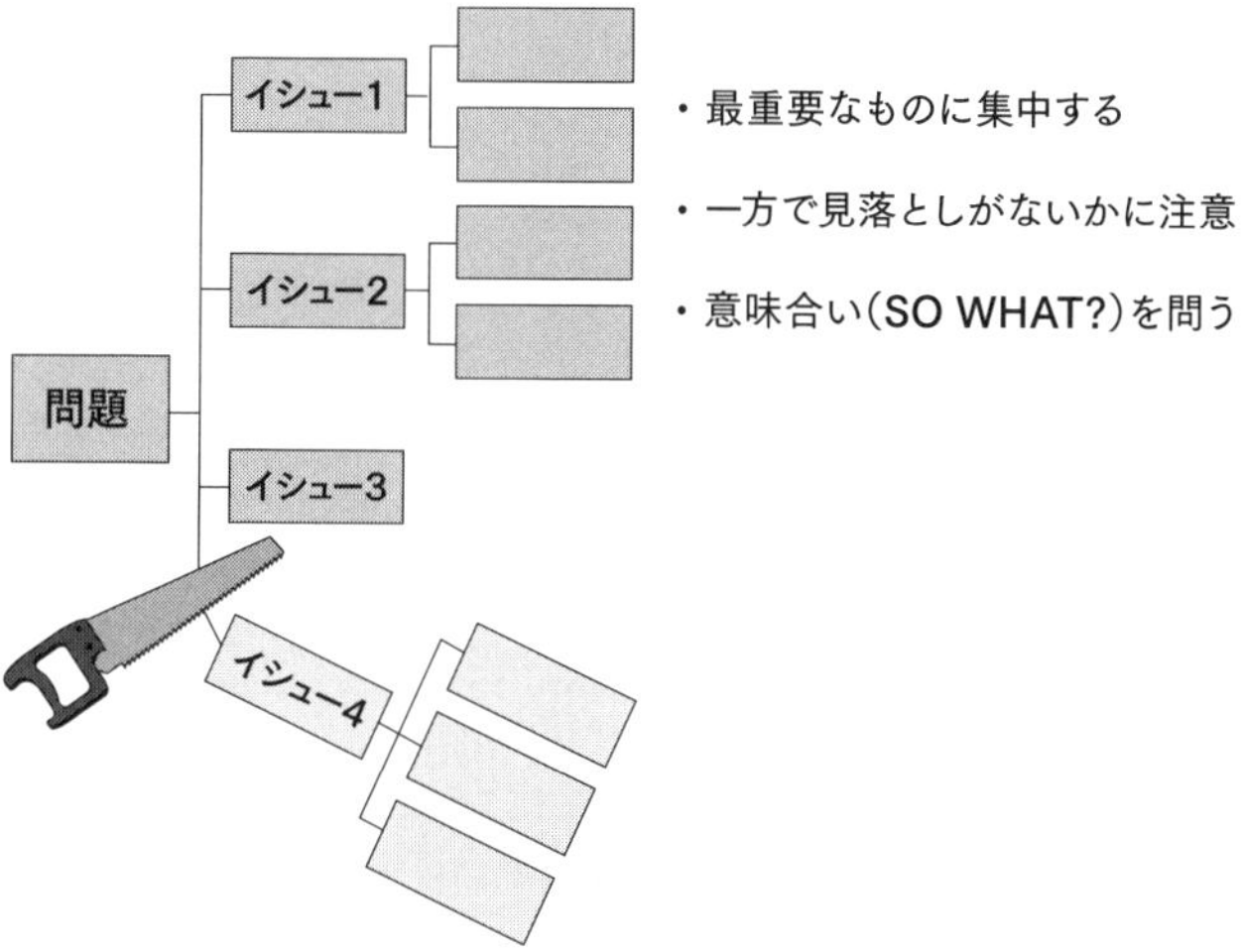

そもそもの目的に立ち戻る

本質的な課題について考える際には、「究極のゴールは何か？」というやや哲学的な問いに立ち戻る必要がある。多くの場合、目的とされていることが、実は途中のプロセスでしかなく、その先に何があるのかがきちんと見極められていないというのが実情だ。

そこでもう一度、「なぜ、これが目的なのでしょうか？　もう一度、そもそものところから考え直しましょう」とクライアントに問い直すのも、コンサルの重要な仕事だ。

先日、某大手企業の社長に久しぶりにお会いしたら、ずいぶんと格好よくなっておられた。聞けば、ライザップ*を始めたとおっしゃる。そして、目標はシックスパックだと。

じつは、このシックスパックづくり、中高年の（というより高年の）男性の間で流行っているように感じる。たとえ胸からお腹にかけて筋肉がついて六つに分かれたとしても、それを見せる場所はないんじゃないかと思われるような（失礼！）方々の間でも流行っているわけだ。当然、トレーニングをやりすぎて、腰を痛める人も少なくないらしい。

でも、そもそもシックスパックが目的だったのか？　それはたしかに、ひとつの目安にはなるかもしれないけれど、そもそもの目的は、健康になることではなかったか？

さらに言えば、何のために健康体でいたいのか？

筋トレであれ、女性のダイエットやアンチエイジング美容であれ、はまり出すと、ストイックなナルシシズム状態になりがちだ。本来の目的が忘れ去られ、**手段が目的化してしまう**のである。これは、組織においても同様だ。ほとんどの場合がそうだと言っても過言ではないかもしれない。

＊ライザップ
男性ビジネスパーソンを中心に広まっているボディメイク・ダイエット・プログラム。プロアスリートが使う先端技術を駆使し、トレーナーとマンツーマンで徹底的なサポートと厳しい管理のもと、短時間で成果が上がるとされる。

たとえば、流行の「健康経営」。これは、従業員等の健康管理を経営的な視点で考え、戦略的に実践することを指す。経済産業省の取り組みのひとつとして「健康経営優良法人認定制度」までできているものだから、これを取り入れる企業も増えている。

もともとは、「従業員等への健康投資を行うことによって、組織の活性化をもたらし、結果的に業績向上や株価向上につながる」というロジックで、アメリカで生まれたものだ。しかしいったんそれが始まると、そもそもの目的はどこへやら、担当部署では、ひたすら社員の健康診断の結果に一喜一憂。一方、従業員の間では、やらされ感が募っていく……よくある光景だ。

ここで大事なのは、そもそもどうして従業員の健康向上を目標にするのか、それによって会社として何を実現したいのか、だ。そこから議論を始める必要がある。するとと、「働き方改革のリーディングカンパニーになりたい」「働きたい会社トップランキングに入りたい」などという回答が返ってくる。では、なぜそれが必要なのか、とさらに問いかけると、健康でやる気に満ちた従業員こそ、これからの企業成長の必要条件だから、などといったもっともらしい回答が返ってくる。

しかし、その企業が次世代成長に向けて取り組まなければならない課題の山のなかで、健康経営ははたして本当に優先順位が高いのだろうか？

ロー・ハンギング・フルーツを集めて、ランキング入りを果たしても、企業そのものの健康状態の抜本的な改善には結びつかない。よっぽどブラックな企業、なぜか従業員が病気がちになる企業なら、話は別かもしれないが……。

イシューアナリシスがなぜ必要か？

イシューツリーの作り方とイシューアナリシスについて、具体的にお話ししよう。例として、再び、ライザップにはまるエグゼクティブを取り上げる。

あなたは、「私は健康を取り戻さなきゃいけない」と考え、だから、ライザップに行こうと決めた。しかし、本当にそれでいいのか？　それで、あなたの本質的な問題は解決するのか？

というわけで、イシューアナリシスをおこなってみることにしよう。

まずは、「健康を取り戻す」ことを出発点に置いてみる。

では、サブイシューをどのように、立てていくか？

切り方にはいろいろある。

ＷＨＹ・ＷＨＡＴ・ＨＯＷで切るというのも、ひとつの方法だ。

まず、**WHY**。「なぜそもそもそれが問題なのか？」「ほかにもっと大事なことがあるのでは？」「そもそも本当にそれが問題なのか？」と考える。

次に、**WHAT**。「そのためには何をすればいいか？」

この場合、基本的には、「健康になる」ということだろうが、「健康になるというのは、心が健康になることか、身体が健康になることか？」と考えてみれば、「健康」という課題は、大きく心と身体に分けられることがわかる。

そのうえで、身体の健康に絞って分析していくことにしたとする。次に、身体の健康のなかで、病気の治療ではなく、未病の予防に課題を絞ったとする。

すると、では、筋肉をつけたいのか、あるいはお腹を引っ込めたいのか、あるいは血糖値を下げたいのか。内臓系なのか、筋骨格系なのかによって、さらにまた分けていくことになる。

と、ここまできたところで、再び、「そもそもどこが問題なのか？　自分は何が問題だと思っているのか？」と自問してみるのだ。

すると、その過程で、「衰えつつある活力を取り戻したい。しかし、活力が失われてきているのは、目の前の山積した課題にとらわれ、将来に明るい希望が持てなくなってきているからではないか？　だとすると、本当の課題は心の健康だったのでは？」と、いったん捨てた心の健康を拾い上げることになることもある。

ところが、そうやって心の健康に戻っているなかで、実は、なかなか希望が持てないのは、身体が弱っているからだ、と再び身体の健康に戻ることもある。

こんなふうに、**「本質的な問題は何か」を問い続けるなかで、いったん切り捨てたものに対しても、もう一回、戻る**ことは珍しくない。

それから、**HOW**。この分け方にもいろいろあるだろうが、たとえば、日常ですぐできることと、病院に入る、専門のキャンプに入るなど、非日常の方法に分けられる。ライザップに入るのも、ひとつの選択肢だろう。

しかし、もしWHATで、そもそも心の健康が課題だったことがわかったりすると、HOWとしては、どうやって気分転換するか、自分らしさを取り戻すか、ということが重要となって、ライザップに行くよりも座禅に行ったほうがいいということになるかもしれない。

そこでまた振り出しに戻る。

「自分は、いったいどういう状況になりたいのか？　そもそもの根っこの問題は何なのか？」を、再び問い直さなければならないのだ。

先ほどの某大手企業社長のライザップの例をとれば、なぜ、シックスパックを目指すのか？　と問えば、健康を取り戻したいとおっしゃる。

しかし、六〇代の健康に、シックスパックは必要か？

ライザップに行って筋肉を鍛えることが最善の方法か？
そもそも本当に欲しい状態は何なのか？　一番根っこの問題は何なのか？
それを問わねばならない。

すると、本当に欲しいのは、男性機能を取り戻したい、ということだったのかもしれない。だとすると、ライザップ以外にも、ほかの打ち手があるはずだということがわかる。何もシックスパックを目指さなくてもいい。ホルモン治療という方法だってある。

あるいは、メタボのお腹をどうにかしたい、痩せたい、ということかもしれない。それなら、自宅で行う糖質制限ダイエットもある。

それでもまだ、ライザップとシックスパックにこだわるとしたら、身体を見せて、若い女性にもてたい、と秘かな願望を持っているのかもしれない。もしそうなら、ライザップも悪くはないが、ほかにも打ち手はたくさんあるだろう（!?）。実行するかどうかは別として。

「〇〇しかない」とひとつの方法にとらわれてしまって、HOWのところで実はつまずいていることは珍しくない。それが、「構造化する」ことによって、どのレベルでつまずいているかがわかるのだ。

問題の「構造化」というのは、こういうことである。

イシューを再定義する

ただし、**最初の構造化で、本質的な課題に到達することは、ほとんどない。**構造そのものを何回も作っては壊し、再構成してみる必要がある。

このライザップ通いの経営者の例に戻ろう。

超多忙でしかも毎晩接待漬けのかれにとって、最大の障害は、健康にいいことをしたいと思っても、なかなか時間がとれないことだった。エレベーターではなく階段を使う、ご飯は必ず半分残す程度のことはしてみたものの、目に見える効果はなく、そもそも長続きしない。

そこで手っ取り早い「強制プログラム」として、ライザップを選んだのだ。少し仕事の時間を削ってジムに通えばよい。トレーナーが食事制限までしっかり目を光らせてくれる。その結果、三カ月で見違えるほどシェイプアップできる。こんなにもお手軽な解はない！

ここでも、**WHY NOT YET？（なぜいままでやれていなかったのか？）をイシューとして立てることで真の課題が見えてくる。**

すなわち、**最大の課題は、時間がないことだった**わけである。したがって、短時間で確実に成果が出るライザップは、格好のソリューションとなった。

しかもやっているうちに自分の肉体改造そのものが楽しくなり、いつの間にかシックスパックが目標になっていった。このまま続けることができれば、ありがちなリバウンドの心配もない。そして身体だけでなく、心も軽くなってくる。そのために三カ月三〇万円も、決して高くない。「ロー・ハンギング・フルーツ」が、本質的な問題解決につながったのである。

しかも例の「シックスパック」も、よくよく聞いてみると、かれにとってはプログラムを続けることのひとつの通過点でしかない。目的はあくまでも健康な心身を維持し続けることにある。どうやら、若い女性にもてようということではなかったらしい。

問題解決に真剣に取り組むと、イシューを何度も切り直す必要があり、なかなか先に進まない。そのようなときには、**まずひとつの仮説**（「だまされたと思って三カ月のプログラムを始めてみる」）**を試してみることが、本質に迫る近道になることもある。**

問題解決がすんでから実践に移す、というリニア思考では、生きている問題は解けない。**まず実践してみて、そこからの学びを踏まえてイシューを再定義する**というスパイラル・アプローチが、ここでも有効なのである。

インパクト思考に徹する

そろそろ、本章のまとめに入ろう。多くの会社が山ほど分析を重ねているが、ほとんどが時間の無駄だ。細かく分析すればいいというものではない。ここまで述べてきたように、イシューに分けて(イシューアナリシス)プライオリティーをつけて、**「これとこれとこれさえ、わかればいいはず」と割り切る**ことだ。すると、作業は一〇分の一以下になる。多く見積もっても、80：20を適用して、五分の一だ。これが、**「インパクト思考」**である。

イシューアナリシスは、
WHY↓WHAT↓WHY NOT YET?↓HOW

の順番で行くことが基本だ。

何をするかというWHATを詰める過程で、そもそものゴールが見えなくなったら、WHYを問う。

そして、HOWを問う前に、WHY　NOT　YET？　を問いかけることによって、その企業特有の問題の本質に迫ることができる。

また、HOWの細部については、クライアントの現場のほうがよくわかっているので、あまり細かいことには立ち入らず、現場に任せることだ。

コンサルの役割は、

・全体像をしっかり押さえ、重要なイシューが漏れないようにすること、

・推進体制とスケジュールを明確にすること、

・KPI*（重要業績評価指標）をきっちり経営者、現場と握ること。

あとは現場の自主性に委ねる。「自分事」として現場に実践してもらうことで、結果が速く、確実に出てくる。

これがインパクト思考の問題解決の要諦である。

＊KPI
(key performance indicator)
重要業績評価指標。達成すべき目標に対し、どれだけの進捗がみられたかを明確にするために、選択される定量的指標。これをもとに、日々の進捗把握や業務の改善などが行われる。

80：20の落とし穴

80：20ルールをご紹介したが、これには大きな落とし穴があることにも触れておかなければならないだろう。

「ロングテール」**という言葉をお聞きになったことがあるだろう。販売ランキング順に販売額の曲線を描くと、ベストセラーが恐竜の高い首（ヘッド）で、ニッチ商品が長い尾（テール）のようになっているところから名づけられた。

従来のマーケティングの常識は、当然、ヘッドの二〇％の部分に集中することだった。これが売上総数の八〇％を占めるからだ。

ところが、ネットビジネスの登場によって、この80：20ルールは、もろくも崩れ

**ロングテール

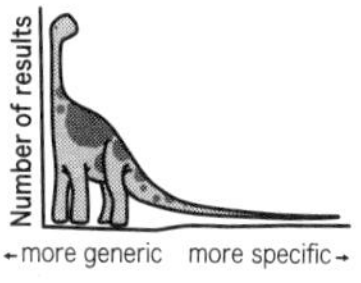

去った。アマゾンなどのオンライン小売業は、ロングテール商品まで幅広く品揃えすることができる。すると、じつはロングテール部分の売上が、過半数を占めるようになったのだ。人々の関心が、ベストセラーより、「掘り出しモノ」や「レアモノ」に広がっていたことが実証されたわけである。

問題解決も、80：20ルールを金科玉条のように守っていると、誰もが注目する部分にばかり目を奪われ、意外な真実（掘り出しモノ）を見逃す危険がある。

じつは、このことに以前から気づき、むしろこのロングテールに真実を求めることを旨としてきた企業がある。日立製作所だ。

同社には「落穂ひろい精神」という伝統がある。落穂ひろいとは、欧米の麦畑などにおいて、収穫後に残った稲穂を拾い集める行為を指す。このように、「事故の原因を残さずすべて拾い上げ、根本的な原因を追及し、それをもって根本から徹底した対策を講じること」を目指すという意味だ。日立の品質と信頼性のバックボーンとなる精神といえよう。

このように完璧を期すことによって、見落とされがちな真因を見つけ出すことができることもある。電力や鉄道などの社会インフラ事業においては貴重な精神だ。しかし、企業のさまざまな問題解決に、いちいち「落穂ひろい」をしていたのでは、なかなか前に進まない。事実、日立の意思決定が遅いのは、落穂ひろい精神のせいではないかと、揶揄されることもあった。

ところが、だ。ここにきて、落穂ひろいが、問題解決の新しいアプローチとして、現実のものになってきている。ＩｏＴ*とＡＩを駆使すれば、あらゆる事象を対象に瞬時に分析を行うことができるようになったからだ。

データや解析能力に制約があった時代の80：20ルールは、もはや過去のものになりつつあるのである。

＊ＩｏＴ
Internet of Thingsの略で、さまざまなモノが、インターネットに接続され、それら自体がインターネットのようにつながって、情報交換することにより、相互に制御する仕組み。クラウドコンピューティングやＡＩの進歩によって、さまざまな用途でのいっそうの可能性が期待される。

問題解決は、人からＡＩに置き換わる？

だとすると、そもそも問題解決の世界において、人はいずれＡＩに置き換わっていくのではないか？　当然、そのような疑問が湧いてくるだろう。

ディープラーニング*（深層学習）を身につけたＡＩは、ここにきて飛躍的な進化を遂げようとしている。視覚はすでに人間の能力と遜色がなくなってきている。ＡＩスピーカーにみられるように、聴覚もかなりいい線にきている。

しかし、五感のうちの残りの三つ、つまり、触覚、嗅覚、味覚においては、ＡＩはまだ動物レベルにも達していない。もっとも、この領域においても、いずれＡＩはその驚異的な学習能力を発揮するようになるだろうが。

＊ディープラーニング（Deep Learning）
音声の認識、画像の特定、予測など人間が行うようなタスクを実行できるようにコンピュータに学習させる手法で、人間の神経細胞の仕組みを模したシステムであるニューラルネットワークがベースになっている。ニューラルネットワークに大量の画像、テキスト、音声データなどを入力することで、コンピュータのモデルはデータに含まれる特徴を各層で自動的に学習していく。これにより、ときには人間を超える極めて高い精度の認識が可能になっている。

ただ、おそらく唯一、ＡＩが身に付けられない能力がある。何か？

五感を超えた「第六感」だ。「直感力」と言ってもいいだろう。過去のパターン認識や論理を超えるパワーだ。非連続な未来を予見する力でもある。

このＡＩの追随を許さない人間独自の能力は、五感すべてを使って、自然と交感することによって磨きをかけることができる。

この点は、第三部で再度取り上げることにしたい。

この章のまとめ

- 課題（イシュー）に丸ごと取り組むのではなく、サブイシューのかたまりに細分化する
- すべてのイシューに答えを出すのではなく、インパクトとスピードで優先順位をつける
- 経営上最重要なインパクト指標はボトムライン（収益）である
- インパクトが大きいものの実行に時間がかかるものは、さらに細分化して、実行スピードを上げることで、最優先で取り組むことができる
- 問題解決はスパイラルなプロセス。壊しては組み立て直す
- まず実践してみて、そこからの学びを踏まえて、問題解決プロセスを再起動させる
- アマゾンでは、ロングテール部分の売上が過半数を占め、従来の80：20の法則が崩れ去った

・IoTとAIを駆使すれば、あらゆる事象を対象に瞬時に分析を行うことができるようになったため、データ収集や解析能力に制約があった時代の80：20ルールは、もはや過去のものになりつつある

・五感を超えた第六感、直感力は、AIの追随を許さない人間独自の能力であり、非連続な未来を予見するのに必要な力である

第五章

フレーミング力❶
MECEとロジックツリー

MECE

この章では、いまではすっかりお馴染みとなっている、コンサルの用いる代表的な「フレーム」について、ご紹介することとしよう。

最初は、前の章でも少し触れたMECE。分析の際、最初に必要となる大事なフレームで、Mutually Exclusive Collectively Exhaustiveの頭文字をとったもの。訳せば、**「漏れなく、ダブりなく」**という発想だ［図7］。

しかしながら、MECEに分けることは、一見、簡単そうに見えて、実際には非常に難しい。「ダブりなし」が特に難しい。現実の事象はさまざまに関連し合っているので、どうしても「そういう面から見ればそちらに分類できるが、こちらにも入る」となる。現実は、数学のように、スパッときれいに切れるわけではないのだ。

では、どうするか？

全体をとらえているかどうか（つまり、漏れがないかどうか）は気にするが、**ダブっていないかという点については、さほど神経質にはならなくてよい**。重なりがあると問題解決が一部二度手間になってしまうが、**漏れているよりはダブっているほうが害はない**からだ。

MECEの例に、「男と女」を挙げる人がいるが、最近はそれでは物議を醸す。ダブっている人たちがいるからだ。では、男と女で分けることにまったく意味がないのかというと、そんなことはない。「男と女」という分類があるから、三つ目として、「男と女がダブっているところ」という新しいカテゴリーが生まれる。つまり、**ダブる部分にこそ、新しい発見がある**ことが多い。

さらに言えば、互いの関係性や補完性を考えて、きれいに切れないことに気づくことのほうが大事なのだ。

「ここが病巣だから切ればいい」と、外科手術的に片付けてしまえば、たしかに簡単だ。しかし、病巣はいろいろなところに関係していて、それを切ったところで

［図7］

漏れなく、ダブりなく：MECE
（Mutually Exclusive and Collectively Exhaustive）

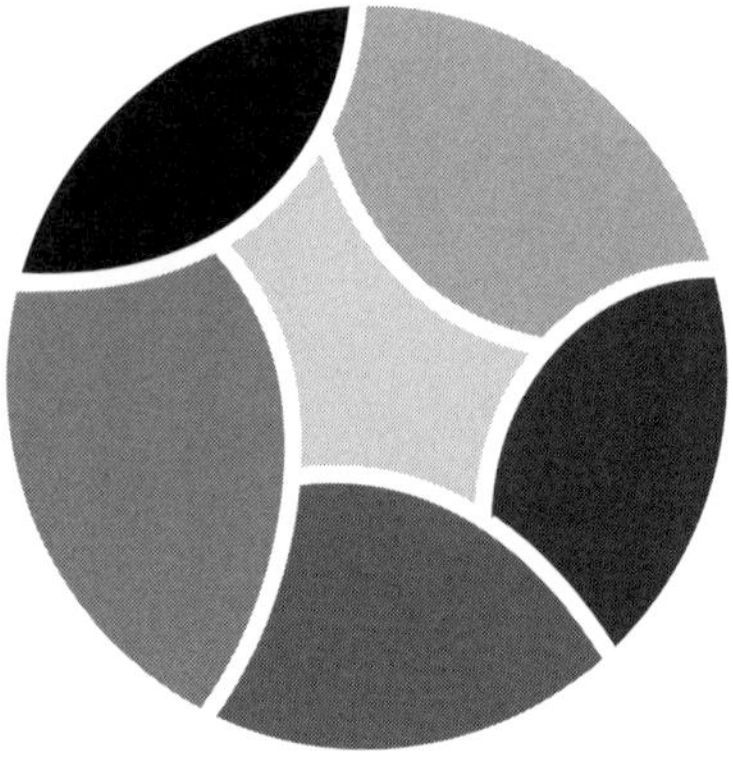

答えが出ない、というのが現実だろう。しかもそれは不健康な食生活やストレスなどといった本当の原因の結果でしかないから、切ってもまた再発する危険性も十分にある。さまざまな角度から分析して、因果関係をしっかり見ることが重要なのだ。

一方、「漏れ」は極力、排除しなければならない。経営や事業は、どうしてもいまの大事な市場や自分の強みに集中しがちで、視野狭窄に陥ってしまう。しかし、新しい脅威や機会は、その視野の外に存在することが多いのだ。先にお話しした各産業、各企業特有の「盲点」だ。「漏れはないか」に目配りする姿勢をつねに忘れてはならない。

MECE　まとめ

- 「漏れなく、ダブりなく」事象を細分化する
- 「ダブり」を完全に排除する必要はない。むしろ「ダブり」にこそ、新しい発見があることも少なくない
- 「漏れ」は極力排除する。「漏れ」の部分にこそ、盲点がある場合が多い

ロジックツリー①
事業の盲点を見つける

ＭＥＣＥに分けるには通常、ロジックツリーを作る。問題解決の基本中の基本だ。

たとえば、マーケティング戦略を考えるにあたって、ターゲットについて、「国籍、性別、年齢を問わず、全世界の全人類が対象」といって、塊を塊のままとらえても何の洞察も出てこない。出発点としては、一応、まずは軸を選んで切ってみて、対象（ここでは全人類）をブロックに分けておく。これが、最初の入口となる。

二〇〇〇年前後のコカ・コーラが実際に行った例を挙げてみよう。

問題解決だから、目的（課題）が必要だ。目的は、コカ・コーラ（アトランタ本社）の利益を上げることだとする。

利益は、売上マイナス経費なので、revenue（売上）とexpense（経費）のロジックツリーを想定する［図8］。

利益を上げるには、経費を減らすか、売上を上げるか、あるいはその双方である。ここでは、売上を上げるという選択肢を選んだとしよう。

売上の中身は、地域別にMECEに分けると、「アメリカ」と「その他」になる。これは、アメリカ中心主義的なひどい切り方ではあるが、完全なMECEだ。

次に、「アメリカ」内の売上を分割すると、「コカ・コーラとファンタとスプライト」となっている。これはいくらなんでも、MECEではない。これ以外にも違う飲料カテゴリーはいくらでもありうるわけで、「漏れ」まくっている。

しかし、アトランタ本社は本気でこれでいいと考えていた。なぜなら、この三商品こそが、大きな売上をたたき出すメガ商品だからである。売上インパクトを考えると、この三つ以外のものには注力しなくてかまわない、というのである。いやはや、きわめてメリハリの利いたインパクト思考だ。

当時のアメリカ市場は、それですんだのだろう。しかし、同じ戦略が日本でも通

［図8］
ロジックツリー ①

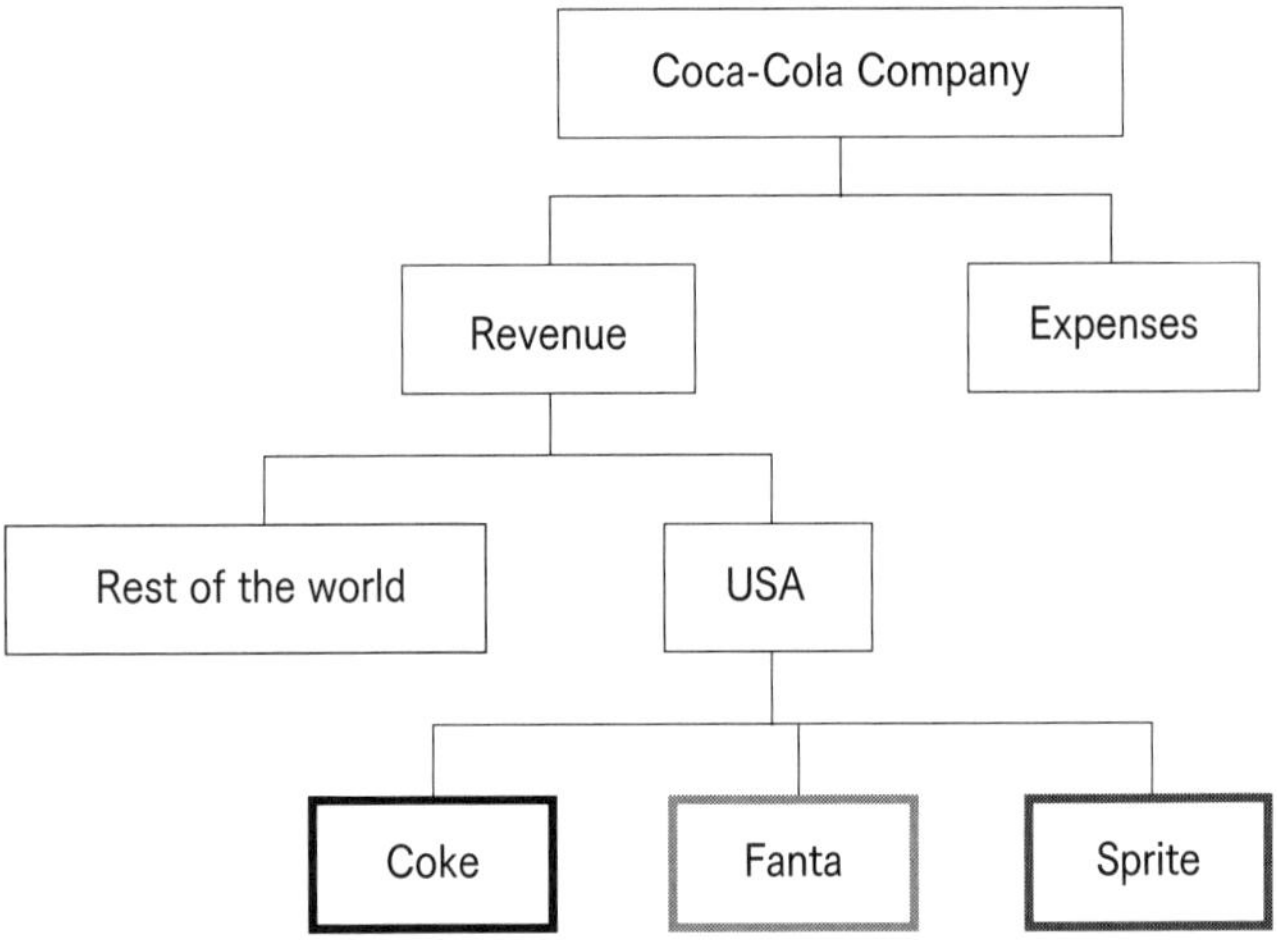
Coca-Cola Company
Revenue
Expenses
Rest of the world
USA
Coke
Fanta
Sprite

用するとは限らない。事実、日本では二〇〇〇年当時すでに、この三つ以外に、ジョージアという缶コーヒーから始まって、水や日本茶を売るようになっており、それが大成功していた。主力三つ以外の商品群で、売上を上げることに成功していたのだ。

やがて、アトランタ本社もそれに気づくこととなり、新社長が（前述のマヌケなロジックツリーで考えていた社長はクビになった）「Look at Japan」「日本はイノベーティブだ」と言い始める。「いままでコカ・コーラは人間が摂取している水分の五％しか対象にしていなかった。あと二〇倍の成長機会を見逃していたのだ」と。

かくして、いまではアメリカでも、コーラやファンタ以外のさまざまな飲み物を扱っている。

つまり、**MECEに分けるのは、盲点を見つける手段でもある。**MECEでないものや、MECEに分けたうえであえて切り捨ててきたものに対して、もう一回光を当てることによって、問題解決がなされることがあるからだ。

MECEに分ける目的は、それを完璧に行うことではない。むしろ、うまく切れないところから、違う答えが見えてくるところにこそ、価値があるのだ。

ロジックツリー②漏れ分析

もうひとつ、ロジックツリーの例を挙げてみよう【図9】。

こちらは、小売店の例で、利益を上げることを目的に、コストと売上をMECEに分けている。ここでも売上向上策を検討することにしよう。

売上は、客単価×客数だ。ここまでは、いいだろう。怪しくなるのはこの先だ。

購入客数は、通行人数×入店率×購買率。

この方程式に従うと、まずは通行人を増やす、つまりできるだけ繁華街に店を開こう、ということになる。小売りではよく成功の条件は、「ロケーション、ロケーショ

［図9］

ロジックツリー②

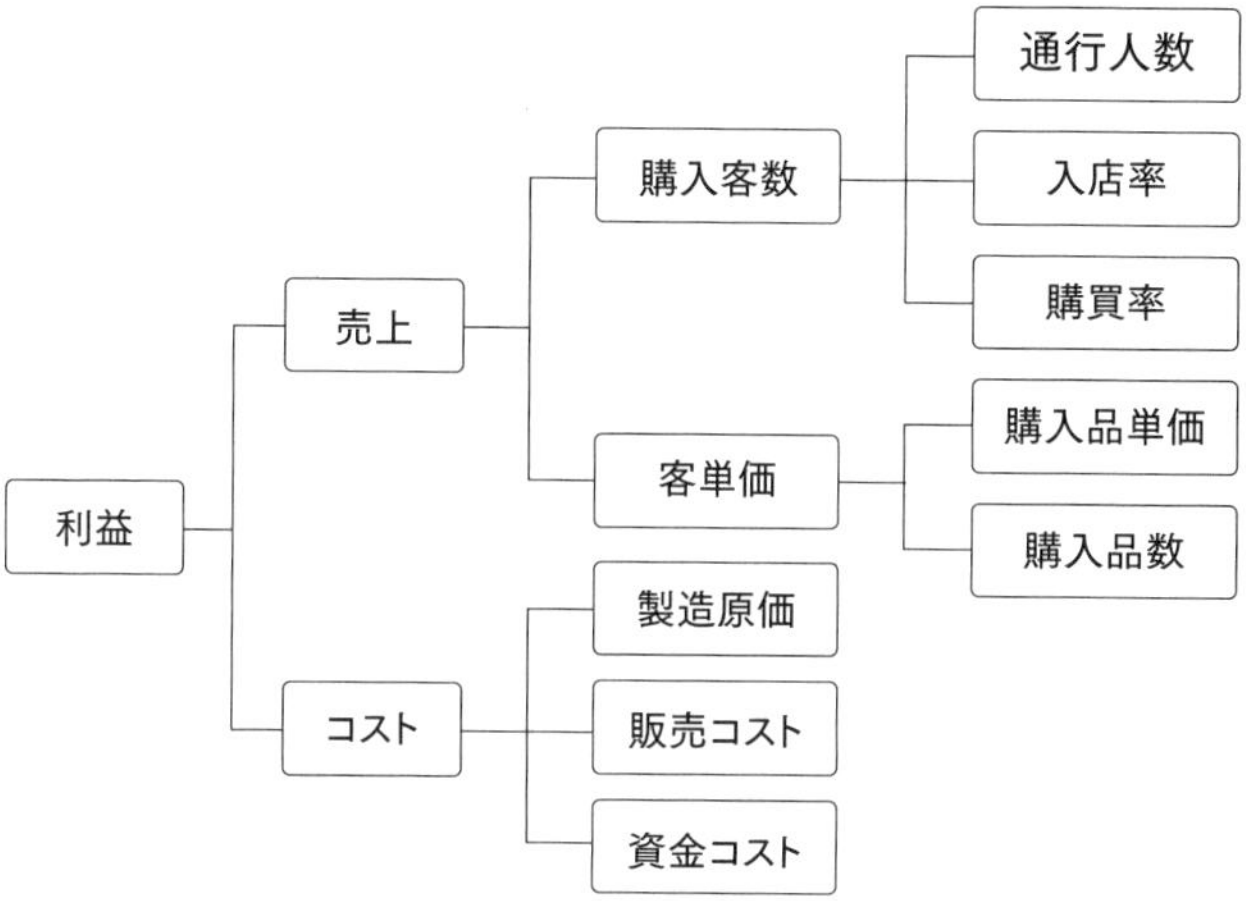

ン、ロケーション」の三つだといわれる。そう、出店場所がすべて。だから通行人の多い路面店の一階が、もっとも地価が高い。

入店率を増やすためには、通行人を店に立ち寄らせなければならない。「さあ、さあ、寄ってらっしゃい、見てらっしゃい」というわけだ。通称「キャッチバーモデル」ともいう。

購買率を上げるためには、商品力や価格力も関係してくるので、こちらはなかなか一筋縄ではいかない。そこでまずは、通行人数×入店率を上げようということで、打ち手は比較的わかりやすいものになりやすい。

しかし、はたしてこれでよいのだろうか？

考えてみれば、非常におかしなモデルだ。

通行人の多い通りで（通行人数）、通行人を店に引きずり込む（入店率）ことを狙っている。しかし、普通は、なんらかの目的を持って、店に来るのではないだろうか。「本日の特売狙い」で来る客も多いだろう。

つまり、これは、**一見MECEに見えながら、まったくMECEではない**分け方だ。人は行きずりでしか店に入って来ない、目的買いをしに来ないという偏ったビジネスモデルを前提としている。

さらに言えば、購入客を店に来る人だけに限定している。ECや宅配をからめたオムニチャネル・モデルなど、まったく視野に入っていない。漏れだらけなのだ。

現在の成功している小売りは、こんな刹那的な「引きずり込み」モデルに頼ってはいない。

「顧客数を増やす」ためには、単なる通過点で待ち構えるのではなく、「デスティネーション・サイト（目的地）」になるように、顧客の関心を惹きつけるような努力が必要となる。プッシュ（背中を押す）ではなく、プル（関心を惹きつける）こそが、知恵の絞りどころとなる。

ロジックツリーの欠点は、それを書くと、ロジックで固めたつもりになってしまって、そこで思考が止まってしまうことだ。

同じ結果（この場合は「顧客数を増やす」）を生むうえでも、さまざまなパターンがありうる。それをできるだけ「漏れなく」考えてみる必要がある。

そのためには、**ロジックツリーを何枚も書いてみる**ことだ。

そのうえで、その何パターンかのロジックツリーの関係を見ていけばいい。

このケースでは、顧客数を考えるうえで、顧客を既顧客とそれ以外に分け、そもそもなぜ「それ以外」の人たちが顧客になっていないのか、を考えるべきだ。そのための分析を先にすべきだ。これを、**「漏れ分析」**という。


ただし、「そもそも対象外、どんなにやっても対象外」という人もいる。そこで、「既顧客」以外をさらに「非顧客」と「未顧客」に分ける。

「非顧客」は、絶対顧客にならない人。これはあきらめるしかない。そこまで入れてしまうと、あまりにも非効率になってしまう。

これに対し、やりようによっては顧客になる人が「未顧客」。これからの顧客だ。かれらに対し、なぜ未顧客なのか、原因分析をする。

その人たちにとって、「われわれの商品に魅力がない」からなのか、あるいは、かれらがわれわれの店の存在に「気がついていない」だけなのか。それによって、打ち手はかなり違ってくるからだ。

たとえば、商品に魅力を感じていない場合。その理由は、品揃えなのか、価格なのか、品質なのか。

あるいは、たとえばユニクロで、かつてまだ品質が悪かった頃のイメージを引きずっていて、いまはそうではないことを知らないなどというケースもあるだろう。これはかつての顧客が未顧客に戻っている例だ。

いずれにしろ、顧客でない理由がわかれば、顧客になってもらうための仮説が見えてくる。だから、この「漏れ分析」を行うにあたっては、考えられる可能性を思いつくままに挙げていくこと。MECEなど気にしなくていいから、ともかく付箋でいっぱい貼っていくのがいい。

たとえば、ユニクロの未顧客の中には、そもそも「普段着といえば『しまむら』*」などと別の特定ブランドしか想定しない人が存在する。それをはぎ取るのは非常にたいへんだが、一方で、いったんこちらの商品を体験してくれると、たいへんなヘビーユーザーになってくれる可能性がある。

そういう人たちも相手にするのかどうかは、戦略上の判断となるだろう。相手に

*しまむら
郊外を中心に多数の店舗を持つ衣料品チェーンストアを展開している。国内ではユニクロに次ぐ、業界第二位。国内以外にも台湾などへ展開している。

しない可能性が高いかもしれない。しかし、最初から切り捨ててしまうことなく、まずは、あらゆる可能性を挙げていくことが重要だ。

ロジックツリー　まとめ

- MECEな切り口に沿って、ロジックツリーを作成する
- いったんひとつのロジックツリーを作っても、そこで思考を止めず、できるだけ多くのロジックパターンを書き出してみる
- ロジックツリーから漏れているものをチェックし、重要な漏れに光を当てる。たとえば「既顧客」だけでなく「未顧客」（ただし「非顧客」は対象外とする）

イシューツリー①生産現場のMECE

MECEについて、今度は、イシューツリーで考えてみよう。ロジックツリーが、顧客や売上などの事象の塊をロジカルに細分化していくためのツールであったのに対し、**イシューツリーは、イシュー（課題）のほうを具体化していく。**

ここでは生産現場を取り上げてみたい。ものを作る人たちのイシューツリーで、ロボットなど新しいプロセスを入れることによって収益性が向上するかどうか考えるというケースだ［図10］。

経営側が、まず思いつくのが、それでコストは下がるかという一番上のサブイシューだ。

［図10］

イシューツリー ①

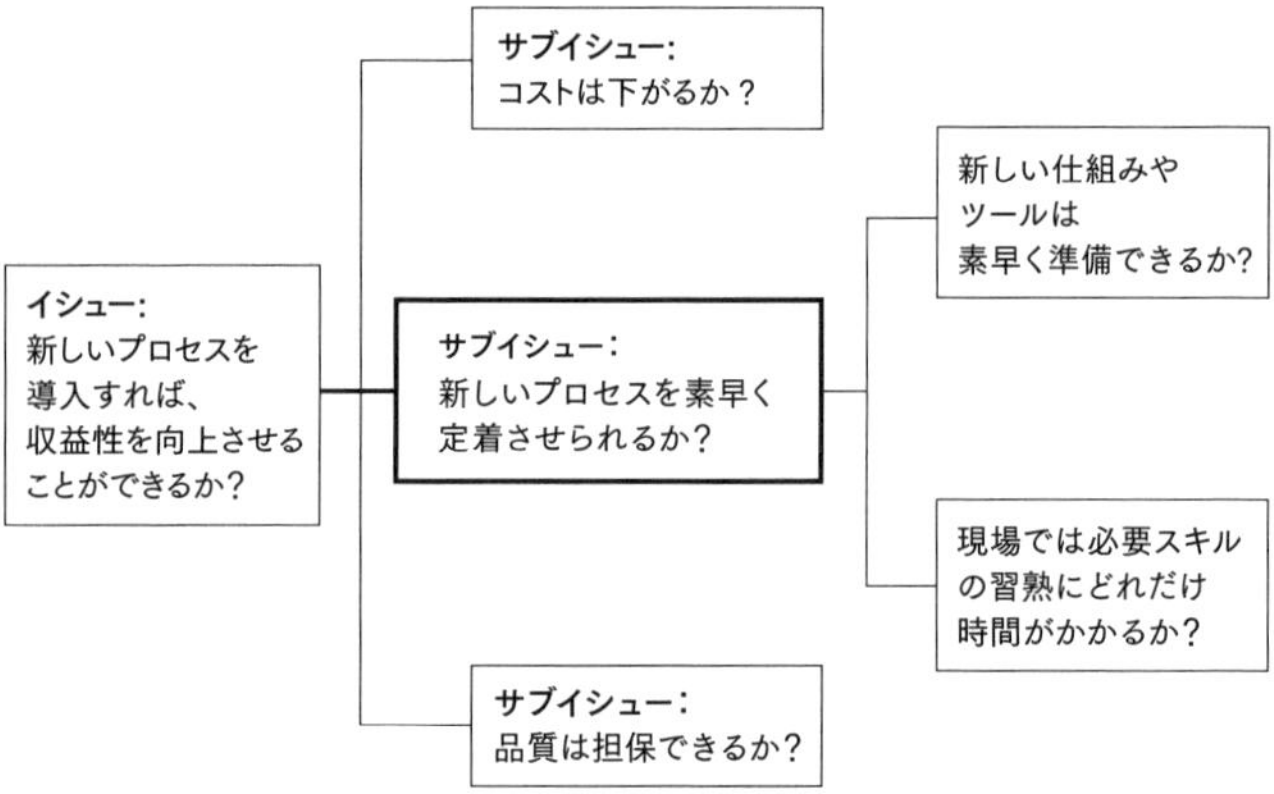

一方、現場はやはり品質がもっとも気になる。そこで、いままでと同じ品質は担保できるのか、という一番下のサブイシューが出てくる。

生産現場を熟知する人は、「新しいものを入れると現場がばたばたする。ちゃんと定着するだろうか。かえって生産性が下がる恐れはないか」という疑問を持つ。それが、真ん中のサブイシューだ。

収益性というと、すぐにコストのことをイシューにしがちだが、実際にはほかにも配慮すべきものがある。そのなかでも、もっとも見落としがちだが重要なのが、どれだけ早く定着するのか、という点だ。たとえば、鳴り物入りでEV生産に取り組んだテスラ*は、現場がロボットをきちんと使いこなせないため、量産化にたいへん手間取ってしまっている。

では、スピーディに生産性を上げるためには、何がイシューか？

そもそも現場に、そういうことを学べる人間のスキルや時間は、どれだけあるのか？　手早く習得させるような仕組みやツールはあるのか？

このように生産性にまつわるイシューを、人系とツール系の二つのサブイシューに分けてみる。

*テスラ
イーロン・マスク率いる、アメリカのシリコンバレーを拠点に、バッテリー式電気自動車と電気自動車関連商品、ソーラーパネル等を開発・製造・販売している自動車会社。

ところで、このイシューツリーはＭＥＣＥではない、と言う人がいる。これが売上につながるかどうかについては見ていないからだ。しかし、コストと品質と生産性は、売上と相関する。コストが上がれば、または品質か生産性が下がれば、売上は確実に下がる。売上とコストは、二つの独立関数ではないのだ。しかもここではあくまで、生産側の課題を解こうとしており、販売側まで検討を広げると、焦点がぼけてしまう。

生産側の主要な判断軸は「ＱＣＤ」である。Quality（品質）とCost（コスト）とDelivery（生産スピード）だ。もちろん、Safety（安全）は大前提である。

この三つのなかで、もちろんコストは重要だが、ほかの二つも、場合によってはコスト以上に重要だ。なぜなら、品質や生産性のトラブルは、売上に大きな影響を及ぼすからだ。また、品質対応にかかる手間や生産性の低下は、コストそのものにも直結する。その意味では、ＱＣＤという軸も、独立関数ではなく連関しているのだ。

本社の計数管理のプロは、生産といえばコストばかりに気をとられがちだが、ものづくりに精通している現場のプロは、クオリティやデリバリーにも配慮を怠らない。そして、このケースでは特に、Dの部分に焦点を当てている。

ロボットのオペレーションが想定どおりに現場に定着するためには、何が必要か？　なかでも、人系のスキル習得に時間がかかることは明白だ。それを補うために、ツールや仕組みが必要となる。そこで、このツリーを作った生産現場の責任者は、ツールや仕組みを深掘りしようと考えたのである。

生産現場の課題を解くにあたって、QCDという切り口は、必要十分にしてMECEである。そして、CではなくDに焦点を当てることで、本社側が見落としがちな本質的課題（盲点）を深掘りすることができるようになる。

イシューツリー②
新規事業でのずらし

次に、同じロボット導入課題でも、新規事業のケースを取り上げてみよう。ロボット事業に参入すべきかどうかを検討するための「ピラミッド・ストラクチャー」の例を見てみることとする【図11】。

これもよくある光景だ。すなわち、「わが社はロボット事業に参入すべきである」、なぜならば、「市場は伸びている。競合はまだそこまで競争力がない。わが社にはテクノロジーがある」。一見もっともらしい三段論法だ。

そこで私がよく質問するのが、「このような案件がもし経営会議に出てきたら、あなたはこれでイエスと言いますか？」ということだ。

［図11］
イシューツリー②

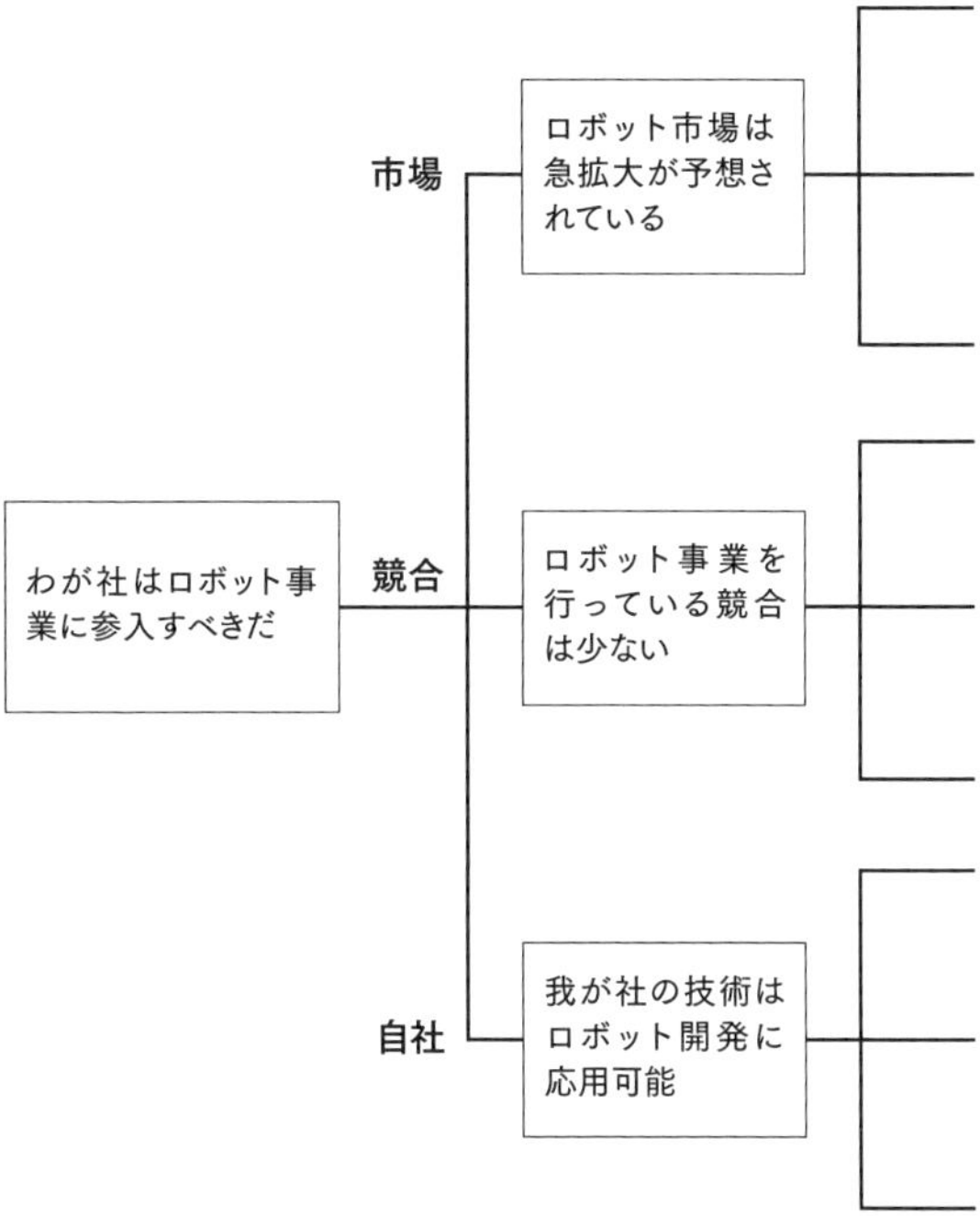

はたして、このロジックは正しいのか？

何か漏れていないだろうか？

一応、これは、Customer（顧客）、Competitor（競合）、Company（自社）という3Cで切ってはいる。あとで紹介する定番フレームワークのひとつ「3C分析」だ。しかし本当にマーケットが伸びているのなら、自社だけがそこに近づけるなどという虫のいい話があるのだろうか？

普通は、ない。

ひょっとしたら、競合もすでにいろいろと用意しているかもしれない。本当にまだ出ていないとすると、じつはマーケットが存在しない、あるいは儲からないものなのかもしれない。

こんなふうに、虫のいい話は、まず疑ってかかるのが定石だ。

じつはこれ、某企業の実例だ。この場合のロボットは介護ロボットで、いまから二十年も前のこと、この企業は、最初に示した仮説をベースに、事業開発に踏み切った。

で、結果は……。

たしかに、技術はあったし、まだ競合も出てきていなかったが、肝心のマーケットがなかった。介護される人はロボットに介護されたくなかったからだ。

やはり、そんな、虫のいい話はなかった。疑ってかかるべきだった……。

しかし、これには、後日談があり、その介護ロボットを開発した企業はその後、大成功した。介護するロボットではなくて、介護士の腰や足をサポートするロボット、パワースーツを開発したのだ。

最初は失敗したけれど、もうあとに退けない。そこでなんとか頑張って、「ずらした」マーケットを発見したのである。

最初から「そんな虫のいい話はあり得ない」とダメ出ししていたら、おしまいだった。たしかに、最初の仮説は間違っていた。しかし、失敗から学んでデイツー、デイスリー仮説を繰り出すことによって、最後には大成功につながった。

仮説は、検証するために立てるものである。そして、仮説が間違っていることがわかったら修正すればいい。

その際には、**市場をずらす、自社の強みをずらす、などといった「ずらし」が有効である**。この点は、またあとで触れることにしたい。

イシューツリー　まとめ

- イシューをMECEな軸でサブイシューに分解して、仮説を立てていく
- その際に、生産現場ではQCD、市場競争環境を把握するうえでは3Cなどの切り口が役に立つ
- 仮説を検証し、間違っていれば、「ずらす」ことによって修正していく

第六章

フレーミング力❷
定番フレームワーク

前章の後半に、「3C分析」が出てきたところで、ここからは、「フレームワーク」のお話をしよう。

「フレームワーク」は、問題をMECEに構造化するときに使うものだ。すっかり定番となっている「フレームワーク」も多く、それに沿ってご紹介しよう。

といっても、普通のフレームワークの解説とは少々異なる。むしろ、フレームワークの罠にはまらない方法を伝授させていただこう。

定番フレームワーク①
PEST分析

最初は、**PEST分析**［図12］。政治（Politics）、経済（Economics）、社会・文化（Socio-Cultural）、技術（Technology）の四つの頭文字をとったものだ。世の中の

[図12]

PEST分析

	答えるべき問い	主な項目
政治面 Politics	政府や法律、規則の影響がビジネスにどのようなインパクトを及ぼすか？	法律、規則、政府、関連団体、公正競争
経済面 Economics	短期・長期両面における経済が及ぼす影響は？（特に国際マーケティングでは要検討項目）	景気、価格変動、貯蓄率、為替、金利
社会面 Socio-Cultural	社会や文化がビジネスにもたらす影響は？（国や地域によって大きく異なる）	世論、教育レベル、ライフスタイル、宗教、社会規範、総人口、年齢構成、等
技術面 Technological	技術が産業にもたらす影響は？	技術革新、特許、生産技術、為替技術

大きな環境変化をとらえ、マクロ分析*をするときによく出てくる。

環境変化というと、エンジニアは技術革新に、マーケターは社会・文化の変化に、経営者は経済環境の変化に気をとられがちだ。そこで、世の中で起こりつつある変化を、できるだけ幅広く見るためのフレームワークとして、よく使われる。

ただし、多くの場合、単なる整理学で終わってしまいがちなフレームワークでもある。ここから新しい洞察が出てくることはまずない。

とはいえ、マクロトレンドを俯瞰するうえでは、それなりに役に立つ。特に、非連続な環境変化をとらえたり、これまでの常識が通用しない未知のマーケットを見るときのチェックのために使うとよいだろう。

*マクロ分析
国民所得・物価水準などの経済全体にかかわる数量の分析・統合により経済社会全体の動きに法則性を見出そうとする理論。個別の、財・生産要素需要・供給、市場均衡を見る「ミクロ分析」の対義。

PEST分析　まとめ

- マクロ環境を整理するフレームワークとして、PEST分析が効果的
- ただし、そこから新しい洞察が生まれることはない。あくまで確認であり、自社らしい戦略を練り上げるためのスタートラインにすぎない

定番フレームワーク②
SWOT分析

これもよく知られているフレームワークだ。内部環境と外部環境を対象に、**それぞれをプラス側とマイナス側から見る**ので、一応MECEな構造になっている。

内部のプラスはStrength（強み）、マイナスはWeakness（弱み）、外部のプラスはOpportunity（機会）、マイナスはThreat（脅威）。合わせてSWOTだ［図13］。

コンサルに入る場合、普通の分析はクライアント企業の人に行ってもらうのだが、このSWOT分析もそうだ。四つの象限に自社について書き出していく。

じつは、このSWOT分析、整理学ではあるが、そこから何か新しいことが生まれるわけではない。だから私たちコンサルはつくったことがない。

［図13］

SWOT分析

		外部環境	
		機会 Opportunity	脅威 Threat
内部環境	強み Strength	強みを生かして 機会を最大限に 活用する	強みを生かして 脅威を回避するか 打ち負かす
	弱み Weakness	弱みで機会を 逃さないために 改善・補完	最悪の事態を 回避する

SWOT分析をするうえで留意すべきは、**ただ四つに分けて並べるだけでは何の意味もない**、ということ。それでは単なる状況の描写だ。そうではなくて、図のようにSWOTをマトリクス仕立てに構造化してみる。すると、ここから意味合いや打ち手の仮説が出てくる。

実際、このように図示すると、ほとんどの会社は、左上と右下を気にする。外部環境がフォローの風で自社に強みがあるSO領域は、もっとも注力すべき領域だ。勝負どころである。一方、WT領域は、自社の弱みに脅威が襲ってくるところで、もっとも警戒すべき領域だ。当然、ここには警戒網を敷いていることが多い。

逆に言うと、**よく見落とすのが、左下と右上**だ。

左下のWOのところは、環境がそちらに向いているにもかかわらず、自分たちには強みがない領域。通常、ここはあきらめがちになる。しかし、非連続な打ち手、たとえばM&Aや他社との提携によって、ここを強み、すなわち左上のSOにシフトさせることができるかもしれない。

一方、右上のSTは、自社の強みの部分が、脅威にさらされる領域である。ゲームチェンジャーが一番突っ込みやすいところで、自社がもっとも手を出しにくいところだ。それまでの強みを守ろうとすればするほど、劣勢になる。かといって、自社の強みを否定することも難しい。

じつは**最大の盲点は、右下ではなくここ**なのだ。ハーバードのクレイトン・クリステンセン*教授が「イノベーションのジレンマ**」と呼んだ急所でもある。

では、ここではどういう手が有効か?

クリステンセン教授は、「ディスラプター（破壊的参入者）に対抗する唯一の方法は、セルフ・ディスラプション（自己破壊者）、すなわち、自らがディスラプターになることだ」と看破している。

自分の首を絞めかねない部隊を、あえて自社内に作るのだ。それによって、次のイノベーションが起こる。空白地帯をなくすことができる。

―**IBMのイノベーションのジレンマ**―

*クレイトン・クリステンセン
ハーバード・ビジネス・スクールの教授である。初の著作である『イノベーションのジレンマ』によって破壊的イノベーションの理論を確立させたことで有名に。企業におけるイノベーションの研究における第一人者である。

**イノベーションのジレンマ
クレイトン・クリステンセンが一九九七年に提唱した、巨大企業が新興企業の前に力を失う理由を説明した企業経営の理論で、それまでのポジショニング中心の経営戦略理論に衝撃を与えた。

九〇年代初頭のＩＢＭを例にとろう。メインフレーム（企業などで用いる大型コンピュータ）で一世を風靡したＩＢＭは、まさに倒産の危機に直面していた。クライアント・サーバーという軽いシステムの出現を前に、ＩＢＭは自らの強みであるメインフレームを守ろうと、左上にこだわり続けていたのだ。たしかに性能レベルでは、メインフレームが圧倒的に高い。しかし、企業の業務の多くは、サーバーでも十分対応可能だった。そして値段はメインフレームとは桁違いに安い。しかも、クライアントマシーンであるＰＣの性能が飛躍的に向上し始めており、多くの業務ソフトは、センターマシーンであるメインフレームに頼る必要はなくなってきていた。

まさに「イノベーションのジレンマ」である。ＩＢＭはメインフレームに卓越した技術を持っていただけに、一見弱い新参者が下から攻めて来ても無視してしまう。そして、負けてしまうのだ。

左下については、みずからUNIX系のオープンサーバーの開発に取り組んでいた。しかしサン・マイクロシステムズなど、当時急成長していた新興勢力とのアライアンスなどを積極的に進めていれば、事態の巻き返しを加速できたかもしれない。

右上については、本社から遠く離れたフロリダに、ＰＣ開発部隊をスタートさせた。これはまさに自己破壊型の別組織として、セオリーどおりの仕掛けだった。そこではThink Padという商品名でなかなか人気の優れたＰＣを開発することに成功した。

しかし、ＩＢＭにとって、ＰＣはあくまで非主流事業。十数年たって、中国のレノボに売り払ってしまった。

結局、自分たちの本業である左上を守ることに必死だったのだ。そして、それが、ＩＢＭの衰退を招いたのである。

これは、ＩＢＭに限らず、普遍的に見られる現象だ。攻められると、最後は、自分の強みに逃げ込んで、負けていく。まるで日本軍が本土決戦のために、竹やりを磨いていたように。

たしかに、左上は、投資のリターンが一番大きいところではある。ただしそれはあくまでも、外部環境が「機会」を提供し続ける限りにおいてだ。その「機会」のパイが小さくなっていくなかで、頑なにそこを守り続けていくと、自分たち自身も小さくなってしまう。

だから、**SWOT分析においては、当たり前のボックスだけに気をとられていてはならない。むしろ普通の人が考えない反対側のボックスを見ることが重要**なのである。

SWOT分析まとめ

- SWOT分析は、単なる整理学（現状認識の追随）で終わることが多い
- SWOT分析では、当たり前の「強み×機会」や「弱み×脅威」ではなく、「弱み×機会」と「強み×脅威」にこそ注目すべき
- 「弱み×機会」には、M&Aまたはアライアンスが有効
- 「強み×脅威」には、「セルフ・ディスラプション（自己破壊）」を狙った別組織で対抗する

定番フレームワーク③
3C分析

イシューツリーの例でも出てきた3C分析は、非常に味わいのあるフレームワークだが、これも、そのままでは面白くない。「そのまま」というのは、CustomerとCompetitorとCompanyの三つを、独立して記述する方法。これが、普通の3C分析だ。

一応、マーケットを、デマンド（Customer）とサプライに分け、さらにサプライを他社（Competitor）と自社（Company）に分けたものということで、一見すれば、一応MECEな構造になっているように見える。しかし、じつはそもそも、MECEですらない。漏れが多すぎるのだ。重なりをなくすことは考えなくていい。ここで**大事なことは、むしろ重なる部分を見つけること**なのだ。

[図14]

3C分析

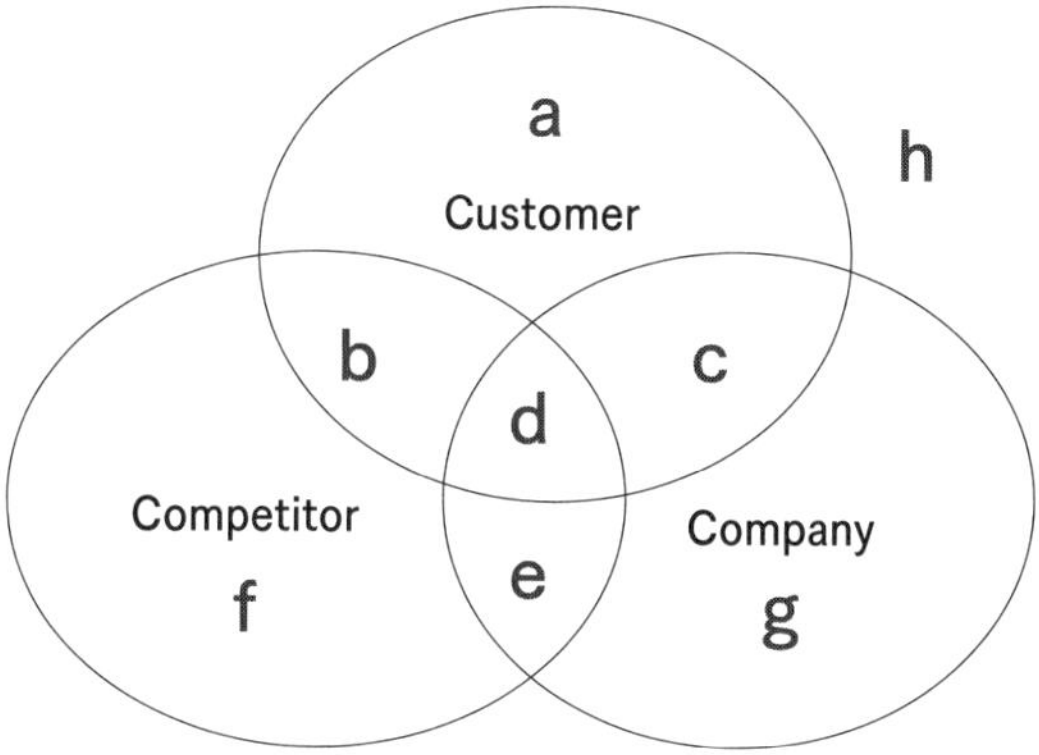

というわけで、三つの輪を重ねてみよう。それを表したのが、**図14**だ。

三つの輪は七つの部分に分けられる、それらの外側を含めた八つの部分に、ａからｈまで符号を振ってみる。こうすると、完全にＭＥＣＥになる。

こうすると、深い洞察が可能になる。たとえば、この中で一番魅力的なマーケットはどこか？　いろいろな意見に分かれるはずだ。

たとえば、ｄだという意見もあるだろう。カスタマーもコンペチターも自社もみんな出会っている。レッドオーシャンのど真ん中だが、多くの場合、その時点での最大市場である。ちゃんと戦いを挑んで勝ち抜く会社はｄ。私は「ストリートファイター」と呼んでいる。

ｃだという意見もあるだろう。顧客と自社が出会い、コンペチターが不在。まさにブルーオーシャンである。私は「ハネムーン・ゾーン」と呼んでいる。

ただし、そんなうまい話は、普通はない。先ほどの介護ロボットのケースを思い出していただきたい。そしてたとえあったとしても、すぐにコンペチターが参入してｄになってしまう。「ブルーオーシャン」は多くの場合、幻想、またはつかの間の甘い夢でしかない。だから、「ハネムーン・ゾーン」。そんな状況は長く続かないのだ。

bは、cの逆。自社から見れば格好の狙い目。コンペチターがうまい汁を吸っているところに乗り込んでいく。そうなれば、ここも結局、主戦場dとなる。

筋のいいマーケターはaを狙う。顧客が求めているのに、誰もまだ答えを出せていないゾーンだ。他社に先んじて制することができれば、理想のcゾーンになる。gで行くべきだと言う人もいるだろう。いまは顧客が存在しないが、顧客をうまく誘導できればcになる。まさにプロダクトアウトだ。開発者の多くは、ここで商品を磨き上げ、顧客を待ち構える。

fはそのミラーイメージだ。ここも将来dゾーンに化ける可能性のあるところで、目が離せない。

ではeゾーンはどう解釈すべきか？　競合と自社がつばぜり合いをしているが、肝心の顧客がいないゾーン。空しい戦いのように見える。しかし、複数の企業が開発競争をすることによって技術が磨かれ、市場化の可能性は、gやfより高いことが多い。たとえば炭素繊維は市場が立ち上がるまで、この領域で五〇年近く雌伏していた。

hはさらにその先。将来のg、そしてcゾーン候補である。研究者の多くは、このスペースの市場化を模索している。資本市場が短期志向に走るなかで、この領域に投資する企業が少なくなっている。逆に、たとえば、かつての半導体やLEDのように、ここでうまく狙いを定められた企業にとっては、途方もなく大きな成長機会を手にする可能性が高い。

このように、**3C分析では、重なりの部分に注目することが第一歩**となる。そして、顧客、競合、自社の今後の動きをシミュレートすることによって、さまざまな洞察が可能となるはずだ。

3C分析　まとめ

- 市場を、顧客、競合、自社の三つの軸で切る3C分析は、それぞれを独立関数として分析しても意味がない
- 三者の重なりと動きに注目することで、市場のダイナミズムを洞察できる。現状分析ではなく、将来予測こそが、戦略立案のキモとなる
- ブルーオーシャンは決して長くは続かない。したがって、レッドオーシャンでも勝ち抜くパワーと、新たにブルーオーシャンを生み出す努力の両輪が必要となる

定番フレームワーク④ 5F（ファイブフォース）分析

有名なフレームワークのなかには、SWOT分析同様、コンサルがほとんど使わないものがある。そのひとつがマイケル・ポーターのファイブフォース分析だ（図15）。企業を取り巻く脅威を知り、業界の収益構造を明らかにするための分析で、企業の競争要因（脅威）を五つに分類することで、自社の競争優位性を導き出そうとする。ちなみに、その五つの要因とは、次のものだ。

・既存競合他社
・新規参入企業
・代替品

・売り手の交渉力
・買い手の交渉力

これを私自身が絶対使わないのは、構造は見えるけれども、だからといって、何も新しいことは出てこないからだ。ただ、現在の状況が記述されているだけだ。

ただし、ファイブフォース分析は、ひとつの手掛かりにはなる。この状況を変えるためには、どのレバーをどう動かしたらいいのかと考える出発点となりうるからだ。

その際、留意すべきは、極論すれば、マイケル・ポーターが「競争戦略」の人であるだけに、これは、さまざまな競合と市場のパイを取り合う、いわばゼロサムゲーム*を前提としていることだ。

成熟市場や単純な成長市場であれば、それもある程度、意味があるかもしれないが、まったく新しい市場を創出するプラスサムゲームや、既存市場のダイナミズムを破壊するような非連続な打ち手には、まずつながらない。

このフレームワークでは、顧客やサプライヤーを、余剰利益（surplus）を奪い合

＊ゼロサムゲーム
誰かが得をすれば、その分、誰かが損をする、といった具合に、複数の人が相互に影響し合う状況のなかで、全員の利得の総和がつねにゼロになる状況下でのゲーム。

[図15]

マイケル・ポーターのファイブフォース分析

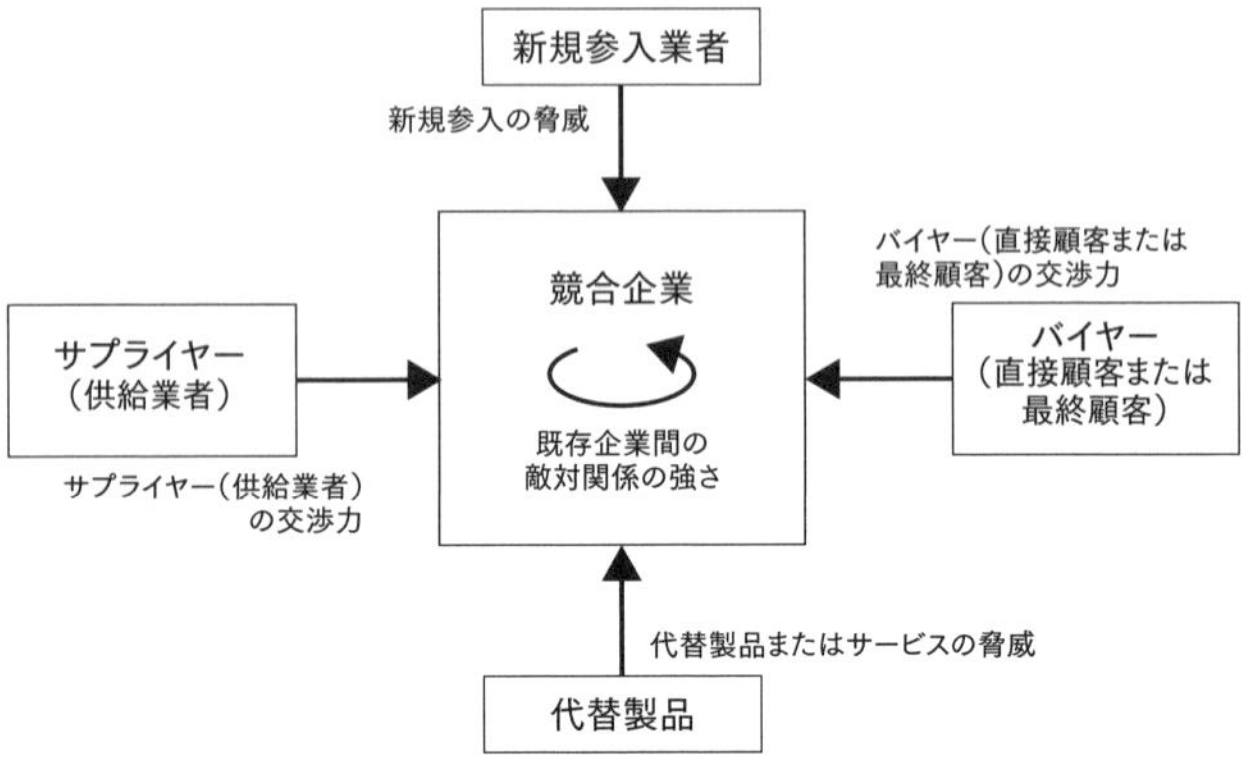

う相手であると想定しているが、今日では、**顧客やサプライヤーと「共創」（Co-creation）して、新しい市場を創ることが、最先端の戦略課題**となっているし、さらには、競合とも手を組んで、いかにオープンイノベーションを仕掛けていくかが重要なアジェンダともなっている。

古典的な競争戦略のフレームワークは、もはや、時代遅れとなってしまっているのだ。

5F分析　まとめ

- 5F分析は、現状の整理にはなるが、それを戦略の前提にしてはならない
- 非連続な成長を目指すうえでは、顧客、サプライヤー、競合などと、「競争」するのではなく、いかに「共創」するかという視点が求められる

定番フレームワーク⑤ バリューチェーン

「バリューチェーン」は、マイケル・ポーターの二冊目の本に出てくる有名なフレームワークだ。しかしこちらもまた、かなり局所的で、このままではほとんど使われることはない。なぜなら、自社内のことしか、視野に入れていないからだ。

今日「バリューチェーン」を設計する際には、まず業界全体としての構造を理解する必要がある。そのうえで、自らのバリューチェーン*を構築するにあたり、何を自社で行い、何を外部に任せ、何を共創していくのかという観点がもっとも重要になる。**自己完結を想定しているポーターモデルは、正直言って時代遅れ**そのものだ。

例によって、現状を整理するうえでは、役に立たないことはない。それにしても

*バリューチェーン
原材料や部品パーツの調達活動から商品製造や商品加工、出荷配送、マーケティング、顧客(消費者)への販売、アフターサービス(カスタマーサポート)までの一連の事業活動を、個々の工程の集合体ではなく価値(Value)の連鎖(Chain)としてとらえる考え方。
もともとは、マイケル・ポーターが著書『競争優位の戦略』(一九八五年)の中で用いた用語である。

当たり前の機能が並んでいるだけで、このままでは何のインサイトもない。そこから何をどう変えるかが、知恵の絞りどころとなる。

まずバリューチェーン上、過不足がないか？　たとえば顧客の立場から見れば、利用の際や不必要になった際、アップグレードしたい際など、いったん購入したあとのバリューチェーンが整備されていないことが多い。

産業構造という観点で見ると、中間流通（卸）や物流など、不必要、または非効率なプロセスも少なくない。

さらに前述したように「Make or Buy」（何を自ら手掛け、何を他社に任せるか）の判断にこそ、バリューチェーン設計上、もっともクリティカルなポイントがある。

バリューチェーンまとめ

- バリューチェーンを自社の活動に限定してとらえてはならない。顧客や産業全体の視点から、幅広くとらえ直すこと
- そのうえで、「足すもの」と「引くもの」、「自らやること」と「他人に任せること」をクリエイティブに設計し直す

定番フレームワーク⑥
アンゾフ*の成長マトリクス

市場と商品を両軸にとり、それぞれを既存と新規に分ける。すると2×2のきわめてシンプルなマトリクスができあがる［図16］。マイケル・ポーターよりはるかに前の一九五〇年代のフレームワークだが、いまでも色褪せず、使い勝手がよい。

企業は当然ながら、まずは左下の「既存の製品」の「既存の市場」での深掘りを一生懸命行う。ただ、それには限界があるので、いわゆる新規事業を考えようとする。新しい製品、新しいマーケットの新規事業。右上の飛び地を考えるわけだ。

しかし、そこではほぼ間違いなく、失敗する。製品、市場のいずれにも、何の足がかりもないからだ。バブルの頃、多くの大企業がこれで火傷した。

いきなり多角化に飛びつくのではなく、ひとマス、横か上に「ずらす」——それが、

＊アンゾフ
一九一八〜二〇〇二年。ロシア生まれのアメリカの経営学者。事業の成長を「製品」と「市場」の二軸に置き、その二軸をさらに「既存」と「新規」に分けて表した企業の成長戦略をシンプルに表現した「アンゾフの成長マトリクス」で知られる。

［図16］
アンゾフの成長マトリクス

このフレームワークのメッセージだ。両軸ともずらしてしまったら、成功の可能性は限りなくゼロ。しかし、一軸だけずらすなら、五〇%の可能性は見込める。現在強みを持っている市場か製品を軸足にすることができるからだ。

そのうえで、そこを新しく軸足にして、さらに上か横にずらす。そうすると、結果的に右上の「新規事業領域」にたどり着く。左下から五〇%の確率で、二コマずらすことになるので、トータルの確率は単純計算で二五%。一挙に斜め飛びしようとすると〇%なのに、一ステップおくだけで、成功確率はぐっと向上するわけだ。

自分の強みをずらすことによって、新しい事業を生み出すことを、私は**「拡業」**と呼んでいる。飛び地の新規事業に飛びつくより確実に進化していくことができる。

そして、**いきなり多角化を狙うより一コマずらして拡業を目指すことにこそ、このアンゾフのマトリクスの真価がある。**

―「ずらし」によるイノベーション―

この、アンゾフの成長マトリクスを六〇年以上にわたり、ずっと真面目にやってきたのが、日東電工だ。同社では「三新活動」と呼んでいる。三つの新しい活動、すなわち上、または横にずらす活動を三つ行えば、最後に右上に到達するというストーリーだ【図17】。その結果、「売上高の三五％から四〇％は新製品」という、つねに新しいものが生み出せる会社になっている。

偶然ポストイット*を「発明」したアメリカのスリーエム社のような手法を、より組織的な仕組みに落としているわけだ。

そういえば、日東電工もスリーエム同様、「塗る」とか「貼る」といった技術を得意としている。三新活動によって、既存商品であった工業用テープを出発点に、医療用テープなど、新しい商品、新しいマーケットを次々に開拓している。ちょっと詳しくお話ししよう【図18】。

日東電工では、土木用の粘着テープを作っていた。橋などの建設で、仮止めしたりするテープだ。ただ、単に止めるだけでは能がない。そこで、塗料を塗れる機能を加えた結果、既存のマーケットに新しい商品を投入することができた。「一新」目の動きである。

一方、仮止め用の粘着テープは、まったく別のマーケットである医療用でも求め

＊ポストイット
1968年、接着力の強い接着剤の開発を託されていた、3M社中央研究所スペンサー・シルバーによる試作品のひとつは、「よくつくけれど、簡単に剥がれてしまう」という奇妙な接着剤だった。明らかに失敗作だったが、何か新しい用途開発ができないか、と直感。やがて、現在の、剥がせる糊付きメモ用紙の開発へとつながっていく。

［図17］
日東電工の三新活動

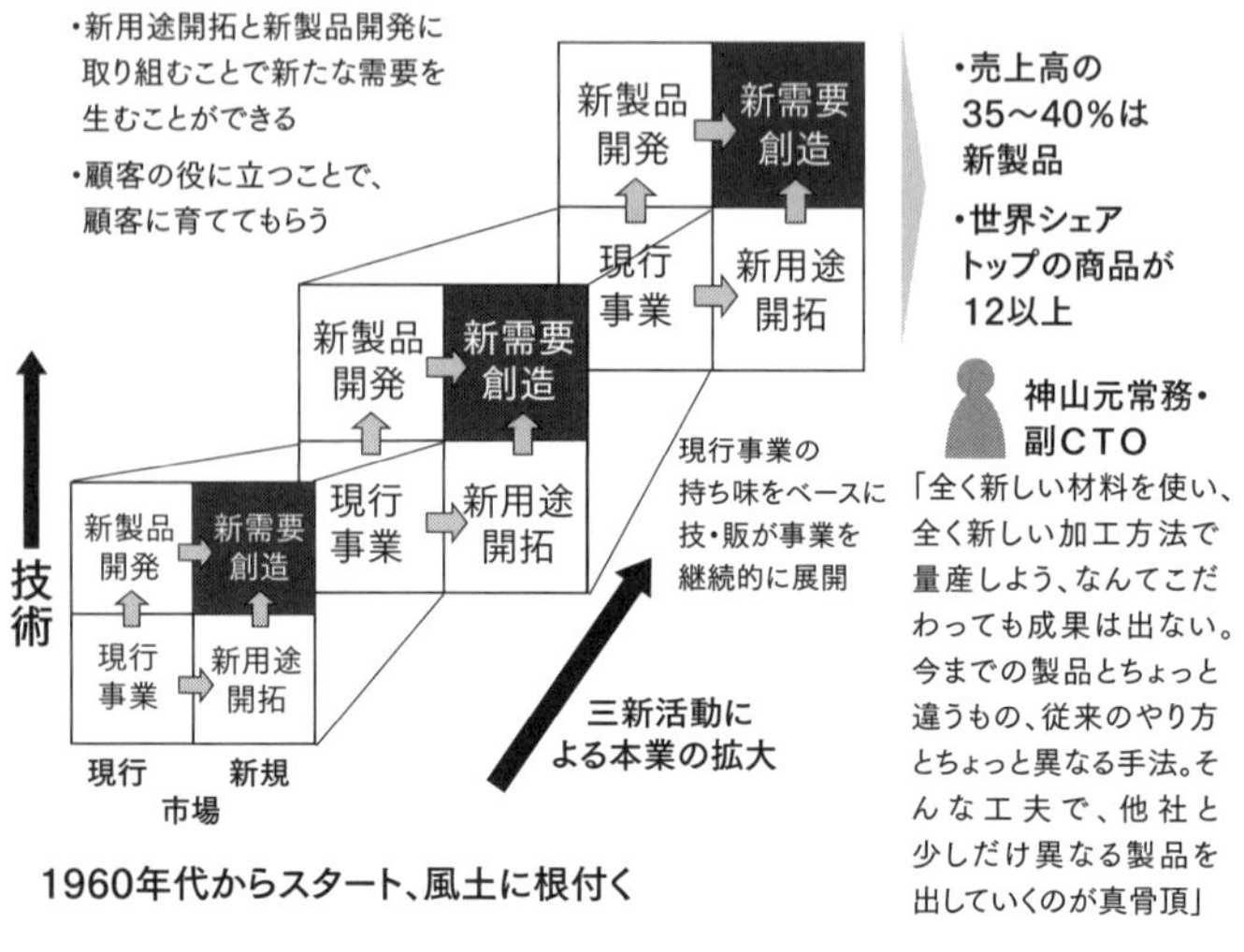

られていることがわかった。外科手術でも、縫う前に、ちょっと仮止めすることができるテープが役に立つ。そこで、土木用の仮止めテープが外科医用に使われるようになったのだ。つまり、既存商品の新規マーケットへの進出だ。これが「二新」目である。

そして、いよいよ右上へずらすことで、大成功製品が生まれた。胸に貼る子どもの喘息治療用のテープだ*。そう、塗布技術を使って、薬品をテープに浸み込ませた商品が生まれたのだ。「三新」目である。

はじめから、右上を狙っていたわけではない。一個ずらすことで、新しい風景が見えるようになる、というところがポイントだ。

日東電工では、こうしたことを続けることによって、さまざまに新しい市場を開拓し、新しい技術を上乗せしてきた。そのように、**「ずらし」を重ねることによって、当初には、まったく思いもつかなかった分野まで、新規事業を広げてきた。**これが、日東電工のここ数十年の進化の歴史だ。企業が自分の強みを使って行うイノベーションの基本技だ。

＊ホクナリン®テープ　一九九八年にアボット ジャパン株式会社とNittoが共同開発した世界初の「ぜんそく治療用テープ製剤」。粘着剤の中に気管支拡張効果のあるツロブテロールという薬が入っており、身体に貼ると薬が皮膚から吸収され、血液に乗って全身に回り、結果として気管支が拡張されて呼吸を楽にしてくれる。

［図18］
日東電工の「三新活動」事例

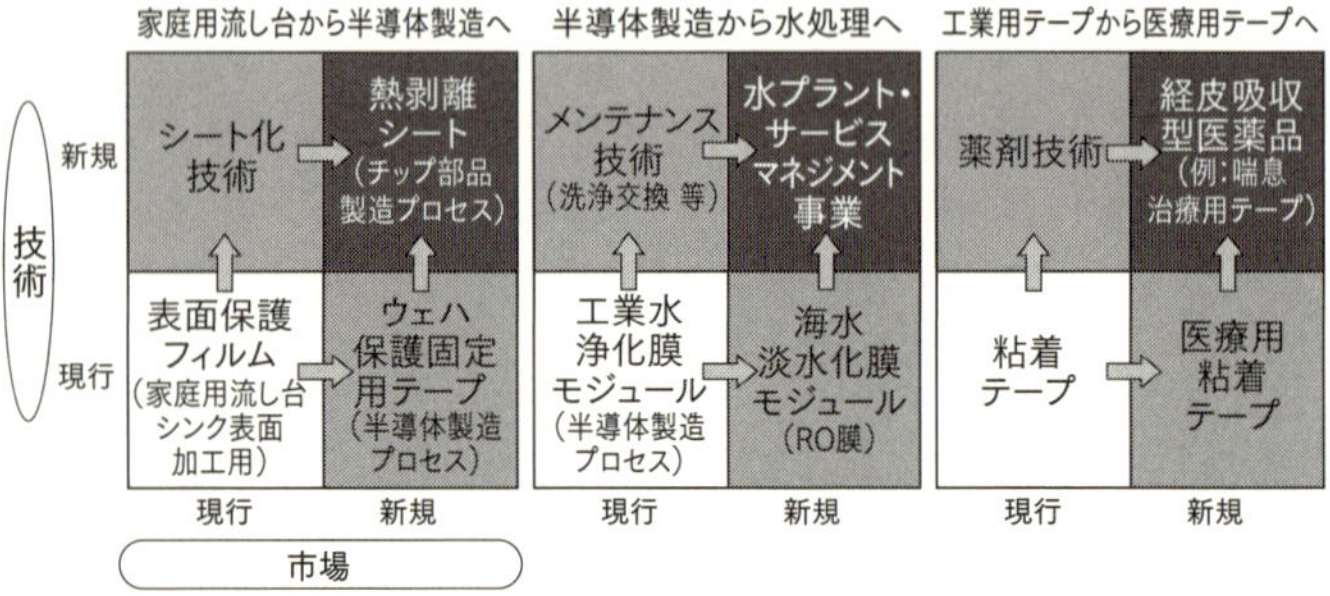

家庭用流し台から半導体製造へ
半導体製造から水処理へ
工業用テープから医療用テープへ
技術
新規
現行
シート化技術
熱剥離シート（チップ部品製造プロセス）
表面保護フィルム（家庭用流し台シンク表面加工用）
ウェハ保護固定用テープ（半導体製造プロセス）
メンテナンス技術（洗浄交換 等）
水プラント・サービスマネジメント事業
工業水浄化膜モジュール（半導体製造プロセス）
海水淡水化膜モジュール（RO膜）
薬剤技術
経皮吸収型医薬品（例：喘息治療用テープ）
粘着テープ
医療用粘着テープ
現行
新規
現行
新規
現行
新規
市場

市場側と技術側のどちらかをずらすイノベーションは、いかなる企業でも効果的である。シンプルでありながらパワフルなフレームワークとして、活用することをお勧めしたい。

―富士フイルムの「渡り廊下」―

次に、富士フイルムの例を見てみよう。

富士フイルムも当初、このアンゾフのマトリクスで新規事業を編み出そうと考えた。しかし、既存の製品や市場を一ボックスずつずらすといっても簡単に答えは出てこない。そこで考え出したのが、3×3のマトリクス【図19】だ。隣のボックスに行く前に、製品・市場を要素分解し、それを再構成するという作業をおこなうボックスを真ん中に置いたのだ。

たとえば写真フィルムから、いきなり化粧品が出てくることはまずない。そもそも、顔にフィルム素材を塗るというイメージは、おしゃれの道具である化粧品にはそぐわない。

そこでまず、真ん中のボックスで、写真フィルムの要素技術を分解すると、コラー

［図19］

富士フイルムにおける成長マトリクス

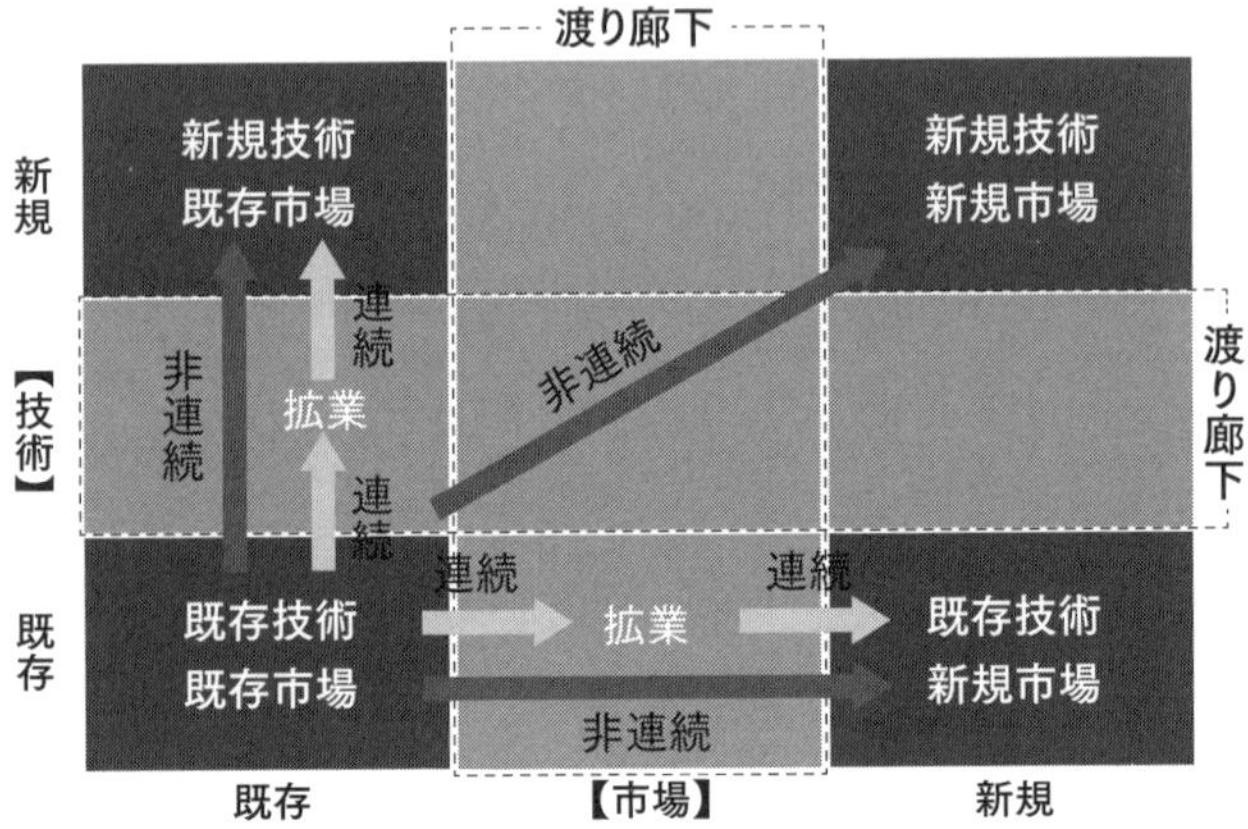

ゲンやナノテクといったコア技術が抽出された。これが合わさって、「アンチエイジング」というキーワードにたどり着いた。

一方、化粧品市場では、中高年女性の間で「アンチエイジング」ニーズは高まり始めていた。そこで、一般のおしゃれのための化粧品ではなく、機能性化粧品という高成長市場に進出しようという発想が生まれてきた、というわけである。そこでは、富士フイルム固有の技術が大きな訴求力になるからだ。

富士フイルムでは、このような真ん中のボックスを「渡り廊下」と呼び、より柔軟な発想で製品と市場を「ずらし」て「つなぐ」という活動に役立てている。

渡り廊下のところで、技術と市場の要素分解をすることによって、マッチングが図れたように、いったん、自分たちが持っているものをよく分解してみると、いきなり応用は利かなくても、次のものに変換しやすくなる。

自社のコアコンピタンスを一歩深い層にまで要素分解するとともに、市場のニーズをきめ細かくセグメンテーションすることで、拡業ゾーンが見えてくる。これは、富士フイルムに限らず、多様な業種の企業に応用できる手法だ。

「渡り廊下」が、「飛び地」と「本業」を「つなぐ」。本来、写真フィルムを本業としてきた富士フイルムにとって、化粧品事業は極端な飛び地。しかし、そこに自社が持つコアコンピタンスが生きるとなると、「けものみち」が見えてくる。こうして「アスタリフト*」というブランドの新事業が生み出されていったのである。

富士フイルムの古森重隆CEOは、化粧品事業を、写真フィルムを超える「第二の創業」の象徴として位置付けていた。一見、飛び地に見える化粧品事業に、自社の強みを持って参入することによって、フィルムにこだわらず、「渡り廊下」づたいに新しい事業に挑戦するというスピリットを、全社に示したかったからである。

＊アスタリフト
富士フイルム社が、写真の研究開発で培った「ナノテクノロジー」「コラーゲン技術」「抗酸化技術」「光解析・コントロール技術」を活かして開発。二〇〇七年に誕生した化粧品シリーズ。

アンゾフの成長マトリクス　まとめ

- 市場と商品を二軸にとり、それぞれ既存と新規に二分することで、2×2のマトリクスができる。ただし「新×新」領域に一気に飛ぼうとすると、強みがないので確実に失敗する
- 片方の軸を既存に置き、もう片方の軸を新規にずらすことで、イノベーションの成功率が高まる
- （上級編として）3×3のマトリクスにすることにより、中間に「渡り廊下」を置くことで、進化の「けものみち」が見えてくる

マトリクス・パワー

アンゾフの成長マトリクスが出てきたところで、マトリクスの威力について、触れておきたいと思う。

コンサルタントは、必ずと言っていいほど、何かにつけて、マトリクスを書く。それも二次元マトリクス（三次元にしてしまうとわかりづらくなるので）。

そこで重要なのは、二つの軸だ。軸をどうとるかで、ほとんど答えが出てしまうと言っても過言ではない。**軸が勝負**なのだ。だから、目的にもっともふさわしい、もっとも切れ味のある軸とは何か？　を必死で考える。

もっともダメな軸のとり方というのは、同じような動きをする軸や、相互に影響し合っている軸をとってしまうこと。マッキンゼーでは、よく「ミミズのセックス」などと呼んでいた。

たとえば、年齢と経験知は、通常、比例関係にある（もっとも、齢だけ重ねて、無知な人もたまにいるが）ので、この二つを軸にはとらない。逆に加齢と体力は、通常、反比例関係にあると考えられている（こちらも、歳をとるほど元気になるスーパー経営者などがいて、驚かされるが）ので、こちらの二つも軸にはとらない。

―価値とコストのマトリクス―

ところが、一見、比例または反比例関係にあると思われがちな二つの軸が、実は独立しうるものであることが判明することもある。そこには、従来の常識の盲点が潜んでいることが多い。

たとえば、価値とコストの関係。通常は価値を上げようとすると、高コストになる。逆にコストを抑えようとすれば、価値も上げにくい。もちろん、価値が低くて、コストが高いものは、まちがいなくアウトだ。マイケル・ポーターの競争戦略は、この関係を明確な対立項として位置づけている。

ポーターは、**価値を訴求する「差別化戦略」**、**コスト競争力を追求する「コスト戦略」**と呼び、他の競争相手が相手にしないような隠れた小さな市場を狙う**「ニッチ戦略」**と合わせて、競争優位を確立するための三つの勝ちパターンと位置付けているのだが、そこで、差別化とコスト競争力の二兎を追う戦略は、中途半端（stuck in the middle）となり、必ず失敗するから、この二つは峻別して、どちらかを選ばなければならないと論じているのだ。


一見、わかりやすい話だ。しかし、これでは当たり前すぎる。何のひねりもない。コスト競争に明け暮れると、結局、コモディティ化の罠にはまる。レッドオーシャン真っただ中だ。

一方、コストを度外視して差別化に走れば、市場はどんどん小さくなってしまう。誰にも相手にされないニッチ戦略と変わらない。どちらを選んでも、持続的な競争優位を築くことはできない。

―スマートリーン戦略―

この関係をマトリクスで示すと、**図20**のようになる。ポーターによれば、差別化力とコスト競争力は反比例関係にあるわけだ。

しかし、このようにマトリクスで示すと、右上のボックスが空白だということに気づく。価値が高く、低コストという領域だ。そして、こここそ、もっとも理想的なポジションではないか！

たしかに、両方を実現することは容易ではない。普通は、どっちつかずとなってしまう。左下のボックスだ。どちらかを選択すべきであるというポーターの指摘は、戦略論としてはもっともらしい。しかし、破壊的なイノベーションは、右上のボックスを狙う。

たとえば、先述した任天堂のＷｉｉ。一般顧客にとって、まさに新たな価値を訴求し、コストを抑えた画期的なイノベーションだった。アップルのｉＰｏｄもナップスターなどの先行商品に対して、価値が高く、トータルコストの安いソリューショ

［図20］
マイケル・ポーターの競争戦略

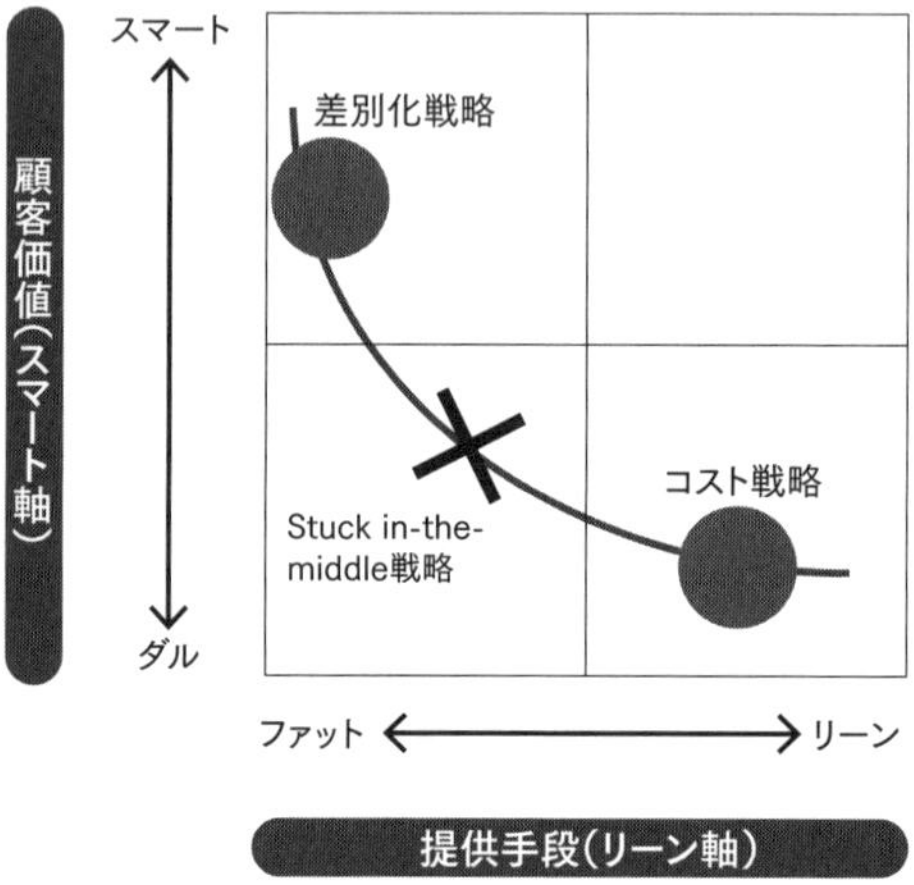

ンとして登場し、市場を席捲した。

この右上のボックスを狙う戦略を、私は**「スマートリーン」戦略**と呼んでいる[図21]。高い価値を狙うのでスマート、しかしコストは徹底的に削るのでリーン。その両立を目指す戦略である。詳細は拙著『学習優位の経営』（ダイヤモンド社二〇一〇年）をご参照いただきたい。

考えてみれば、七〇年代から八〇年代にかけ、日本が世界市場に躍り出ていった際は、このスマートリーン戦略が基軸だった。ソニーのウォークマン*も、トヨタのレクサスも、まさに「スマート」と「リーン」を両立させることによって、世界を驚かせた。

しかし、ポーター理論が戦略の教科書として浸透するにつれ、日本企業の多くも差別化とコスト戦略の二者択一に踏み切るようになっていってしまった。

しかし、コストでは中国などの新興国勢力には歯が立たないので、どうしても、差別化戦略に走ることになる。その結果、コスト競争力を失い、ボリューム市場から撤退せざるを得なくなる。

＊ウォークマン
ソニーが一九七九年七月一日から販売したポータブルオーディオプレーヤーシリーズ。それまでのポータブル・テープレコーダーからスピーカーと録音機能を省いてステレオ再生専用ヘッドに置き換え、ステレオの再生に特化したものとして誕生。音楽をつねに聴いていたい若者を中心に一世を風靡。世界のソニー誕生の牽引役となった。

［図21］

スマートリーン戦略

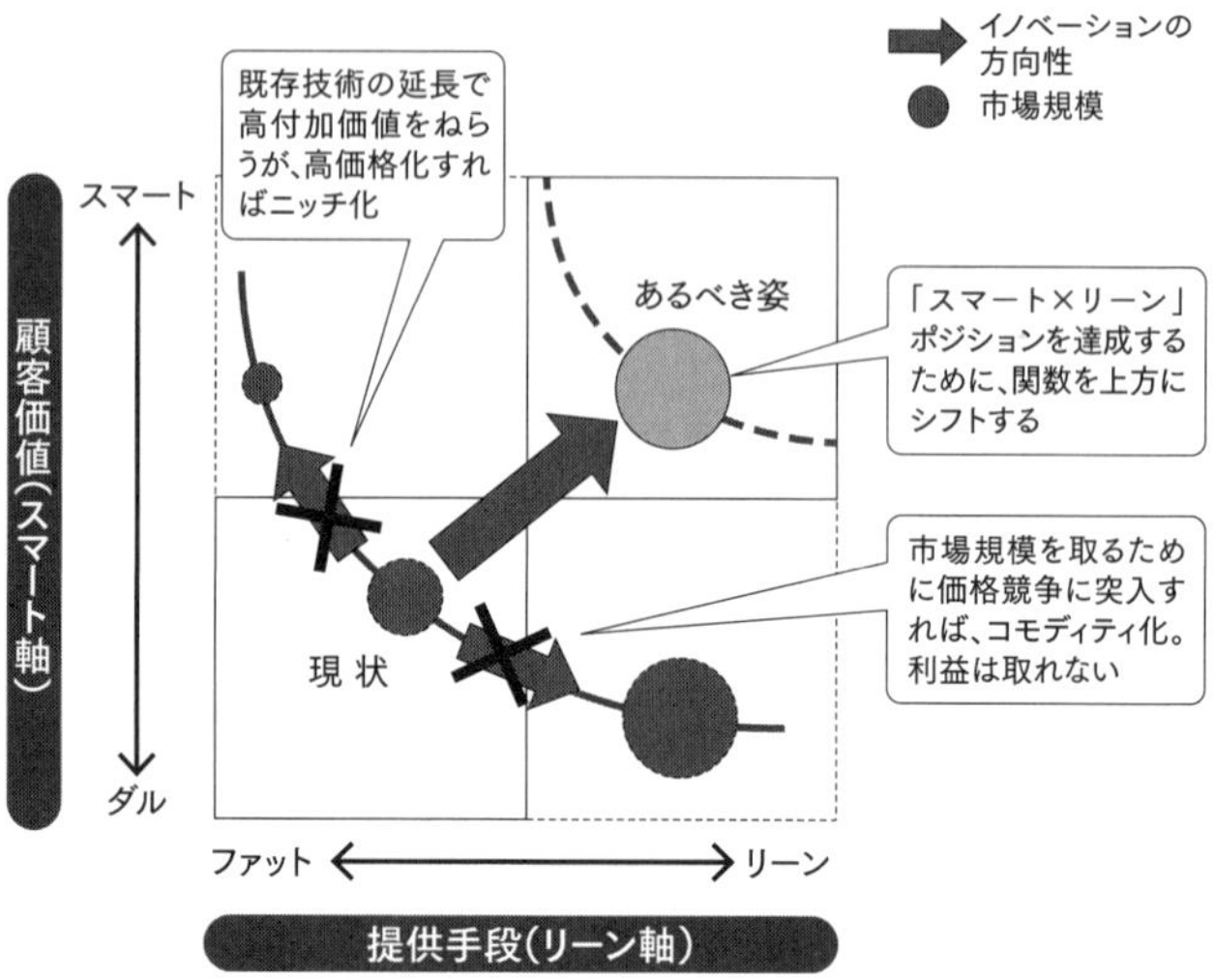

二〇〇〇年代はじめにソニーが出したQUALIA*シリーズなど、その典型だ。「感動」をキーワードとした超高級路線で、ポータブルMDプレーヤーが一八万円。ハイビジョン液晶テレビに至っては一〇〇万円を超える。

たしかに音や画像の迫力は、当時のレベルとしては極めて優れモノであった。しかし、この値段を見て、財布の紐を緩める消費者は、よっぽどのモノ好き。同シリーズは、二年で打ち止めとなった。コストを度外視した「スマート」戦略の無残な敗北である。

*QUALIA（クオリア）
かつてソニーが展開していた高級ブランド。TVなどを発売していた。クオリアは「感覚の質感」という意味の学術用語に由来する。

ポーターモデルは、極めてデジタルだ。どちらかの戦略を選択しろと迫る。「ポジショニング（位置取り）」学派と呼ばれる所以である。

たしかに戦略にぶれがなくなり、わかりやすくなる。しかし、そのような**単純な戦略からイノベーションが生まれることはない**。

「スマートリーン」という極めて画期的なイノベーション戦略をとってきた日本企業は、ポーター理論を習得することで、イノベーションのダイナミズムを急速に失っていったのである。

―「トランスナショナル」モデル―

もうひとつ、有名なマトリクスを紹介しよう。グローバル経営の教科書に出てくるものだ。

グローバル経営では、二つの対立する軸のどちらを選ぶかが、つねに問題となる。地域ごとに最適化を図るのか（**ローカライゼーション**）、それとも、世界中で経営モデルの統一化を図るのか（**インテグレーション**）。

前者をとれば、各地域に深く根差した経営が可能になる。しかし、それではローカル企業と変わらず、グローバル企業としての規模の経済が発揮できない。後者をとれば、その逆だ。世界のどこでも同じサービスは可能になるが、それが必ずしも地域の実情に適合するとは限らない。

ヨーロッパ企業や、ＢｔｏＣ企業の多くは前者の戦略をとりがちだった。ヨーロッパ自体がまさに、ローカルな市場の集合体だし、ＢｔｏＣは、各地域のライフスタイルに適合していく必要があるからだ。

一方、アメリカ企業やBtoB企業は後者の戦略をとることが多い。IBMやGEなどはその典型だ。コカ・コーラのようなBtoC企業ですら、「黒い砂糖水」（スティーブ・ジョブズ）というアメリカ文化を全世界に一斉に売りまくろうとしていた（もっとも、コーラの味は地域によって違うことを、ご存じだろうか？　このあたりは、パンカジ・ゲマワット著『コークの味は国ごとに違うべきか』に詳しい）。

しかし、ローカライゼーションとインテグレーションは、必ずしも二律背反とは限らない。そこでこの二つを軸にとってみると、**図22**のようなマトリクスができる。

企業は左下のボックスから出発する。母国で作ったものを海外にそのまま輸出するモデルだ。オペレーションは母国に集中しているので、ローカライズはしておらず、したがってインテグレーションの必要もない。これを「**インターナショナル**」モデルと呼ぶ。

その後、ローカライゼーションを重視する際には右にずらす。「**マルチナショナル**」、すなわち「ナショナル」というローカル拠点が集積しているモデルだ。

一方、グローバル一貫性を重視する際には上にずらす。「**グローバル**」、すなわち

［図22］
トランスナショナルモデル

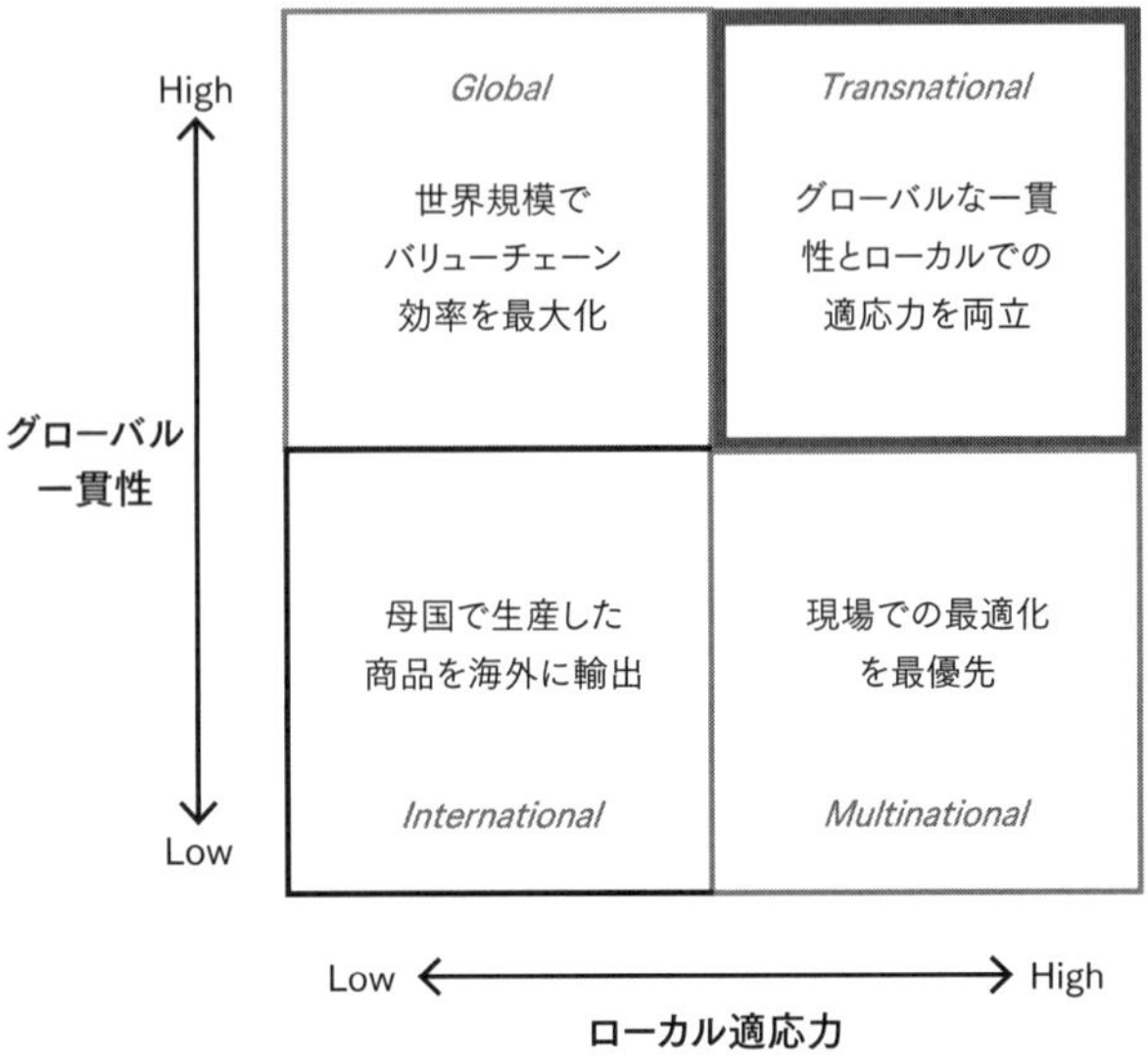

世界共通モデルで、クッキーカッターモデルと言われる。日本流に言えば、「金太郎飴モデル」とでもなろうか。

ベストなモデルは右上であることは、一目瞭然だ。これを「**トランスナショナル**」モデルと呼ぶ。

トランスナショナルとは、国境を超えるという意味で、グローバル戦略の教科書として有名なクリストファー・バートレット教授らによる『地球市場時代の企業戦略　トランスナショナル・マネジメントの構築』(Managing Across Borders)では、これこそ目指すべきモデルだと論じている。

ローカルに適合しつつ、グローバルに一貫性を持つ。それによって、各市場にしっかり根を下ろしながら、同時にグローバルな規模の経済を活用する。一見、論理矛盾のようにも思えるが、うまくやれれば、いいとこどりである。

ポイントは、現地拠点を中央の出先機関として運営するのではなく、ビジネスチャンスをつかむ重要なアンテナ機能とすることだ。アンテナを生かすには、うまくいっている地域のノウハウを他の地域に展開させる仕組みが必要だが。

トランスナショナルモデルは、当然ながら、言うは易く、行うのは極めて難しい。完全にマスターできている企業は、まだごく少数だ。私が知る限り、そのベスト・プラクティスはマッキンゼーである。

マッキンゼーにはいわゆる「グローバル本社（GHQ）」が存在しない。各地域ごとに、深く現地化している。それでいて、共通言語、共通フレームワークを使いこなし、ある地域で生まれた新しい知恵を世界中で共有する仕組みを持っている。先のバートレット教授が、かつてマッキンゼーのコンサルをしていたことは、単なる偶然ではないだろう。

ORからANDへ

前述のように、経営学の大家、マイケル・ポーターは「差別化戦略をとるのか、コスト戦略をとるのか?」と二律背反で聞いた。両方狙うのはダメ、どちらかにはっきりポジションをとれ、というわけで、たしかに、そうすればシンプルになるし、ある種エッジの立った戦略が立てられる。しかし、忘れてはならないのは、**イノベーションはつねに二律背反のパラドクスを超えたところに生まれる**、ということだ。

ファーストリテイリングの柳井正さんは、二律背反に直面すると血が騒ぐという。たとえば、先のトランスナショナルモデルを、柳井さんは「グローバル・イズ・ローカル、ローカル・イズ・グローバル」と表現する。全体の中に部分があり、部分の中に全体がある。禅問答のようでもあるが、これこそかつて、哲学者アーサー・ケストラーが半世紀前に著作『機械の中の幽霊』の中で提唱した「ホロン」*という概念にほかならない。ホロンについてご興味のある方は、私の亡き父で経済評論家の名和太郎著『ホロン経営革命』をご参照されたい。

マッキンゼー、そして一橋大学の大先輩である石倉洋子さんの言葉を借りれば、**「ORではなくAND」**がカギとなる（同氏著『戦略シフト』）。また私の同志でもあるCSRコンサルのピーター・ピーダーセン**さんの言葉を借りれば、**「トレードオフではなく、トレードオン」**（同氏著『レジリエント・カンパニー：なぜあの企業は時代を超えて勝ち残ったのか』）が求められるのだ。

先ほどの例で言えば、**「スマートかリーンか」ではなくて、「スマート&リーン」を目指す**べきなのである。

まさに、ユニクロが目指してきたことだ。ニトリも良品計画もそうだ。現代の勝ち組はみな、古典的なパラドクスを乗り越えるイノベーションに挑戦して、成功している。

*ホロン
物の構造を表す概念。全体を構成する要素がそれ自体、全体としての構造を持つ場合の、要素（部分）としてのひとつの全体。全体子ともいう。たとえば、人体という全体を構成する要素（部分）である細胞も、各々全体としての構造、機能を持っており、ホロンであると言える。

**ピーター・ピーダーセン
一九六七年デンマーク生まれ。日本に四半世紀在住。環境・CSRコンサルティングを手掛ける（株）イースクエアを二〇〇〇年に設立、日本企業、行政機関、大学とともに約四〇〇のプロジェクトに携わる。

―「構造と力」―

このように、**一見トレードオフに見える二つの軸をあえて直交させるマトリクスを描いてみることは、「トレードオン」の可能性を考えるうえで、きわめて効果的な方法だ。**

たとえば、品質とコストの関係、スピードと完成度の関係、自前主義と他力活用の関係などをマトリクスに示してみよう。常識的な二律背反を超えるアイディアが生まれてくるはずだ。

だから私はよく「北東（North East）に向かえ」と言う。北東、つまり右上である。右上に向かえば、新しい解が見えてくる、というのが、このマトリクスの使い方だ。

これについては、第二部の第一一章で詳しく述べるが、ポスト構造主義の知恵でもある。ポーター流でデジタル思考に染まったコンサルは、「構造化」に走る。二軸をとって、ポジション（立ち位置）を明確にしようとする。マッキンゼーのあるシニアディレクターは、自らを「構造主義者」と自称して憚らなかったくらいだ（そういえば、かれは、いつもマトリクスを書いていた）。

しかし、構造化するのは、出発点でしかない。構造の中に押し込んでしまうと、その構造から出られなくなる。スタティックな戦略しか生まれてこないのである。

イノベーションは、ダイナミックな戦略を必要とする。イノベーションのチャンピオンともいえるスティーブ・ジョブズは、「Get out of box!」と唱え続けていた。私が大好きなジョブズの言葉を、紹介しよう。

「*The only way to come up with something new—something world-changing—is to think outside of the constraints everyone else has. You have to think outside of the artificial limits everyone else has already set.*（世の中を変えてしまうほどの新しいものを生み出すためには、みんなが壁だと思い込んでいるものを取り払ってしまうことだ。なぜなら、その壁はみんなの思い込みにすぎないからだ）」

言い換えれば、構造の中に行儀よく納まる（ポジショニング）のではなく、構造を壊すことこそが、ダイナミックな戦略の醍醐味なのだ。**箱（構造）の中に納まるのではなく、いかに箱から飛び出すか！**

ただし、Out of Boxを目指すためには、まずBox（制約）がどこにあるかを見極める必要がある。だから**構造化は、戦略を考える出発点としては意味がある**のだ。柳井さんではないが、制約（パラドクス）が何かがわかれば、そここそイノベーションの仕掛けどころだ。

このように、**ポスト構造主義者たちは、まず構造を把握し、そのうえで構造から逃れようとする**。たとえば、浅田彰氏*は、いまから三〇年以上前、ポスト構造主義のダイナミズムを『構造と力〜記号論を超えて』の中で論じた。また『逃走論〜スキノキッズの冒険』の中で、《住む文明》から《逃げる文明》への大転換を唱えた。このような「ずらし（力）」こそが、ダイナミックな成長戦略を描くうえで、最大の武器となる。

マトリクスを描いても、そこでの位置づけ（ポジショニング）に安住してはならない。いかに北東を目指し続けるかが、成長の限界突破の秘策となるのである。

*浅田彰
批評家。一九八三年、京都大学人文科学研究所の助手時代に、デリダやフーコー、ドゥルーズらのテクストを参照した、フランス現代思想を解説した『構造と力』を出版。当時のるニューアカデミズムを批判するアカデミズム・ブームを先導。一五万部を超すベストセラーとなった。

CSV（共通価値の創造）という新たなパラダイム

マイケル・ポーターの批判ばかりしてきたが、二〇一一年にポーターは、新しい「トレードオン」モデルを提唱した。

「CSV（Creating Shared Value：共通価値の創造）」、すなわち、社会価値と経済価値という二つの価値を両立させることを目指したものだ。

世の中では、ESG（環境、社会、ガバナンス）やSDGs（Sustainable Development Goals:持続可能な開発目標）などが新しい経営課題として問われ始めている。そのようなマクロトレンドを背景に、CSVは二一世紀型の経営モデルとして世界的に注目されている。

ポーターのCSVをマトリクスで表すと**図23**のようになる。

［図23］
CSVモデル

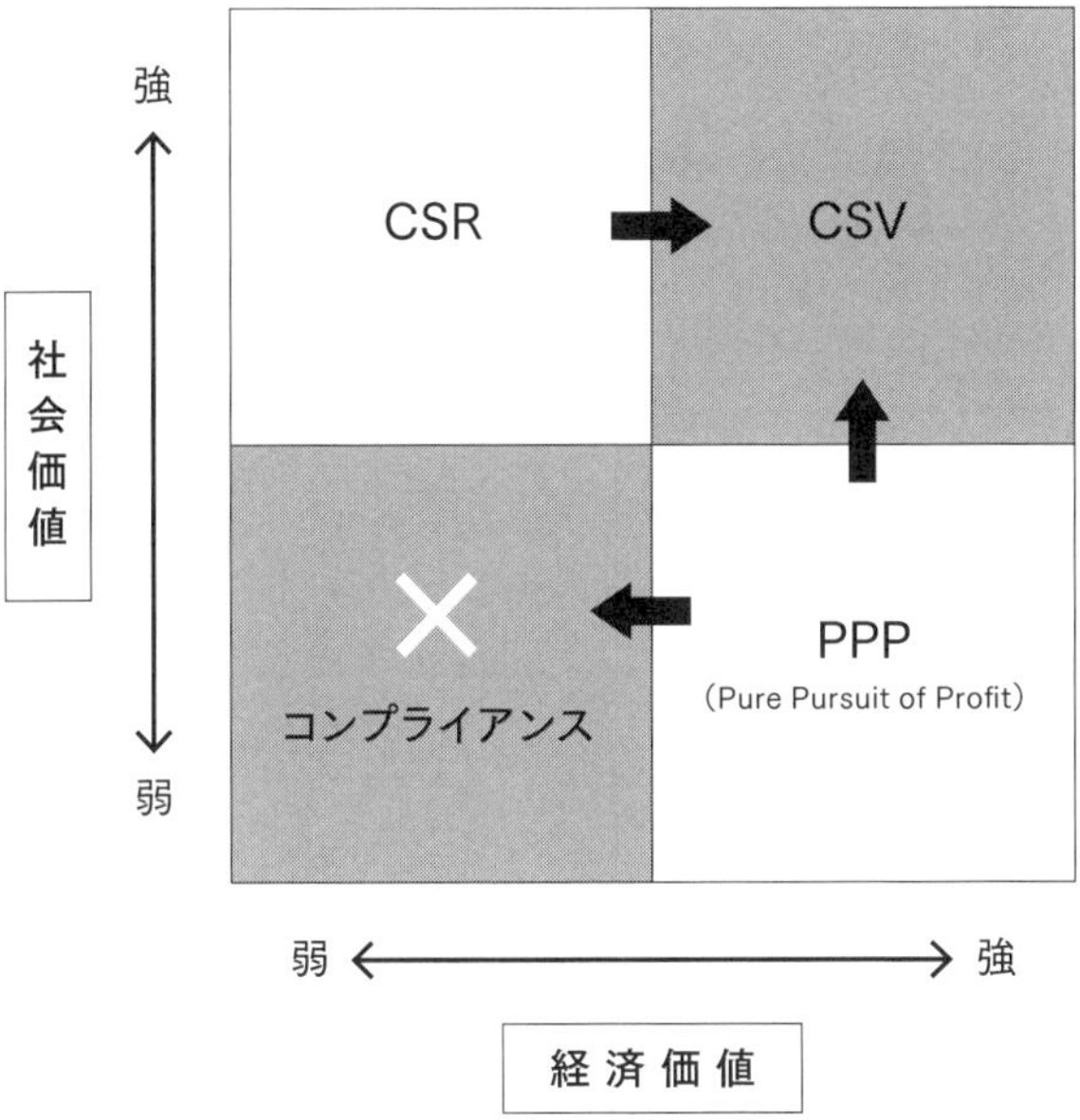

資本主義社会では、民間企業は、EV（経済価値）さえ追求していればよいとされてきた。右下のPPP（Pure Pursuit of Profit：純粋利益追求型）のゾーンだ。

ノーベル賞をとったミルトン・フリードマン*は、かつて、「雇用を守り、税金を払うことが、民間企業の社会的責任。それ以上でも以下でもない」と言い切っていた。しかし、税金が正しく社会課題を解決するために使われるという保証はどこにもない。そこで、民間企業であっても、利益の一部を、SV（社会価値）の高い活動に使うという動きが出てきた。これが左上のCSRゾーンだ。

一方、PPPでEVをひたすら追求するあまり、社会のルール違反に走る企業もあとを絶たない。古くはエンロン、最近ではリーマンショックを引き起こした金融機関の名がすぐ思い出されるだろう。もちろん日本も例外ではない。オリンパスや東芝問題は、まだ記憶に新しい。その後も不祥事があとを絶たない。

このように**PPPは暴走すると、左下のボックス、すなわち社会悪をもたらし、経済価値を大きく棄損する**ことになる。そこでコンプライアンス（法令遵守）が、

＊ミルトン・フリードマン
アメリカの経済学者。ケインズ経済学から転向し、古典派経済学とマネタリズム、市場原理主義・金融資本主義を主張、ケインズ的総需要管理政策を批判した。一九七六年、ノーベル経済学賞受賞。リバタリアンのフリードリヒ・ハイエクを信奉した。

経営アジェンダとして改めて注目されるようになってきた。ただそれは、ネガティブなインパクトを食い止めるという役割でしかない。

ではよりポジティブなインパクトが期待できる領域はどこか?

というわけで、右上の登場だ。そして、ここそが、CSVの狙い目となる。

このようにマトリクスで示すと、CSVモデルとこれまでのモデルとの違いが明確になるのがおわかりいただけるだろう(このあたりを深く知りたい人は、ぜひ拙著『CSV経営戦略』を読んでいただきたい)。

ポーターもなかなかいいことを言うではないか、と言いたいところだが、これにはじつは後日談がある。

来日したポーターと対談した機会に、「どう、こうするとわかりやすくなるでしょう?」と、このマトリクスをポーターに披露したことがある。ポーターは一応賛同してくれたのだが、一向にこのマトリクスを使おうとしない。

あとから、なぜポーターがこのマトリクスを避けるかがわかった。じつはかれの本音をよく聞いてみると、縦軸と横軸が逆だったのだ。

X（横）軸は手段、Y軸はその目的を示す。私は当然、経済価値はX軸（手段）で、Y軸（目的）は社会価値だと考えて、このマトリクスに落とし込んだ。しかし、ポーターにとっては、それが逆だった。目的はあくまで経済価値であり、社会価値はその手段にすぎなかったのだ！

しかし、あえて軸を逆にすると、その意図があからさまになってしまう。だからマトリクスを使わないのだ。

こう考えると、**マトリクスは、人の戦略的な意図まであぶり出す**、なんとパワフルなツールであることか。マトリクス、おそるべし！

マトリクス・パワー　まとめ

・二軸のマトリクスによって構造化することで、一見二律背反（トレードオフ）に見える事象が、じつは両立しうる（トレードオン）ことに気づく

・スマートリーン、トランスナショナルモデル、CSVなど、イノベーション、グローバリゼーション、サステナビリティなどといった二世紀型の経営課題のソリューションは、マトリクスから生まれている

・マトリクスによる構造化は、出発点にすぎない。未来の戦略を創り出すには、マトリクスの右上（北東）を目指すパワーが求められる

ボスコンのマトリクス

さて、マトリクスといえば、ボスコンのマトリクスがある［図24］。世に出てから五〇年近くたつが、いまもよく活用されている。

やはり非常にわかりやすいポジショニングのフレームワークだからだ。**マーケットシェアと市場成長率という独立した二軸をとり、各事業を四象限にプロットしていく。「事業ポートフォリオ分析」といわれる分野の草分け的なフレームワークだ。**

その後、マッキンゼーはGEと組んで、自社の強みと市場の魅力度を二軸にとり、3×3のマトリクスで分析する手法を考案したが、基本原理はこのボスコンのマトリクスと変わらないし、使いやすさでは到底このマトリクスにはかなわない。

［図24］

BCG マトリクス

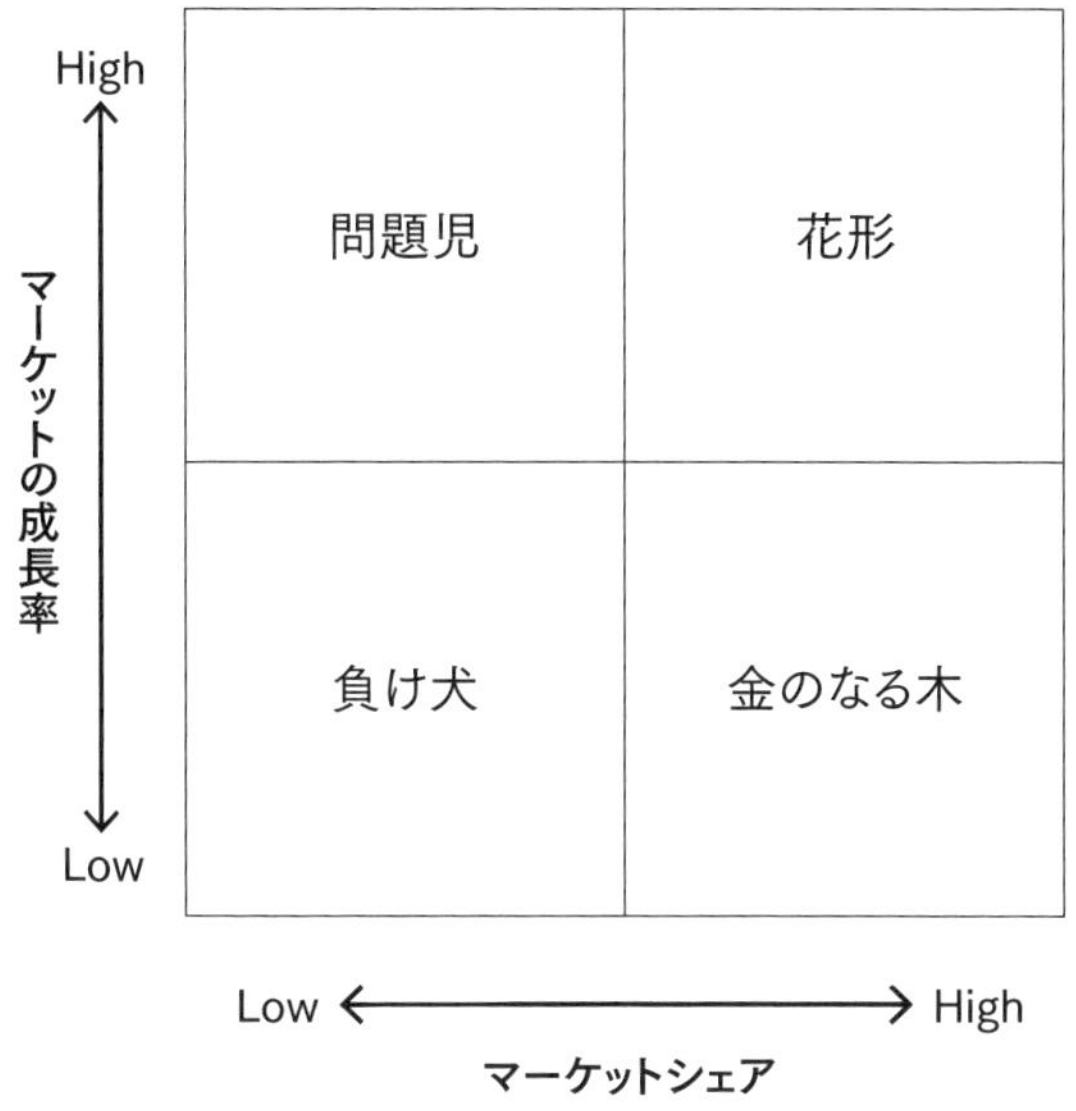

先ほど富士フイルムがアンゾフのマトリクスを3×3に細分化したことで、進化の道筋を発見したという話をしたが、あれはいわば例外で、フレームワークはむやみに複雑にすればいいというものではない。ボスコンのマトリクスのほうがシンプルで、なんといってもそれぞれのボックスについた名前が感覚的にもわかりやすい！

各企業では、それぞれの事業を、このマトリクス上で分類していく。これが負け犬（Dog）で、これが金のなる木（Cash Cow）、これが問題児（Question Mark）、これが花形（Star）だという具合だ。

ただし、例によってこれは、戦略立案の出発点にすぎない。**それぞれのボックスにある事業を今後どうしていくかがポートフォリオ戦略の要となる**。

教科書的な答えは、簡単だ。

負け犬は捨てる。金のなる木のキャッシュを問題児に注ぎ込み、問題児を花形に成長させる。いつまでも問題児のままであれば、市場が成熟した段階で負け犬に格下げして捨てる。これがアメリカ流のわかりやすいポートフォリオ戦略だ。

——負け犬は、本当に負け犬で終わるしかないのか?——

ただ、ここに落とし穴がある。たとえば、負け犬とされているものは、本当にそうなのか? 市場成長率については、他社も同じように考えているわけだから、みんな撤退していく。すると、最後までねばっていれば、いつの間にかマーケットシェアがとれてしまう、ということはないだろうか?

アガサ・クリスティの推理小説ではないが、「そして誰もいなくなった」というわけだ。そうなれば、「負け犬」だったのに、気がついてみると「金のなる木」になっている、なんてこともあるのではないか?

有名な例が、富士フイルムの「チェキ」[*]だろう。いまどき、インスタントカメラなど、どこもやっていない。ポラロイドやコダックは倒産しており、コニカミノルタも、とっくの昔に写真フィルムそのものをやめてしまっている。まさに、「そして誰もいなくなった」状態だ。

そこに、たまたまチェキブームが訪れて、チェキを使うのがファッショナブル、

*チェキ
富士フイルムの写真システムinstaxをベースとしたインスタントカメラ。かつての「ポラロイドカメラ」のように、プリンタ機能を搭載している。

ということになってしまった。思い切り負け犬だったものが、花形。ついには、富士フイルムの中でもっとも利益率の高い商品になっていったのである。

富士フイルムについては、もうひとつ、磁気テープ*の例もある。ビデオやカセット用のテープだ。いまは完全になくなってしまって、ディスクに置き換わっている。多くの磁気テープメーカーが製造をやめていった。ところが、富士フイルムは残していた。負け犬とはいえ、まだ赤字ではなかったからだ。

するとどうだろう。ビッグデータの時代になったいま、磁気テープがブームになっていて、すっかり金のなる木に変身しているのだ。

なぜ、ビッグデータにアナログテープが？　と不思議に思われるだろう。理由は電気代だ。ディスクだと、ずっと通電しておかなければならないため、とんでもなく電気を食う。ものすごい量のデータを持つグーグルには、いまや原子力発電所が必要だと言われるくらいだ。

そこで、歴史的なものや防犯カメラのように、何かあったらあとから見るだけのような、すぐに使わないデータは磁気テープに入れて保存するようになった。磁気

*磁気テープ
磁化の変化により情報を記録・再生する記録媒体。カセットテープやＶＨＳに利用されていた。ＨＤＤが主流になり廃れたが、データ転送速度が速く、ランニングコストも低く抑えられることから再び注目を集めている。

テープの場合は、なんといっても電気がいらないからだ。
負け犬を手放さなかった富士フイルムは、思わぬ「金のなる木」を手にして、いまや笑いが止まらない。

負け犬だからといって、本当に即座に捨てるべきかどうかは、よく考えたほうがいい。もっと言うと、**採算がとれているなら、投資をやめることで利益は増える。**
そこを見ずに早すぎるあきらめという過ちを犯さないよう気をつけたほうがいい。

―金のなる木、花形、問題児で注意すべきこと―

次に、金のなる木。これについて注意すべきは、**金のなる木も水をやらないと枯れてしまう、**ということだ。投資をし続けないと、あっという間に枯れていく。だから、**金のなる木が生むキャッシュを問題児に注ぐ、**という定石についても、**本当にそれがいいのかどうか、よく検討したほうがいい。**

さらに**「金のなる木」の周りにこそ、次世代の成長のタネ（将来の問題児や花形**

事業）が眠っていることが少なくない。

たとえば、繊維事業は「金のなる木」から「負け犬」に滑り落ちていく「斜陽事業」だと考えられてきた。多くの化学会社は、繊維事業で稼いだキャッシュをライフサイエンスなど、将来が期待できる新規事業に回している。

しかし、東レは別だ。「繊維産業は先細りではない。潜在力を秘めた成長産業だ」と日覺昭廣社長は言い切る。東レがユニクロと組んで、ヒートテックやエアリズム*などのメガヒット商品を生み出し続けていることは、よく知られているとおりだ。繊維事業に再投資することによって、**「金のなる木」の幹をさらに太くし、毎年確実に新しい花を咲かせる「花形」事業へと進化させていった**のである。

花形について注意すべきは、もっとも脆弱な事業であるということだ。教科書的には、花形事業には「勝手に頑張ってもらう」ということになっている。しかし気がつくと、いつの間にか失速して「問題児」に後退していることが多い。

成長市場でしかもシェアが高ければ、他社の格好の標的となる。現在の競合も新規参入者も、あの手この手で、シェアを奪い取ろうと狙ってくる。また、現在のようにディスラプション（開発・改良されたローエンド商品によって、既存のハイエ

＊ヒートテック、エアリズム　ともに、ユニクロの製品名。ヒートテックは冬の防寒用、エアリズムは夏の吸湿用。特にヒートテックは、東レと共同開発した機能性化学繊維を採用。二〇〇三年以降、世界一九カ国で累計一〇億枚以上を販売するヒット商品となった。

ンド商品が駆逐されること）が日常化すると、いきなり足元をすくわれる。

もちろん、花形としてのポジションを必死で守り続ける企業も、少数ながら存在する。すると今度は、そのような企業こそ、格好の買収の標的となる。

オーガニックスーパーとして盤石に見えたホールフーズ**は、アマゾンに丸ごと飲み込まれてしまった。スマホ向け半導体では他の追随を許さなかったクアルコム***が買収劇にさらされたことも、記憶に新しい。

花の命は短命だ。花形事業もまたきわめて繊細なケアが必要である。

そして、問題児。問題児を成長させること自体は正しいが、将来、花形になるということを名目にどんどん投資していくといっても、**ある程度歯止めをかけないと、芽が出る前に、会社が傾いてしまう**こともある。

東芝における原発事業、パナソニックにおける液晶事業への過度な投資などは、その典型だ。

再び東レを例にとれば、炭素繊維の市場がブレークするまでに五〇年の歳月がかかっている。その間は、最低限の投資をしてバックバーナーで技術に磨きをかけて

**ホールフーズ・マーケット
一九七八年創業、アメリカ・カナダ・イギリスに、四六〇店超の店舗を持つ食料品スーパーマーケットだったが、二〇一七年八月、アマゾン・コムが一三七億ドルで買収。

***クアルコム
アメリカの移動体通信の通信技術および半導体の設計開発を行う企業。二〇一七年、シンガポール拠点のブロードコムによって買収が試みられたが、米国の移動通信産業を衰退させ安全保障上に懸念があると判断したトランプ大統領によって、ブロックされた。

いた。そしていま、市場が爆発するタイミングを見計らって、大型買収を仕掛けて一気に勝負に出ようとしている。このように、機会とリスクの読み、そしてタイミングの見極めが、成否のカギを握るのである。

―教科書どおりには動かない―

以上、つまりは、そんなに簡単にボスコンのマトリクスどおりには動かない、ということだ。

最大の理由は、**マトリクスでは、現在の市場を前提に、シェアと成長を固定している点**にある。

市場が非連続な変化を迎えている今日、現状の延長線上での判断は、きわめて危険だ。市場の成長率も、各社の市場シェアも、大きく変わりうることを前提に、先読みしなければならない。

たとえば、アンゾフの成長マトリクスでご紹介した、富士フイルムの化粧品事業の例を再び取り上げよう。

富士フイルムが化粧品事業に参入したのは二〇〇六年。最後発組だと言っていいだろう。当時もいまも、化粧品全体の市場成長率は非常に低い。少なくとも日本国内では、三％も成長していない。

しかも資生堂などの国内メーカーやロレアルに代表される外国メーカーがひしめく世界でのゼロからの出発だ。市場シェアを拡大することは容易ではない。普通に考えれば、戦う前から「負け犬」だ。

ところが、富士フイルムは、参入を決意した。これから大きく成長するマーケットだと判断したからだ。なぜ？

成長が止まっていたのは、機能よりも感性が優先された従来型の化粧品市場だった。これに対し、富士フイルムが成長を予感したのは、テクノロジーを生かせる機能性化粧品市場。先発の花王のソフィーナや、P＆GのSK－Ⅱなどがそれに近い。そうした化粧品のマーケットの成長率は二桁だった。

富士フイルムは、コラーゲンやナノテクなど、写真事業で築き上げた技術を武器に、この機能性化粧品市場に打って出ることにしたのである。市場をこのように定義すれば、大きくシェアを伸ばす機会もあると確信した。
すなわち、かれらには、問題児から花形へと「昇り竜」となって進化する道筋が見えていたのである。

一方で、たとえば富士フイルムでも、一時、花形のポジションにあったデジタルカメラは、あっという間に問題児にずり落ちていった。マーケットシェアは完全に、ボリュームゾーンを押さえた中国勢に移っている。プレミアムゾーンでなんとか踏みとどまってはいるものの、スマートリーン戦略で巻き返すことができるかどうか、予断を許さない。このままでは、他の日本メーカーのデジタル家電同様、「負け犬」への転落が危ぶまれる。

つまり、繰り返しになるが、**ボスコンのマトリクスも他のフレームワークと同様、教科書どおりに使わないほうがいい。普通に使えば、当たり前の答えしか出てこない。そこをあえてもう一回ひねって、人と違う戦略をとる。**そのほうが、結果的に成功することがあるということだ。

ただ、そうやって裏をかくことができるのも、定番のフレームワークがあるからだ。ボスコンのマトリクスも、出発点として十分機能する。そこから出発したうえで、どうゲームを変えていくかの知恵が勝負となるのだ。

まさに、**「フレームワークとはさみは使いよう」**だ。

ボスコンのマトリクスで、問題児や負け犬と分類される事業も、花形や金のなる木となっている事業も、今後の動きによっては、いくらでも新しいストーリーに塗り替えることができるのである。

ボスコンのマトリクス　まとめ

- マトリクスの二軸に市場の成長率と市場シェアをとると、各事業を四象限にプロットできる。各事業は、「負け犬」「金のなる木」「花形」「問題児」の四つに分けられる
- これらのポートフォリオを、今後いかに動かすかが戦略の要諦。負け犬が金のなる木に化けることもあれば、花形が負け犬に転落することも少なくない。いまの構造をいかに突破するかを考える

マッキンゼーの7Sフレームワーク

マッキンゼーにも、ボスコンのマトリクスのように、五十年間使われている有名なフレームワークがある。7Sフレームワークだ。企業の経営はこの七つのSに要素分解できるとされる。

よく、ボスコンは戦略コンサル、マッキンゼーは組織コンサルといわれる。たしかに創業時のマッキンゼーの十八番は、機能別組織を事業別に組み替える組織変革だった。そのような組織変革を通じて、顧客に向き合い、収益にこだわる企業にしていった。それは、ボスコンの看板フレームワークが戦略系のマトリクスで、マッキンゼーのそれが、組織を洞察する7Sフレームワークであることにも表れている。

［図25］
マッキンゼーの7S

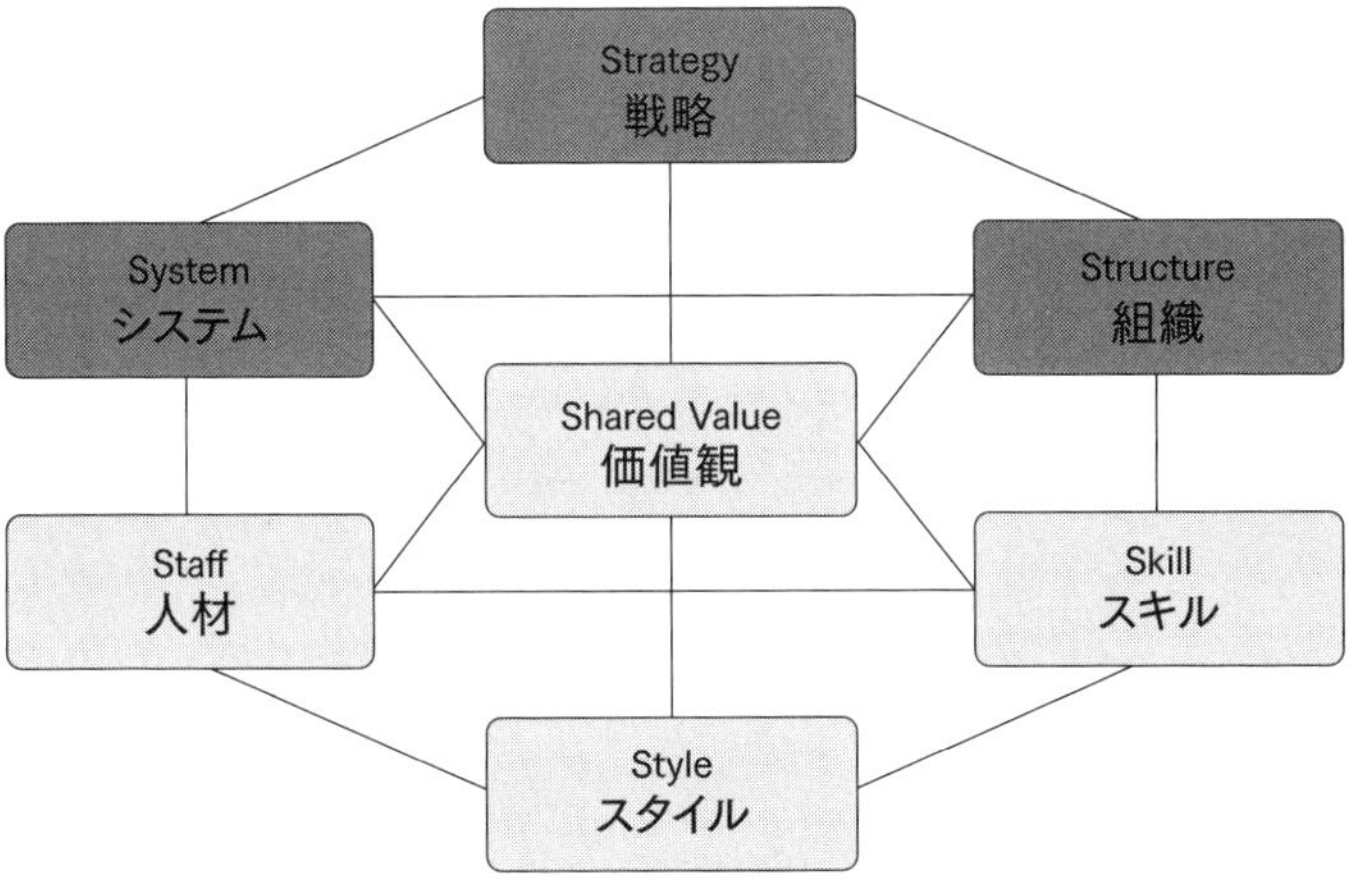

さて、七つのSは、図25のとおりだ。すべてSから始まるので、7Sと呼ばれている。大きく二つのグループに分けられ、上のアミのかかった部分がハードS、下の白い部分がソフトSだ。

ハードSは、ストラテジー（戦略）とストラクチャー（組織構造）とシステム（仕組み）で、いわば組織の骨格や神経系にあたる部分。

ソフトSは、スタッフ（陣容）、スキル（能力）、スタイル（行動様式）、シェアードバリュー（価値観）で、文字どおり組織のソフト面だ。

まず、この七つのSを切り口に、組織の現状を分析する。そして、これらの七つのレバーを有機的に動かして、組織を変革していく。きわめて便利なフレームワークである。

―7Sフレームワークは、MECEか？―

ところで、このフレームワークはMECEだろうか？

「何か重要なものが漏れていないか？」と尋ねると、多くの人が、お金とか情報だと答える。たしかに、この7Sには、「ヒト・モノ・カネ」のうち、ヒト以外の要素が入っていない。これはどういうことか？

組織の資産の中で、バランスシートに載っているような資産は外から持ち込んできたものにすぎない。足りなければ買ってくればいい。買うお金がなければ借りればいい。そもそもカネ余りの時代である。事業モデルさえしっかりしていれば、カネに困ることはない。共感を呼ぶ事業モデルであれば、クラウドファンディング*でカネは集まる。

お金さえあれば誰でも持てるようなものは、その組織の力ではない。さらに言えば、**外から誰でも持ってこられるようなコモディティ化したものは、内在化する必要はない。**

バランスシートに載っている有形資産には、あえて組織の資産にする必要がないものが多い。「持たざる経営」「アセットライト経営」こそが、ネットワーク時代の新しい経営モデルである。

より重要な資産は、その企業独自の価値を生むための組織力だ。そして、それは

＊クラウドファンディング（Crowdfunding）
モノやサービス、問題解決に関するアイディアやプロジェクトを、インターネット等を通じて世の中に呼びかけ、共感した人から資金を集める方法。アーティストの支援から政治運動、ベンチャー企業への出資、科学研究、個人の夢の実現まで幅広い分野で行われている。

この七つの要素からできているのである。

次に、MECEのうちの「重なり」についてはどうだろう。じつは、7Sには、重なりが二カ所ある。

ひとつは、**スタッフとスキル**。スキルのないスタッフはいらないわけだから、重なっているように見える。

人はもっとも重要な資産なので、7Sで人をさらに外面と内面で分けているのだ。スタッフは頭数。英語で言うとキャパシティ。一方、スキルは中身の質。英語で言うとケイパビリティだ。

頭数がないと、いくらケイパビリティがあっても、スケールがとれないから、キャパシティは必要。けれども、中身がないと使えない。そこで、一応分けているわけだ。

同じように、**スタイルとシェアードバリュー**も、よく似ている。

スタイルは行動様式。たとえば、トヨタのWHY?五回はトヨタの行動様式だ。ホンダの場合は、他社と違うことをしないと気がすまない。これは、ホンダのスタイルだと言っていいだろう。

では、シェアードバリューとどう違うのか？

マッキンゼーでは、これも外と内に分けている。**シェアードバリューは、内側の信念や価値観、スタイルはそれが外に現れた行動様式**ととらえるのである。もちろんそれらは表裏一体だ。

―ハードSを変える―

さて、ではこの七つのSをいかに動かして、組織変革を行うか？

変えやすいのはハードSのほうだ。なかでもストラクチャーが一番手をつけやすい。組織は、トップが変えようと思ったら、いつでも変えられる。

ただし、それだけだと表面が変わるだけで、内側は何も変わらない。よく、ガラポンと組織を大きく変えたがるトップがいるが、一瞬、気分は変わっても、それだけではあっという間にもとの構造に戻ってしまう。戦略もそうだ。**われわれコンサルに言わせれば、戦略は一晩で書けてしまうが、実践させ、定着させることができるかどうかはまた別の話だ。**

システムは、ITなどのシステムのことだけではなくて、たとえば、意思決定のプロセス、人材育成のプロセスなどといった、いわば会社の神経系を指す。**組織の骨格がストラクチャーだとしたら、神経はシステム**というわけだ。「トヨタ生産システム」のように、磨きをかければその企業の競争優位性の源泉となる。

したがって、じつは、三つのハードSの中で、システムがもっとも重要だとされる。組織の根幹にかかわることだからだ。

とはいえ、このシステムも設計できる。**意思決定の仕組みも人材育成の仕組みも変えようと思ったら変えられる。**骨格も神経系も変えることはできる。したがって、**システムを含む三つのハードSが、コンサルティングにおいてよく使われるレバーとなる。**

たとえば、戦略レベルでは、これまで低コスト戦略を追求してきたが、今後は価値とコストの両方を狙う「スマートリーン」戦略にシフトすることにしたとする。それに合わせて組織も、これまでの商品別組織から、ソリューション別組織へと大きくグルーピングを変える。それに伴い、意思決定や業績評価の仕組みなどもつくりかえることにする、といった具合だ。

繰り返すが、ストラクチャーを動かすこともあるが、表面が変わるだけで、あまり本質的ではない。実際、われわれが新組織体制の絵を持っていくと、クライアントの社長からは、「そんなの、誰でも思いつく。そこを聞いているんじゃないよ」とたしなめられる。

ただ、**これまでとは違う組織になるということを象徴的に社内外に示す**ことで、社員の意識や行動が変わるきっかけにはなる。そのため、組織変革を仕掛ける際に、ストラクチャーというレバーを活用することも少なくない。

—組織を変えるのはソフトS—

このように、**ハードSは、組織を変えていくときのレバーとはなるが、本当に組織を変えるのは、ソフトSだ。ソフトSが変わらない限り、組織は変わらない。人が変わり、行動様式が変わり、価値観が変わってはじめて、組織は大きく変わる。**

しかし、このソフトSに直接働きかけようとしても、一筋縄ではいかない。そもそもどこに実体があり、変革のレバーがあるのかさえ、把握しにくい。

その根本にあるのが、行動経済学でいうところの「現状バイアス」である。多くの人は、これまでやってきたことが一番いいと思い込んでいる。たとえ変革がベターだと頭ではわかっても、失敗を恐れ、新しいことに取り組むのはおっくうだ。ソフトSは、そもそも変えることがきわめて困難なのである。

そこで、ハードSから攻めていくことになる。このときに大事なのが、やはりシステム（仕組み）だ。**システムを変えることによって、人材そのものもスタイルも、そして価値観までも変えることができる。**

とはいえ、いずれも時間のかかるものではある。

スタッフ（人の数）については、採用を増やせばいいが、買収でもしない限り、すぐには集まらない。スキル（能力）の育成には、もっと時間がかかる。必要性に気がついたときには遅すぎるぐらいだ。長期にわたって育成していかなければならない。

スタイル（行動様式）もなかなか、変わらない。そもそも変わらないほど組織の癖や習慣になっているのがスタイルだからだ。こちらも、業績評価システムの変更や現場での意識変革活動などを通じて、じっくり時間をかけて変えていくしかない。

そして**もっとも変えにくいのが、真ん中の奥の院に控えるシェアードバリュー（価値観）**である。なぜなら、組織そのものに深く刻印されたＤＮＡのようなものだからだ。これを完全にゼロベースで変えることは不可能だ。別会社として再出発するしか手はない。

しかし、**時代に合わせて読み替えることによって、少しずつずらしていくことはできる。**私はそのようなずらしを、**「ＤＮＡの組み替え」作業**と呼んでいる。

たとえば、パナソニックは、創業以来、松下幸之助翁の「水道哲学」が、組織の価値観の中心にあった。水道のように、家電を全家庭に届けたい、という使命感である。

しかし、モノ余りの現代となっては、そのままではあまりに時代遅れだ。そこで二〇〇〇年代はじめ、「破壊と創造」を標語にパナソニックの変革を目指した中村邦夫元社長（その後、会長、相談役）は、「ideas for life」という新しいコーポレートスローガンを掲げることにした。

ideasはイノベーションを起点とする。そこには水道哲学にはない新しさがある。

しかし、それだけでは、アップルやソニーと変わらない。パナソニックは、それを「life」、すなわち日常生活を豊かにするという思いと組み合わせる。あえてイノベーションをみなの手の届くものにする（コモディティ化する）ことこそ、パナソニックの水道哲学の進化につながるのである。

さらに二〇一五年には、家電を担当するパナソニック・アプライアンスの本間哲朗社長が、「ふだんプレミアム」というブランドを立ち上げた。日常生活にこそ真の価値があるというコンセプトだ。水道哲学を二一世紀的な価値観に進化させたブランド戦略として秀逸である。

というわけで、本来の狙いはソフトSを変えることにあるのだが、それを実現するために周りのハードSから始める、というのが、マッキンゼー的な組織変革のやり方だ。いわば、**ハードSが手段、ソフトSが目的**だ。

そのなかでも、システム（仕組み）を重視する。じっくり漢方薬的に組織を変えるのは、システムだ。**システムが変わることによって、スタイル（行動様式）が変わる。結果的にはスキルやスタッフ（人の能力と規模）もそれまでとは違ったところで蓄積されてくる。それらを通じて、中核となるシェアードバリュー（価値観）**

が変わっていくことを期待するのである。

7S　まとめ

- 企業は、7Sのフレームワークで要素分解できる。すなわち、ストラテジー（戦略）、ストラクチャー（組織構造）、システム（仕組み）の三つのハードSと、スタッフ（陣容）、スキル（能力）、スタイル（行動様式）、シェアードバリュー（価値観）という四つのソフトSの組み合わせである
- 組織変革にあたっては、ハードSを変えることで、いかにソフトSを進化させるかを考える
- 戦略や構造だけを変えても、企業は変わらない。本質的な企業変革を仕掛けるためには、ソフトSを変えるために、システム（仕組み）をいかにうまく埋め込むかがカギを握る

競争優位の終焉

「フレーミング」、すなわちフレームワーク化するということは、構造化することにほかならない。二〇世紀の経営戦略は、マイケル・ポーターのそれが、ひとつの完成形とされてきた。かれが編み出したポジショニング論は、**構造化によって、立ち位置を明確にする**ことに価値を置いた。

たしかに、構造化しないことには戦略を組み立てることはできない。しかし、だからといって、そこで明らかになった構造を前提に議論をしてしまうと、構造を破壊するような非連続な変化には対応できない。

これが**二〇世紀型の経営戦略の限界**である。

SSPという言葉がある。**サステイナブル・シューペリア・ポジショニング**の略だ。誰よりも優れた（シューペリア）立ち位置をサステイナブル（持続可能）に築く、という意味である。不動の地位だ。ポーター論者が目指す世界がここにある。

しかし、この立ち位置に立ったと思ったときこそ、もっとも危うい。変革の必要性を否定してしまうからだ。**非連続な変化が常態化している時代には、危機感のないことが、最大の危機である。**「これだ！」と記念碑を建てるところから、崩壊が始まる。儲かって本社ビルを建てた途端、衰退していく企業は、あとを絶たない。

そもそも、**サステイナブルなポジショニングなどというものはない。あらゆるものが、ダイナミックに動いていく。**もし不動の地位に居座ろうとするチャンピオン企業がいたとすれば、市場自体が土俵をずらして、そのポジションそのものの価値を無意味なものにしてしまう。

IBMのメインフレームも、マイクロソフトのWindowsも、不動の地位を打ち立てたと錯覚したあまり、新しい時代の波に乗り遅れた。コダックもノキアも同じ轍を踏んでいる。

ハイテクの世界だけではない。トイザらスやウォルマート*など、アマゾン・エフェ

*ウォルマート
アメリカのアーカンソー州に本部を置く世界最大のスーパーマーケットチェーンであり、売上高で世界最大の企業である。

クトに足元をすくわれている企業は数知れない。そのアマゾンも、いまの成功が未来永劫持続することはまず考えにくい。チャンピオンポジションが見えた瞬間、土俵は、ずれていくのだ。

マイケル・ポーターが唱えた競争優位は、過去の幻想にすぎない。リタ・マグレイス*が『競争優位の終焉』（二〇一四年）で看破したように、市場環境はつねにダイナミックに変化するので、競争優位というポジションは、過去の幻想にすぎない。競争優位にいると自ら錯覚したときが、一番危ないのだ。

二一世紀の戦略は、構造はつねに変わるという前提に立つ必要がある。周りから崩されるか、こちらから崩していくか。構造を超えるダイナミズムを持ち続けることが、問題解決の要諦なのである。

*リタ・マグレイス
コロンビア大学ビジネススクール教授。二〇一三年より戦略経営協会首席フェロー。現在、経営思想に影響力のある経営学者のひとり。著書『競争優位の終焉：The End of Competitive Advantage』で、「マイケル・ポーターの競争優位ではもはや勝ち残れない。市場の変化に合わせて戦略を動かし続ける必要がある」と言い切る。

ポジションを知る。それをずらし続ける

フレームワークを利用して、いったん自らの立ち位置を明らかにすることは重要だ。しかし、それはあくまでも崩すためのものだ。崩すことを前提にしつつ、**問題解決のスタート地点として、最初に構造化する。**

構造化にあたっては、二軸を用いる。世の中を二つの軸で切ることによって、現象を関係性のなかでとらえられるようになる。人間の視野と同様、二つの視点から見ることによって、物事は立体化して見える。たとえば、「価値とコストの関係性」を独立した軸でとらえ直すことにより、新しい関係性が見えてくる。

立体化なら、三軸のほうがいいように思うが、普通の脳では、三軸だと視覚的に処理しにくいようだ。

軸のとり方はいくらでもある。ボスコンのマトリクスの二軸のように、切れ味のいい軸のとり方もあれば、感度の悪い軸のとり方もある。そこが、問題解決の質を決すると言っても過言ではない。

新しい競争軸を見出すことで、異次元のイノベーションを生み出すことも可能になる。たとえばトヨタは、「時間」を新しい競争軸として打ち立てることで、規模の経済に立脚したフォード式*生産の呪縛から逃れることができた。

ちなみに、コンサルはみな、世の中を大胆に切ってみせることが多いので、気をつけたほうがいい。話を聞きながら、「この人は、どういう軸で世の中を切っているのか」と、一歩引いて、頭の中の構造をチェックしてみることをお勧めする。

ということで、**二軸で見る。それをフレーム（構造）に落とす。これが問題解決の出発点だ。**

このとき、軸は、ある程度、数値化できるものであることが望ましい。われわれが使うときには、できるだけ数値化する。数値化できないものにも、勝手に0から5までつけたりする。「あなたは5とつけますか。0とつけますか」という主観を

＊フォード式（Ford system）
一九一〇年代にヘンリー・フォードがフォード自動車会社で実施した大量生産方式。当時、車は一台ごとにカスタマイズされていたのを、黒のひとつのモデルに限定。大量生産と低価格化を実現。自動車の普及に貢献した一方で、工業化がもたらした労働環境を批判するチャップリンの初期の傑作『モダン・タイムス』の舞台ともなった。

聞くアンケートも、一定以上のサンプル数があれば、それがファクトとなりデータとなる。

しかし、構造化はあくまで分析の出発点であって、**本当の問題解決は、ポジションをどうずらしていくかにある。**

「創っては壊し、壊しては創る」という運動論は、前にお話しした仮説思考と同じだ。**仮説そのものは直感でいいのだが、それを検証するためには、論理的に構造化しておく必要がある。**そのうえで、**現実の中で、それを壊して、新しい仮説を組み立て直す。**

世の中は、静止画ではない。市場も変われば、コンペチターも変わる。つねに用心していかないと、自社のほうがずらされていってしまうリスクがある。

しかし、これではまだ受け身だ。攻めの戦略を実践するためには、**みずから「率先して、ポジションを移していく」**ことだ。ファーストリテイリングの柳井さんではないが、「Change or Die」（変革か死か）。自ら変わらなければ、守っているだけではいずれ取り残されてしまう。

これは、この章でご紹介したすべてのフレームワークに共通して言えることだ。絵を描いて満足してはいけない。「で、どうするか」「さらに、どう動いたらいいか」を考える。

フレームワークにおけるポジショニングは、あくまでも、そのときのスターティングポイントだ。

フレームワーク　まとめ

- 「フレーミング」（構造化）は、問題解決の出発点である
- 二つの軸を選び、マトリクスに落とし込むことが、フレーミングの基本技。新しい競争軸を見つけ出すことが、イノベーションの糸口となる
- 構造にしばられず、いかに「ずらす」かが問題解決の主戦場となる

第七章

分析の切れ味

ファクトはこうしてつくられる

マッキンゼーに新卒で入ると、最初は、ビジネスアナリストということで、ひたすら分析を行うことになる。この分析という作業は、骨が折れる割に、報われない。というのも、答えも、それを導く分析も無数にあるからだ。

しかも、大事なのは答え、そしてそれを導き出す論理と感性。分析はそこに至るプロセスのひとつにすぎない。企業のトップは、細かい分析には興味を示さない。たとえ報告書に残る分析があったとしても、よほど切れ味のいいものでない限り、アペンディクス（添付資料）に回される。

私がマッキンゼーにいた頃、あるとき、非常に優秀な新人が入ってきた。かれは、新卒だというのに、「この課題を、どう分析する?」とこちらが尋ねると、「名和さん、それは質問が間違っています。どういう答えを出したいか言ってください」とくる。「イエスとノー、どちらの答えがいいですか? どちらでも分析してあげます」と。すごいやつが来たものだと思ったものだ。つまり、先に仮説を示せ、と言ったわけだ。分析の本質をはなからつかんでいたといえる。

分析には、ファクト（事実）を用いる。ファクトのなかには数値化できる、歴然とした事実もあるが、われわれの**分析の多くはファクトをつくることから始まる。**既存の政府統計などをそのまま持ってきても新しい発見ではないため、新しくファクトをつくり直す。

―仮説を証明するためのアンケート―

たとえば、アンケートがそれにあたる。選択肢を選ぶ質問に対する答えを数値化して、ファクトとする。たとえば、顧客満足度などというファクトも、そうして作られる。

当然、**質問の仕方や選択肢のつくり方によって、結果は変わる。**顧客の多くは不満を持っている、という結果が出る質問の仕方もできれば、その逆も可能だ。

自分の仮説を証明するために質問することが多く、仮説の切れ味が勝負となる。たとえば、世の中の通説を証明しようとする質問は、通説が追認されるだけの結果に終わってしまう。

そこでわれわれは、できるだけ通説を疑ってアンケートを設計する。「意外な事実」や「不都合な真実」を仮説に立てて、それをアンケートを通じてあぶり出そうとするわけだ。そのようなファクトは、新しい気づきを与え、イノベーションにつながる切れ味のいい分析を導き出す。

―異なるソースの数字を掛け合わせる―

それ以外のファクトのつくり方としてよく用いられるのが、**数字を加工する**という作業だ。加工といっても、勝手に変えてしまうことでは、もちろん、ない。異なるソースの数字を掛け合わせたり、前提や切り口を変えたり、という手法である。

たとえば、こんな具合だ。

今後、日本の人口が減って少子高齢化になるという人口ピラミッド予測分析は新しくもなんともない。しかし、ここに、フランスの人口推移を重ねてみたらどうだろう。フランスもかつては日本と同じような少子化の傾向にあった。しかし、一九九三〜四年に一・七三と底を打った出生率が、二〇〇八年には二・〇〇超まで回復した。「子供が産める国・育てられる国」への転換を、政府と民間が一体となって進めたからだ。「フレンチ・パラドクス*」と呼ばれる現象のひとつである。

このフランスの人口ピラミッドの推移を日本のそれに重ねると……。日本も、何もしなければ少子高齢化の一途をたどるが、フランス的な政策をとると、このような変化が期待できる——といった具合だ。新しいファクトができたわけである。

ファクトというより、シミュレーションだが、そもそも世の中に出回っている人口予想そのものが、過去の傾向を引き延ばしたシミュレーションにすぎない。少子高齢化など誰でも知っていて、それ自体を騒いでいてもしょうがない。それをどう変えるかという視点で考えたときに、**二つのファクトを重ねることで、新しい答えが出てくることが少なくない。**

***フレンチ・パラドクス**
定説を裏切るような動き・結果のことを言う。フランスは肉消費量、ワイン消費量が多いにもかかわらず、定説に反して動脈硬化の患者、心臓病による死亡率が低いことから生まれた。

例外の数字を見る

ファクトをつくるもうひとつの方法は、**あえて例外の数字を見る**ことだ。

少子高齢化の例で言えば、「人口減少とはいうが、人口増加している地域はどこか？」といった見方だ。そうすると、ほかの地域とは異なる政策や施策が効果を上げているというファクトが見えてくる（かもしれない）。それによって、議論の流れを変えることができる。

例外を見ることのほうが、平均値、全体像を見るよりもずっと大事だ。そこにこれまで見落とされがちだった重要なファクト（盲点）が隠れていることが多い。

インタビューの威力

一番ずるいファクトのつくり方は、インタビューだ。

インタビューには二つの方法がある。

ひとつは、**専門家インタビュー**。専門家に答えを聞いてしまうわけだ。ひとりでは、ファクトではなくオピニオンなのだが、たとえば、専門家五人に聞いて、なんらかの散らばりや傾向が見えてくると、それはひとつのファクトとなる。

もうひとつのインタビューは、**グループインタビュー**（グルイン）だ。数人にグルインを行って傾向値を見る。それだけでは、ｎ数が少ないため、統計に落とせるだけのｎ数を得るために、選択式のアンケートを実施して結果を集計し、数値化する。そうすることで、立派なファクトがつくられる。マーケティングの人たちにとっては一般的な手法だ。

ただ、このグルインやアンケートの結果と、実際の行動は異なることもよくある。たとえば、環境に配慮した商品には多少プレミアムを払う、などという選択肢があると、つい格好をつけて丸をつける人がいる。実際には、値段を比較して、少しでも安いものを買うくせに。よく見かける光景だ。**グルインやアンケートは、実際の行動ではなく、「そう思っている」ということを示したものにすぎない**ことを、よく理解しておくべきである。

データマイニングと仮説思考

最近は、ビッグデータ*とＡＩを駆使して答えを出すことも流行っている。ときどき、思いがけない相関関係が見つかることもある。とはいえ、**相関関係はあっても、どうしてそうなのかの仮説を立てにくいことも少なくない。**

次のような有名な話がある。

大型スーパーで、おむつとビールがなぜかいっしょに売れる傾向があった。要するに、レジで、この二つが同じバスケットに入っているケースが多かったわけだ。

これを「バスケット分析」と呼ぶ。

そこで、たまたまお父さんがお母さんに、スーパーにおむつを買いに行かされて、

＊ビッグデータ
サーバーのクラウド化やＳＮＳの普及に伴い、多くのデータがとれるようになった。多くの（一般の人の）データを収集・解析することで、犯罪防止や交通状況の改善につながる可能性がある。

自分へのご褒美でビールを買うのではないか、と推論してみる。そこで、男の人が来そうな売り場に、おむつも置こう、となるわけだが、はたして、それで売上が上がるだろうか？

女性だってビールは飲む。両方ともかさばったり重かったりするものなので、車で来ているときに、まとめて買う商品だから、という理由かもしれないではないか。だとすると、下手に仮説を立てるより、バスケット分析を素直に反映して、おむつの横にビールも積んでおくのが、もっとも効果的だということになるのである。

ただし、ビッグデータの分析結果を、ロジックも推論せずに打ち手に結びつけてしまって、まったく空振りすることも少なくない。

先日、アマゾンで、アリストテレスの本を注文したら、なぜか、グロービスの会計入門書本がレコメンドされてきた。ギリシア哲学の本を好む人は、会計の本も好むということは理屈では考えにくい。しかし、すぐに理由が思い当たった。

そのとき、私が担当していたある大手小売りチェーンの研修で、この二冊の本が事前図書として指定されていたのだ。おそらく一〇〇を優に超える注文が、一斉に集中したに違いない。しかもどちらも、そう大量に売れるものではない。そこでA

Iはこの二冊の本の異常ともいえる相関関係を素直に反映させて、レコメンを送ってきたのだろう。
それにしてもアリストテレスもグロービスも、さぞや目を丸くしたことだろう。

ビッグデータを回していたら、「父の日」と「ステテコ」に強い相関があることがわかったというケースもある。たしかに、カラーステテコは値段も手頃だし、かといって他人からもらうようなものでもない。父の日に、娘が父親にカラーステテコをプレゼントしているのではないかという「推論」が成り立つ。そして、それは見事当たっていたようだ。楽天では、翌年から大量に仕入れ、成功したという。
ただ、これは、おおげさにビッグデータ分析をしなくても、十分想定される仮説ではなかったか？　少なくともユニクロの店舗では、カラーステテコが父の日アイテムとして、前面に打ち出されていた記憶がある。

いずれにしろ、たまたま、こうした思いもよらないような相関関係が、ビッグデータ分析から出てくるものの、その理由についての推論が実際の売上向上に役に立った、という例はあまり聞かない。ビッグデータではなく、仮説から推論して成功した、という逆のケースなら、ある。

買い物をする乳児のいるお母さんの状況を考えて、売り場を改善した例だ。ウォルマートが西友を買収したあとの話だ。

ウォルマートでは赤ちゃん用の衣類と、おむつと粉ミルクは、それぞれ、衣類、日用雑貨、食料品などのコーナーに分けることになっていた。「カテゴリーマネージメント」と呼ばれる手法である。したがって西友でこれをやろうとすると、これらの商品のフロアが異なってしまう。

しかし、乳児を連れての買い物となると、それこそ、ショッピングは一五分勝負。赤ちゃんがむずかり出す前に店を出たい。そうなると、欲しいものが一カ所にまとまっていたほうがずっと助かる。

ここに注目して、ひとりの女性マーチャンダイザー*が、赤ちゃん連れのママのためのコーナーをつくった。もちろん、ウォルマートの規定違反だ。

すると、売上がたいへんな伸び率を示した。口コミが広がって、それまで別のスーパーに行っていた赤ちゃん連れのママ友たちが、西友に行くようになった。さらに、その情報はアメリカのウォルマート本社にまで届き、ウォルマートにも似たような

*マーチャンダイザー
スーパーなどで、特定の商品について、仕入れから販売に至るまで一貫して担当する人のこと。

コーナーが作られたそうだ。

―シンプルにそぎ落とす―

西友の例は、おむつとビールの例に似ているようで正反対。まったく違う。西友の例は、ビッグデータのデータマイニングでもなんでもなくて、赤ちゃんを持ったお母さんの当たり前のニーズを、同じ経験のあるマーチャンダイザーが的確にとらえたものだった。彼女なりの仮説から出発して、やってみたら本当にそれで伸びたというシンプルな話である。

こうした仮説のほうが下手なビッグデータによるバスケット分析より、よほど正しい、ということの例とも言える。

具体的な顧客Aさん（ペルソナ）をイメージし、Aさんが困っている（pain）シーンや喜んでいる（gain）シーンを想定してみる。このような「あるある」シーンをいくつもイメージし、多くの仮説を立て、順に検証していったほうが結局は早く解にたどり着く。

一切の予断を与えずデータマイニングで答えを出し、出た答えを面白がっていても始まらない。**分析に際しては、意味のある仮説にしっかりとそぎ落とす**必要がある。

ビッグデータ、データマイニングは、ある種、麻薬だ。何でも出そうな気がしてしまう。インパクトのある面白い仮説を見つけるための手段のひとつであるはずが、何かすごいものが出てくるものだと頼ってしまう。そのこと自体が間違っている。**相関関係と因果関係は違うからだ。**

それよりも、できるだけシンプルに、第六章で述べた二軸を探したほうが、インパクトのあるアクションに近づきやすい。

軸は無数に考えられるが、なかでも、一番インパクトがあり、実践につながりやすい軸を選ぶ。

答えは無数にあるし、軸も無数にある。そこから、そぎ落として、そぎ落として、そぎ落として、二つの一番切れ味のいい軸を見つけて、そのなかで、因果関係を得る、というのが本当に切れ味のいい分析だ。

静的な「構造」ではなく、動的な「流れ」を

因果関係にも何とおりかある。**二律背反もひとつの因果関係**だ。要するに、こちらを立てればあちらが立たずというもの。その場合、ある時点ではそう見えても、時間軸でずらしてみると、必ずしも二者択一とはならないことに気づく。**いまこの瞬間は、Aを選ぶとBは選べないが、Aから出発してBに向かうということもある。意思決定は何度もできる**のだ。人生もそうだし、仕事もそうだろう。一回こっきりで死ぬまで決定、などということはほとんどない。失敗しても何回もやり直せる。むしろ失敗から学ぶことで、徐々に賢い選択ができるようになっていく。

逆に言うと、会社を賭けるぐらいの大きなことは行うべきではない。**万一、失敗**

しても、こけない程度の賭けを行う。すると、いままでは仮説だった推論が現実に起こることによって、次には前よりも賢い判断ができるようになる。これを連続技で行う。

この場合、重要なのは、**毎回判断をし直す**ということだ。私流に言うと、それが**競争優位（トレードオフ）から、学習優位（トレードオン）への転換**である。

動画のフィルムのひとつひとつは静止画なので、何枚も重ね合わせないと、実際の動きにはならない。つまり、動画を意識しながら、静止画を見る。分析屋がよく犯す過ちは、瞬間の静止画を見てAかBかと判断しようとすることだ。そうではなくて、その背後のダイナミクスを洞察する。すると、そこに動きが見える。その動きを見て、どのように変えていけるかを見極めることが重要なのだ。

分子生物学者の福岡伸一氏は「動的平衡」*を唱えている。かれは、森羅万象を、空間的ではなく時間的にとらえている。瞬間的にはある形をとっているように見えても、実体は時間軸上でつねに変化しているのである。

たとえば人間はずっと同じ個体のように見えるけれども、じつは食べるものに

＊動的平衡　ミクロに見ると出入力を繰り返していても、そのバランスがとれていて、一見変化が起きていないように見える状態。生命が「動的な平衡状態」にあることは、ユダヤ人科学者ルドルフ・シェーンハイマーが一九三〇年代に実験により示した。

よって変化しているとかれは言う。私たちは直近三カ月間に食べているものによってできあがっている。したがって、「食べる物を変えれば、三カ月であなたは変わる」と。

野中郁次郎氏*は、これを「流れ」と言っている。流れは止まって見えるけれども、波動はつねに動いている。ひとつの流れとして見ると、形を持っているが、一個ずつは波動であると。

波動と形は、微分と積分の関係といってもいいだろう。一滴ずつの水滴に微分すると、ただの波動でしかない。流れているのではなく、揺れているだけ。ところが、それが波動として積分されていくと、ひとつの流れに見える。

―SO WHAT?―

分析も、**微分と積分の往復運動**をしないと本当のところは見えてこない。「神は細部に宿る」という格言がある。細部を見ない限り、本質はわからないということだ。これはいわば「微分のすすめ」だ。

一方、市場は「神の見えざる手」によって動かされていると喝破したのは、アダ

*野中郁次郎　一九三五年生。一橋大学名誉教授、カリフォルニア大学バークレー校特別名誉教授。日本の製造業の研究からイノベーションの本質を解き明かした「知識創造理論」や日本軍の敗戦の過程の共同研究「失敗の本質」で知られ、企業の経営者に大きな影響を与えてきた経営学者である。

ム・スミスだ。＊＊細部ばかり虫眼鏡で見ていても、大きな動きは見えてこない。全体の関係性や流れを見定めるには、鳥の目、すなわち積分する力が必要なのである。「積分のすすめ」だ。両方がないと、実体は見えない、ということだ。

SO WHAT？ についても紹介したが、細かく見た後、もう一回全体の流れの中で問い直す作業が、SO WHAT？ だとも言える。分析屋が「ここにこんなものを見つけました！」と得意げに言ってきたら、「だから何だ？」と問い返す。**そのひとつの現象の背景にある、大きな流れや力学は何か？** そこにまで推論をめぐらさない限り、生きている市場、企業、そして人間の本当の動きは見えてこない。

SO WHAT？ と、もう一度、その分析の持つ意味合いを問うことで、分析が単なる分析に終わらず、メッセージを持つ。 だからこそ、面白い発見であるほど「これは何を意味するのか？」「何を物語っているのか？」と、そこに潜む経営への意味合いを考えようとする。そのために、SO WHAT？ と自問し続ける。

SO WHAT？ のない分析は、アカデミアの世界では価値があるかもしれないが、実際の経営にとっては何の意味もない。

＊＊アダム・スミス
アダム・スミスは、「現代的な市場経済システムが自己完結的である」ということを、明確に定義した。ひとりひとりが利己的に動いたとしても、それが無数に集積されると、個々人の意図とはまったく関係なく社会全体の利益となる。（『国富論』一七七六年）

経営は、死体の解剖学ではない。生きている生命への働きかけなのだ。

この章のまとめ

- 答えはひとつではなく、無数にありうる
- ファクトはありものを使うのではなく、新しくつくる。複数のデータを掛け合わせる、インタビューやアンケートを仕掛けることで、新しいファクトが見えてくる
- ビッグデータに振り回されてはならない。切れ味のいい仮説が決め手となる
- シンプルにそぎ落とすことで、本質が見えてくる
- 分析（微分）の後は、構築（積分）が勝負となる
- 静止画的な「構造」ではなく、動画的な「流れ」をとらえる

第八章 ストーリーとしての戦略

マッキンゼーの「サビ頭」

本書の最初のほうで、問題解決の七つのステップのうちの最初の二つのステップ、すなわち、問題の定義と構造化が重要だと述べた。じつは、最後の二つのステップも、それと同じくらい重要だ。

分析で発見したことをシンセサイズ（統合）し、それをレコメンデーション（提言）にまでくみ上げていく作業である。これがないと、分析だけで終わってしまって、クライアントは、結局、何をすればいいかがわからない。

最初の二つのステップが、問題解決全体の五〇%、途中の三ステップが二〇%、最後の二ステップが四〇%というところか（トータル一〇〇%を超えているが！）。なかには、最後が五〇%という名コンサルもいる（で、トータルが一二〇%だったりする)。いずれにせよ、最後のまとめが効かないと、ここまでやってきたことが水の泡だ。

マッキンゼーで行う訓練のひとつに、「**エレベータートーク**」がある。トップとたまたまエレベーターに乗り合わせたら、下に降りるまでの何秒かに、どれだけ本質を伝えられるか。

数十秒の間に、キーメッセージを、簡潔に過不足なく正しいことが伝えられるか、の訓練だ。**事実の要約(サマリー)ではなく、事実を統合して言える意味合い(シンセシス)、そしてだから何をすべきか(レコメン)を、簡潔に伝えられなければならない。**

余談だが、エレベータートークほど有名ではないが、トイレトークというのもある。男性限定だが。つまり、たまたま隣に立ったチャンスをどう生かすか。隣に立っている三〇秒ほどの間に何か言えるかどうか。エレベータートークと同様、どういうことか、何をすべきか、がひとことで言えるかどうか。そういう技を磨く必要があるということだ。

だから、**マッキンゼーの場合、プレゼンでは結論を先に言う**。だらだらと、ああでこうでと言わないという訓練を行う。

つまり、マッキンゼーでは、先に一番切れ味のいい切り札を出すのだ。歌で言えば「サビ頭」。一番勝負どころのリフレインを先に持ってくる構成。出会い頭に一発ガツンと強烈にかまして、相手をのけぞらせるわけだ。

マッキンゼーが出す答えには、えっ？と、虚を突かれるような意外性のあるものが多い。そして、そういうインパクトの大きい結論を頭に持ってくる。

具体的にはどのようにするかを示したのが、**図26**だ。

まず、分析の塊から、ＳＯ　ＷＨＡＴ？　だから何？　を導き出す。

次に、そもそも課題は何だったのか、その課題に答えているのかをチェックする。

さらに、聞く人の立場から見て、「新たな気づきがあるか」を判断する。

それらのプロセスを経て、結論（Governing thought）にもっていく。

[図26]

プレゼン作成の流れ

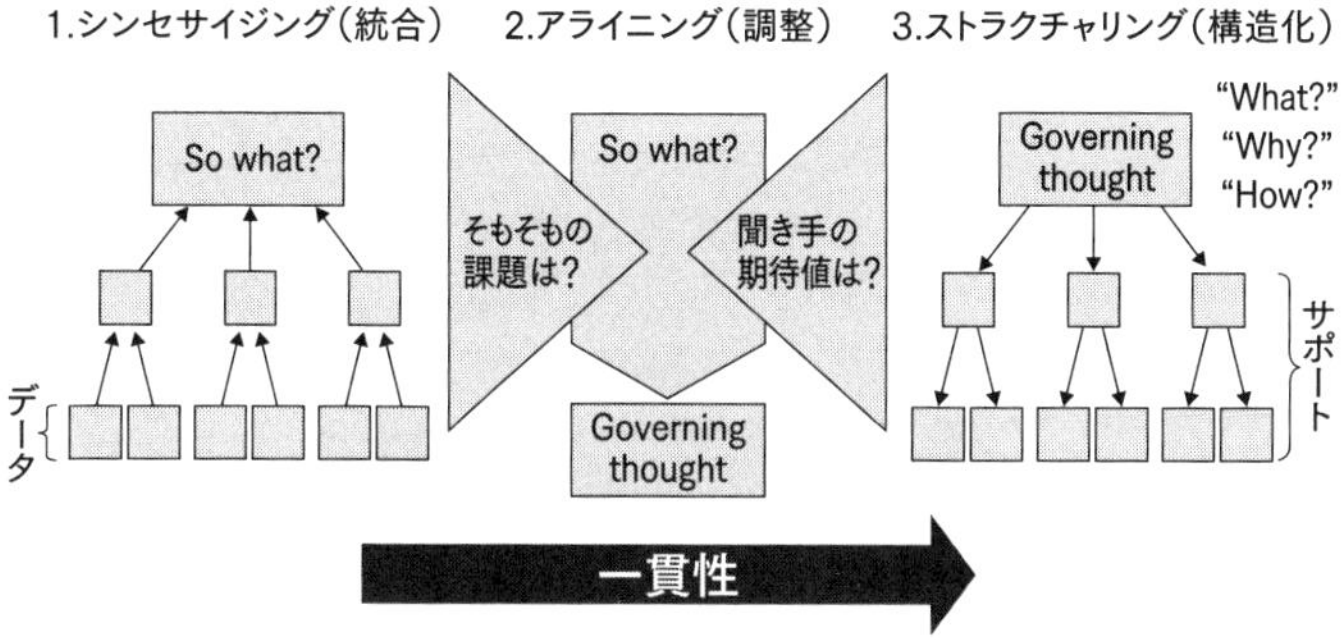

この結論（Governing thought）が「サビ頭」の「頭」になる。

その中身は、通常、WHAT？ WHY？ HOW？ の三つで構成される。WHAT？ だけ言ったのでは唐突感があるので、必ず、WHY？ が必要である。

具体的なアクションにつなげるためには、HOW？ も不可欠だ。

しかし、それだけだとロジックとしては流れていても、当たり前すぎる。言い換えれば「サビ」がない。

さらに、この三つの構成の仕方でも、インパクトは変わってくる。もし、出てきた**WHATが割と当たり前のことだったら、どのように行うか、つまり、HOWを三つは言う必要があるだろう。逆に、WHATが意外なことだったら、WHYをしっかり三つ並べる必要がある、**という具合だ。

ただし、前にも述べたとおり、WHAT、WHY、HOWだとロジックは流れるものの、あまりに常識的なストーリーになってしまう。そんなことは、とうにわかっていることではなかったのか？ **最大の問題は、わかっているにもかかわらず、で**

きない、あるいは、やりたくないことではないのか？

そこで私は、前にも述べたように、つねに、WHAT、WHYのあとに、**WHY NOT　YET？　を加える**ことにしている。

なぜそれができていなかったのか？　これこそ問題の核心だ。

前にご紹介したコンサル用語でいえば、「チョークポイント」である。

そして、**そこが明確になれば、HOWも当たり前の「べき論」ではなく、このチョークポイントをはずすための効果的な打ち手が導き出される。**

「サビ」とは、このWHY　NOT　YET？　の答え、すなわち、本質的なチョークポイントをえぐり当てることである。そのような「サビ」のない提言は、インパクトのある気づきや実践にはつながらない。

ボスコンの謎解きジャーニー

このように、最初にできるだけインパクトのある形で結論を示すのが、マッキンゼー流。ボスコン流は、真逆だ。次の**図27**はその違いを表している。

ボスコン流では、結論は最後。というより、最後まで自分たちは答えを言わない。相手が納得のいくよう順に話をしていくので、クライアントにも、聞いているうちに答えが見えてくる。言われる前に答えがわかるので、自分で答えを見つけた気になる。だから、その提案を実践に移す際に、「やらされ感」がなくなる。

「わかったよ！　ボスコン君、答えはこれだ！」と相手に言わせたら勝ち。「おお、そうですね！」と、そもそも、そのように誘導しているのはボスコンの側であっても、驚いてみせる。なかなかの役者だ。相手に一撃を食らわせて、したり顔のマッキンゼーとは、真逆の方法である。

ボスコンの手法は、トヨタ生産方式（ＴＰＳ）にも通じるものがある。同方式では、指導者は決して自ら答えは言わない。現場の人に徹底的に観察させ、考えさせる。現場が「こうすればいいのでは」と言い出すのを待つ。そうすることではじめて、現場に問題解決力が根付く。

考える現場をつくることが、ＴＰＳの真の狙いだからだ。悩む力、すなわち「悩力」こそが「能力」につながるというのである。

人によっては、結論を先に言えという気の短い人や、冗長な話が嫌いな人もいる。その場合はやはりマッキンゼー流がいいだろう。しかし、ガツンを通り越して相手の反発を呼んでしまうこともある。インパクト狙いが逆効果になってしまって、怒らせてしまい、その後のＷＨＹやＨＯＷを聞いてもらえないこともあるのだ。

実際、私も若い頃、某大会社のアメリカ支社長を怒らせてしまったことがある。プレゼンの冒頭で、ネットを活用した新興勢力の台頭によって、「御社は確実に潰れる」とかましてしまったのである。すると、その支社長は不機嫌そうにその場で

[図27]

プレゼンの2パターン

“ロジック”展開型（マッキンゼー型）

“ストーリー”展開型（BCG流）

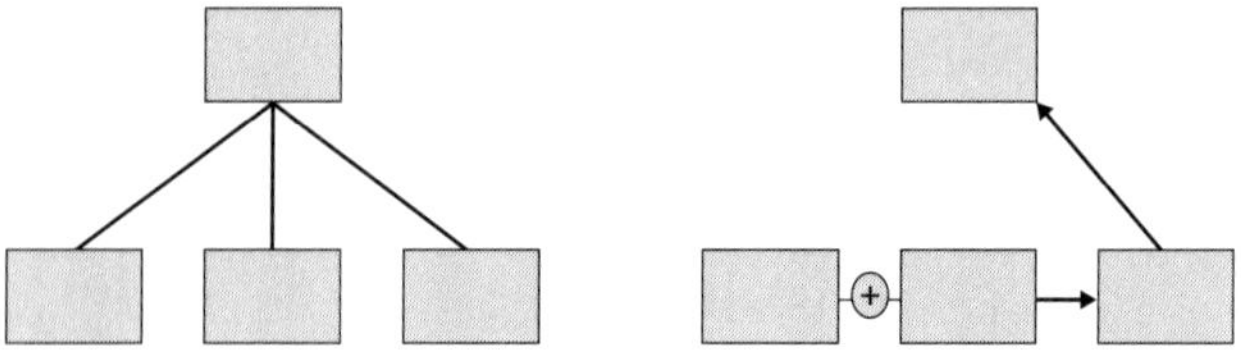

結論（Governing thought）をWhy、What、
Howなどのロジックでサポート

ストーリー仕立てで話を展開していき、
意味合い（Governing thought）を導き出す

席を立ち、二度と戻ってくることはなかった（もっともその人は、日本人。アメリカ人であれば、ドキッとするような結論を先に聞きたがったと思うが）。

そういう人は、ボスコン流の伝え方であれば、素直に耳を傾けたに違いない。マッキンゼーはときどき、このように相手を怒らせてしまう。「サビ頭」は、サビが利きすぎると、「ハイリスク、ハイリターン」となる。

楠木建氏[*]のベストセラーに『ストーリーとしての競争戦略』という本があるが、ボスコン流のほうがストーリーがあって、聞いていて面白い。思わず乗ってしまうのだ。

これは、先に犯人とトリックがわかっていて、あとは追い詰めるだけの刑事コロンボと、いっしょに謎解きを楽しむ名探偵ポワロ[**]との違いだと言ってもいいだろう。

あなたはコロンボ派？　それともポワロ派？

＊楠木建　一橋大学商学部助教授および同イノベーション研究センター助教授などを経て、二〇一〇年より一橋大学大学院経営管理研究科国際企業戦略専攻教授。専攻は競争戦略とイノベーション。二〇一〇年『ストーリーとしての競争戦略』で第二回ビジネス書大賞受賞。ベストセラーとなる。

＊＊名探偵ポワロ　アガサ・クリスティが生み出した探偵で、『オリエント急行殺人事件』など多くの作品に登場。テレビの連続ドラマ化、映画化も多い。読者や視聴者は、ポワロとともに謎解きをしていく。最後に関係者を集めて謎解きの詳細を語り、犯人を特定する。

マッキンゼーの問題解決一〇則

第一部も、そろそろ終盤に入ってきた。ここで、マッキンゼーの問題解決の一〇則をもとに、ここまで述べてきた問題解決の基本をまとめておこう。

❶「問題」とされていることが、本質的な問題とは限らない

問題解決のスタートである課題設定において重要なのは、当事者が問題だと思っていることの多くは、本質的な問題ではないということだ。なぜなら、もし、当事者が問題だとわかっているのなら、すでに解けているはずだから。

❷大きな視野（Big Picture）でとらえ直す

当事者がそもそもなぜそういう状況に陥っているのか、なぜほかに選択肢がないと思っているのか。それを、いったん引いて、全体像の中でとらえ直す。すると、問題だ、問題だ、と言っていることの多くが、表面的な現象にすぎないことがわかってくる。

❸仮説から始める

ビッグデータ分析のように、やみくもにファクトを集めて分析しようとしても、真の答えは見えてこない。まず、仮説から始める。ファクトがそれに合わなければ、仮説をつくり直す。その繰り返しによって、本質に迫っていく。

❹漏れなくダブりなく（MECE）問題を構造化する

問題を、漏れなくダブりなく構造化する。このときのポイントは、全体を見たうえでここが大事だと思っている以外のところに見落としがないか、チェックすることだ。というのも、見えていない部分に問題が隠されていることが多いからである。その意味でも、MECEのうち、ダブりはあってもいいが、漏れはあってはならない。

❺カギとなる変数（Key Driver）にフォーカスする

チョークポイント、すなわち、首を絞めているポイントを探す。

❻できるだけ簡素（シンプル）化する

状況をできるだけシンプルに公式化しようと試みることだ。何が変数で何が定数かを見極めて、公式化する。

❼正しい答えはひとつではない

自然科学とは異なり、問題解決においては、正しい答えはいくつもある。山に登るのにいくつもルートがあるのと同様だ。速いと思っていたルートが、結構険しかったりすることもある。いずれにしても答えは幾通りもあるから、ひとつだけで考えないことが大事だ。

❽壊して、再構築する

仮説が一発でうまくいくことはほとんどない。崩しては再構築を繰り返すのが普通。自己否定したり、膨らましたり、ひねったりしていく。

❾ときに答えがふっと湧いてくる瞬間を大切にする

❽を繰り返しているうちに、ふと何か啓示のように、答えが湧いてくる瞬間というのはたしかにある。それも、行き詰まっている最中、というより、そこから離れているとき。お風呂の中で気づいたアルキメデス*のように。とらわれすぎると見えてこないものが、そこからちょっと視点を移したときに見えてくるのだ。その瞬間を大切にする。

ただし、そうした瞬間が訪れるのにも幾つかの条件がある。ひとつはそこまで考え抜いているということだ。そうでなければ出てこない。すぐ気晴らしをしたがる人がいるが、それではダメ。もっと苦しまないと出てこない。

「暁のソリューション」というフレーズがマッキンゼー内で流行っていたことがあった。一晩中考えに考え、悩んだ末、夜が明ける頃に答えが見えてくるというわけだ。ただし、暁になると頭がぼんやりするので、答えが見えた気になった

＊アルキメデスの原理
「流体中の物体は、その物体が押しのけている流体の重さ（重量）と同じ大きさで上向きの浮力を受ける」というもの。
王冠を壊さずに偽物かどうかを調べる命を受けたアルキメデスが、風呂に入ったときに、水が湯船からあふれるのを見て着想を得たと言われている。

だけで、結局、錯覚だったりするわけだが（笑）。いずれにしろ、ワーク・ライフ・バランス的に考えると、昨今では流行らないだろう。

⑩問題がないことが最大の問題

問題がないことが最大の問題である。当社は問題ないとか、当部は問題ありません、などと言う人がいるが、それは相当深刻な問題だ。課題がないところに、成長もないからだ。逆に言うと、課題満載のところは成長の余地も満載ということだ。問題のひとつひとつが、次の成長の機会になるわけだから。

危機感を煽るか、使命感に火をつけるか

―論破から共感へ―

マッキンゼーの技は、ロジカル・シンキングでこれでもかと相手を論破することだ。それに対して、答えを出さずに、ストーリーを語りながら、相手とともに謎解きをしながら相手をその気にさせていくボスコンは、共感を技としているわけだ。

提言は、それが実行に移されてなんぼの世界だ。相手をのけぞらせて、勝ったと言っても、反感を呼ぶだけで、相手がやる気にならないのだったら、元も子もない。私自身、大いに反省するところだ。

実行に導くには、ロジックは半分でもいいから、相手が共感を覚えるような提言をしていく必要がある。相手側から見てこの話は自己没入できるか、自分事として聞けて、自分事として反省して、自分事としてこうだなと確信が持てるか。そういう観点からプレゼンをつくり、磨いていく。

大企業でありながら日本でもっとも成長している某社は、マッキンゼーとボスコンをときどき使い分けている。マッキンゼーに声をかけるときは、三年に一回、ときどきドキッとする話を聞きたいときだそうだ。ただ、刺激にはなるが、なかなか実行には結びつかない。そこでその後、三年間はボスコンを使い、具体的に戦略に落として、実行していく。自分たちのものにしていくためには、ボスコンのほうが使いやすいというわけだ。

気づきを創発する質問力

ボスコンのコンサルタントと仕事をしていると、クライアントが「自分のほうが、コンサルよりはるかによくわかっている」と感じることが多い。相手を論破するのではなく、相手の気づきを創発するのが、かれらの手法だからだ。

だから、わかっていても答えを言わない。相手が気づくのを待つ。あるいは相手を追い詰めるほど、断定的に勝ち誇るような言い方をしない。こういうふうに考えてみたらどうでしょうかとか、こういう考え方をどう思いますか？　といった会話をする。このように、ちょっとまどろっこしい言い方をするのが、ボスコンのコンサルの特徴だ。

イメージで言うと、まさに、ジャーニー、旅の道連れだ。結果的にはゴールは見えているのだが、一直線に引っ張っていくのではなく、迷いながらともに歩く。エベレストのような山に登るときのシェルパに近いかもしれない。この道は行かないと相手が言ったら、この道しかないと「神のご託宣」のように告げるのではなく、ではちょっと休憩しましょうかと、相手がその気になるのを待つ。

──危機感と使命感──

マッキンゼーとボスコンの技法の違いは、別の言い方をすれば、危機感を煽るか、使命感（志）に火をつけるかの違いともいえる。

人が動く大きな動機は三つある。**達成感、危機感、使命感**だ。

このうち、「達成感」は、「山に登ろう、なぜならそこに山があるから」というように、明確な目標を掲げやすい。普通の会社が、目指しやすいプロセスである。しかし、そもそもなぜその目標を達成することが重要なのかが共有できなければ、組織メンバーを「その気」にさせるのは、困難だ。また、目標が達成されてしまうと、次の目標が必要になってくる。

その点「危機感」は、人を追い立てやすい。現状維持ではダメになるということが明確になれば、人は変化せざるをえないと腹をくくるからだ。しかし、危機が目の前に迫らない限り、やはり「その気」にはならない。いわゆる「ゆでガエル」*状態だ。たとえ危機感で突き動かされても、危機が通り過ぎれば、また現状維持の心地よい世界（comfort zone）に戻ってしまう。いわば、ライザップで三カ月シェープアップしたあと、思い切りリバウンドしてしまうようなイメージだ。

これらに比べて、**「使命感」は、組織全員を「その気」にさせやすい。**

そもそも自分たちは何のために存在するのか。世の中に、どのように役立ちたいのか。そのような意識を共有できれば、ひとりひとりが自分事として変革に取り組むようになる。そしてその使命感は、高ければ高いほど、いつまでも燃え尽きることはない。

このあたりの変革の基本技に関しては、近々出版予定の拙著『チェンジマネジメント』をご参照願いたい。

マッキンゼーの得意技は、危機感で相手を追い詰めることだ。そして、ここから

＊ゆでガエル理論
ゆっくりと進行する危機や環境変化に対応することの大切さ、難しさを戒めている。カエルを熱湯の中に入れると驚いて飛び出すが、常温の水に入れて徐々に熱すると、カエルはその温度変化に慣れていき、生命の危機と気づかないうちにゆであがって死んでしまうという寓話。

逃れるには、抜本的な変革しかないと相手に迫っていく。マッキンゼーもライザップ同様、三カ月が勝負。ただし、ライザップと違って「結果にコミットする」ことはしない。なぜなら、それを実行するかどうかはクライアント側の責任だからだ。

一方、**ボスコンは、「あなたは本当はこういうことがやりたかったんでしょう」と使命感に火をつける。**そして、「だったら、もっとこういうやり方もありますね」「もっとこんなこともできるのでは」と、問題を指摘するのでなく、可能性を広げようとする。そして三年かけてでも、しっかり変革が体質化するところまで、伴走するのである。

こんなふうに言うと、ボスコンのほうがいいじゃないかと思われるかもしれない。しかし状況によっては、そのような悠長なことは言っていられない場合もある。また会社によっては、短い時間で刺激を求めるところもあるし、危機感を欲しているところもあるだろう。

いずれにしろ、重要なのは、相手がやる気になるかならないか。正しく課題をとらえて正しく分析しても、相手がやる気になるかならないかで、成功と失敗は大きく分かれてしまうのである。

アクションが継続しなければ意味がない

マッキンゼー流とボスコン流の提言の仕方の違いは、二つの流儀の違いにすぎない。本質的に目指すところは同じだ。すなわち、**最後にアクションに結び付かないものには何の意味もない。**

そのためには、次の四つを実践し、そこからの学びを反映してアクションを修正していくことが重要だ。

- **みんなでゴールを共有する**
- **そのゴールと現状とのギャップを明らかにする**
- **そのギャップがなぜ生じているのか（なぜ放置されているのか）をえぐり出す**

・ギャップを埋めるアクションを、時間軸と責任者を決めて明確にする

問題解決は、大きく四つのプロセスに分かれる。

まず、0から1に至る最初のプロセス。**答えを発見するプロセスでもある。**何もないところから答えを出すこのプロセスこそ、もっともクリエイティブに見える。しかし、何が正しいかを理解するだけなら案外簡単だ。理解するだけでは、何事も進まない。

重要なのは、次のプロセス。1を10にする過程だ。つまり、具体的に何からどう始めて、それをどう広げていくかという初動のプロセスである。**まずは、いかに初期の成功を立ち上げ、それを横展開できるかが実践上のカギとなる。**

しかし、それだけでは、まだ会社全体が変わったことにはならない。一部の組織に変化の兆しが生まれた程度だからだ。そういう人たちを見て、なるほどそうすればいいのか、そういう結果が生まれるならわれわれもやろうと、組織全体に広がっていく必要がある。

これが、**三番目のプロセス、10から100へのプロセス**である。**ここで、10から100へと広げることによってはじめて、組織が大きく変化していく**ことになる。

しかし、それでもまだ終わりではない。そこで止まるのではなく、この0から1、1から10、10から100へという進化のプロセスを、**その後も絶えず繰り返す**ダイナミズムを、組織の中に埋め込む必要がある。

この**四つ目のプロセスが完成してはじめて、その案件、その問題解決は成功した**と言うことができるのである。

この章のまとめ

- プレゼンには大きく二つのアプローチがある。「サビ頭」でいくか、「ストーリーテリング」でいくか。その企業の置かれた状況や、聞き手の期待値など、TPOで使い分ける
- プレゼンで相手をうならせるだけでは、何も始まらない。変革を実践し、組織の体質に落とし込むことではじめて、インパクトにつながる
- そのためには、論破より共感がカギ。危機感より使命感に火をつけることが重要

第二部

超一流コンサルのスゴ技

第一部でご紹介したコンサルの基本技は、わかっていてもなかなか現実の問題解決には生かせない、という方も少なくないかもしれない。

そこで、この第二部では、ただのコンサルではない超一流のコンサルのスゴ技をご紹介する。超一流のコンサルとは、すなわち、大前研一さんだ。少しでも大前さんに近づければと、かれの技の本質を分析してみた。

さらには、経営学の巨匠マイケル・ポーターのポジショニング理論と競争戦略にあえて異を唱えてみた。非連続の時代の経営戦略と、脱構造、マインドフルネスまで、ビジネス界の新しい動きをご紹介する。

第九章

大前研一の「ワープする脳」

世界最高のコンサルといえば、やはり大前研一さんだ。

私は二十年近くマッキンゼーで世界中のコンサルを見てきたが、大前さん以上の方には出会わなかった。ロジカルパワーやクリエイティブパワーで抜きん出た人物は、ほかにもいた。しかし総合的な技の組み合わせでは、大前さんの右に出るものはいない。マッキンゼーの中で超一流。ということはつまり、世界最強のコンサルだ。

この章では、誠に僭越ながら、その大前研一さんの強さをもとに、超一流のコンサルの技をご紹介したいと思う。

大前パワー①
左脳と右脳の連結（ジョイント）力

超一流のコンサルには、左脳（ロジカル）と右脳（クリエイティブ）の連結、これが非常に重要だ。どうしても、どちらかに偏りがちだからである。その連結力において、大前さんは突出していた。

典型的なマッキンゼーの一流コンサルは、えてして左脳派。たとえばＤｅＮＡの南場智子さんなど、マッキンゼー時代、よく「私、右脳がないの。左脳肥大症なのよ」と自虐的に語っていた。真意のほどはともかく、とんでもなくロジカルだったことはたしかだ。

一方、現在、独立して、フィールドマネージメントというコンサルティングファームを経営している並木裕太君は、クリエイティブに抜きん出た、右脳に強いタイプだった。ただし、かれはむしろ、マッキンゼーでは例外的存在。もともとマッキンゼーでは人文系の学歴の採用が少なく、エンジニア系を中心にロジックのタイトさを売りにしていたからだろう。

日本以外のマッキンゼーのオフィスでもそうだ。そこで私が採用担当になったときに、極力、感性や直観力が鋭い学生を採用する方針をとった。並木君はその第一号だ。もっとも、そのときに採用した優秀な社員のほとんどは、一年ほどで、起業家となって巣立っていってしまったのだが……。

かといって、右脳だけではダメだ。大前研一さん自身も、原子力の博士号を持った筋金入りのエンジニアだった。だから、もちろんロジックにも非常に強かった。けれども、それ以上に、右脳パワーが人並外れて強かった。実際、右脳の本を翻訳するなど、右脳の研究にも余念がなかった。

つまり、重要なのは、右脳と左脳の両方に優れること。それもつながっていることだ。たとえて言えば､左脳と右脳を連結して行ったり来たりできる技があること。大前さんは、自分の頭の中でそれをしていた。脳の右と左のシナプスがつながっていた、というイメージだろうか。

パフォーマンスの高いマッキンゼーチームは、左脳に強い人たちのなかに、一部、右脳に強い人たちを入れることで、チームとしてのバランスをとろうとする。大前さんは、いわばそれを、自らの頭の中で、凄まじく高いレベルとスピードでやり続けていたわけだ。

大前パワー②
森羅万象の連想(コンバージェンス)力

『イノベーションのジレンマ』で知られるクレイトン・クリステンセンの比較的新しい本に、『イノベーションのDNA』(原書二〇一一年　邦版二〇一二年)がある。六年の年月を費やして、スティーブ・ジョブズ、ジェフ・ベゾス(アマゾンCEO)、アラン・ラフリー(P&G前会長)などに代表される革新的な経営者二五人と、三五〇〇人を超える起業家を分析したものである。

クリステンセンによると、イノベーションを起こす能力は、次の五つのスキルに集約されるという。

―「質問力」「観察力」「実験力」「人脈力」、それらを「関連づける力」―

うれしいことにかれは、それらは決して先天的なものではなく、後天的に育成できると語る。そして、その能力の開発手法を、その本の中で、具体的に示しているわけだが、それはともかく、このフレームワークを使って、大前さんの技を解読してみると、最初の四つは当然だとして、特に大前さんが優れていたのは、五つ目の**「関連づける力」**（コンバージェンス力）だったと私は思っている。

一般には別ものとして分類されるAとBをつなぎ合わせる力。連想力といってもいいだろう。大前さんの手にかかると、まったく別の事象が、面白いほどつながってしまうのだ。

―イノベーションの原理―

「関連付ける力」には、その前提となる**「知覚力」**が重要だ。すなわち、**違う種類のものの中に共通点を見つけ出す力。そして、この「知覚力」をもとに違う種類**

のものを「関連付け」て、新しい事象を発見するのが、イノベーションの第一歩だ。

経済学者のシュンペーターはかつて、違うものが合わさったときにイノベーションが生まれると看破した。いわゆる**「新結合」**だ。しかし、単に新しいだけでなく、異質なもの同士でなければ意味がないので、私は**「異結合」**と呼んでいる。大前さんの頭の中では、その異結合がつねに創発されていたのである。

私はその秘密を、入社して早々に目の当たりにすることになる。

その頃、私は、他の新人たちとともに、当時、大前さんが連載を持っていた『PRESIDENT』の記事のための素材集めを仰せつかっていた。

当時、マッキンゼーには、世界中のコンサルたちから集まる最新の問題解決の成果を集めたフライヤーのようなものがあった。記事をたくさん出せば出すほど社内での知名度が上がるので、みな、ここぞとばかりに、これはすごいぞ、という成果を寄せてきていた。

大前さんはそれらをかき集めて、たとえば私に、「君、このなかに、サステナビリティ（持続可能性）という観点から面白いものないかね」などと尋ねるわけだ。私は、それを集めて、かれに渡す。すると翌日には、当時の私なんぞ到底想像すらできなかった記事ができあがっている、というわけだった。
最近でいえばたとえば、ウーバー*などのシェアードエコノミーの話、ブロックチェーン**とセキュリティの話、そして高齢化による医療費の高騰問題。この三つをまとめると、ベーシックインカム***（最低限所得保障制度）はこのように実現できる、といった具合だ。三つの全然違う業界の話が、大前流に料理され、ひとつの現象として語られていくのである。

考えてみれば、世界中のマッキンゼーの人が解いている最新の問題が、かれのところに全部集まって、そこから話を組み立てるのだ。しかもその組み立て方が秀逸なのだから、面白くないわけがない。

ひとつひとつの材料が世界水準。それらを大前さん一流のコンバージェンス力が統合するわけだから、まさにミラクル。

普通の人からすると、ひとつの話だけを聞いていても十分に面白い話題が三つも重なってくるのだから、とんでもなくすごい世界に見えてしまう。これぞまさに、大前マジック。

それを毎月連載でやっていたのだから、すごいものだ。

＊ウーバー（Uber） 自動車配車ウェブサイトおよび配車アプリ。さまざまな用途で手頃に利用できるだけでなく、自身がドライバーになり空いた時間で副収入を得ることもできる。

＊＊ブロックチェーン 分散型台帳技術、または、分散型ネットワーク。ビットコインの中核技術を原型とするデータベースである。ブロックと呼ばれる順序付けられたレコードが連続的に増加するリストを持つ。理論上、一度記録すると、ブロック内のデータを遡及的に変更することはできず、自律的に管理される仕組みになっている。

＊＊＊ベーシックインカム 就労や資産の有無にか

――常識的ではないところに答えを求める――

では、その「関連付ける力」のコツは何だろう？

ヒントは、**常識的ではないところに答えを見つけようとする**ことにありそうだ。**無理矢理でもいいから、普通とは異なる仮説を打ち出す**こと。少なくとも、大前さんはそうしていたように見えた。

例を挙げてみよう。

大前さんの手にかかると、たとえば、製造業と金融業の知恵を掛け合わせることで、次世代の産業を考えることも可能になる。

企業の収益でありＧＤＰの源泉でもある「付加価値」は、インプットとアウトプットの差だ。原料から製品を作り出す製造業を見ればよくわかる。では、金融業の付加価値とは何か？　単に人のお金を右から左に動かしているだけじゃないか？

――こんな問いがあったとする。大前さんだったら、どうするか？

かわらず、すべての個人に対して生活に最低限必要な所得を無条件に給付するという社会政策の構想。かつて一九六〇～七〇年代、欧米で議論が展開されてきたものが、再び、ＡＩ等によるいっそうの格差の拡大への対策として、議論されるようになってきている。

もしそうだとしたら、**金融業を、右から左にお金を動かすだけではないものに変えてしまえばいい**のでは？　たとえば、リスクを分散させる保険機能はそのひとつだが、保険以外にもっと何かないだろうか？

——こんなふうに、常識的ではないところに、答えを見出そうとするのである。

でも、どうやって？

それを探るためには、製造業がどのようにして付加価値を出しているかを見てみる。すると、製造業では、素材力、加工力、組立力、そしてその前提としての設計力がカギであることが見えてくる。

それらを金融業に当てはめるとどうなるか？

金融の新規サービスを考えるにあたって、製造業の人たちも交えて議論するのだ。そうやって、金融の面白い付加価値論が生まれてくる、というわけだ。

もちろん逆もある。金融の人たちから見ると、製造業には、もっとレバレッジ*をかけられるところがいろいろある。たいていは自前で物を作りたがるが、自分たちのように、もっと他人の資産を使ってもいいのではないか？　そのような発想から、ファブレス（製造外注）やファブライト（一部のみ自社製造）などといった新しい

＊レバレッジ
「てこ（レバー）の原理」を意味する。経済活動において、他人資本を使うことで自己資本に対する利益率を高めること、または、その高まる倍率。

業態が生まれてくる。

コンサルティングにあたって、大前さんが実際に、金融業の人たちと製造業の人たちの議論の場を設けたわけではない。大前さんは、このような議論を、ひとりで自分の頭の中で行ってしまう。引き出しが多いからだ。同質ではないバラエティを持っていることの強み。ジェネラリストであることの強みだ。

―π(パイ)字型人材のススメ―

マッキンゼーでは、古くから、T字型コンサルが求められてきた。ひとつのスパイク(専門分野)を持ちながら、横に広がる幅の広さを持つ人材である。

これに対して、大前さんはπ(パイ)字型の必要性を説いていた。**複数のスパイクを持て**というのである。たとえば、製造業にも詳しいし、金融業にも詳しい、といった具合に、専門分野を複数持つ人材だ。

言い換えれば、**複眼思考のすすめ**である。それによって、物事を立体的に見ることができる。そこからイノベーションが生まれる。

大前さんが去ったあと、マッキンゼーは、金融の専門家、製造の専門家など、専門化に走り始めた。そのような専門家集団からは、真にイノベーティブな発想が生まれるのだろうか。

大前パワー③
究極からの逆算（バックキャスティング）力

大前さんのすごいところのもうひとつは、時間軸の動かし方だ。

未来を正確に予測することは、誰にとっても難しい。「VUCA（Volatility：変動性、Uncertainty：不確実性、Complexity：複雑性、Ambiguity：曖昧性）ワールド」と呼ばれる今日の非連続な環境においては、明日を予測することも困難だ。

けれども、**究極どうなるかについては、正しく物事の本質をつかんでいる人なら、かなりの確率で予測できる。**どのようなプロセスをたどるかを、正確に予測することは不可能だが、究極まで行ったときにどうなるかについては、じつはさほど議論の余地はないのだ。

たとえば、ガソリンエンジンは、いずれはなくなる。それは、みんなわかっている。問題は、それがいつなのか、ということだ。

明日どうなるかを無理やり読もうとしても、それは思い込みでしかない。そうではなく、**究極**（ここでは、ガソリンエンジンはいずれなくなる）**から逆算すれば、より大胆な発想が生まれてくる。**

ある情報通信企業のプロジェクトに大前さんといっしょに入らせてもらったときに、それを身をもって知ることになった。一九九〇年代の前半、インターネットが商業化される数年前のことだ。

私の担当は、非電話事業。まだ「電話にあらずんば、人にあらず」とでもいった時代のこと、クライアントの主流派は誰も関心を持っていない分野だった。インターネット前夜のシリコンバレーの最新動向をレポートしても、「笛吹けど踊らず」状態が続いた。

そこで大前さんが投入してきたのが、東大の数学科出身のコンサルタントだった。かれは、大前さんの指示により、「いずれ電話はなくなる」という分析を、たった一枚のチャートにまとめた。

電話の需要は、確実に右肩下がりとなる。二〇三〇年なのか、二〇五〇年なのかは別にして、いずれ確実に「電話がなくなる日」がやってくる。それを、横軸に時間、縦軸に需要を対数表示でとった直線グラフで示したのだ。電話事業は確実に地面にぶつかることが見てとれた。

クライアントの幹部の間では、電話は残るとか、少なくとも今後数十年は大丈夫だなどという議論が飛びかっていた。それに対して、大前さんは、そのたったひとつのグラフを前に、「いずれ電話はなくなって、全部データ通信に化けます」と言ってのけたわけだ。

当時のテレビ電話も、いまで言うスカイプのようなものに取って代わられていく。長距離電話や国際電話も、いまで言うラインやメッセンジャーに代わっていく、と。

その一枚のチャートを前に、みんな黙った。そして、ようやく、結局そうなるのであれば、いまから何をしておくのかという話に入っていくことができた。このときを境に、同社の事業全体が、どんどんインターネットにシフトしていくようになったのである。

あれから四半世紀後の二〇一八年現在、同社の収入に占める電話料金収入のシェアは二〇%にまで下がっている。かつての本業が五分の一にまで縮小しても、データ通信に軸足を移すことで、いまなお、隆々と成長し続けているのである。

──大前流「ずらし」のテクニック──

究極の姿を示すことで、勝負がつきやすくなる。迷いが吹っ切れるからだ。ここでの大前マジックのポイントは、**現在の延長線上ではなく、究極の時点から逆算しよう**というものである。

これは、誰にでもできそうでいて、なかなかできない。つい、手前のことが気になってしまうからだ。たとえば、人工知能（ＡＩ）が人間の能力を超える「シンギュラリティ」（技術的特異点）* の到来は、時間の問題だ。わかってはいても、ロボットが人間のレベルに達するのはまだまだだ、という声も大きい。シンギュラリティは来ない、という本も売れたりしている。

人は、見たことがないものは信じられない。未知なモノを避け、いまのままでいようとする。行動経済学では、これを「現状維持バイアス」と呼ぶ。そのような**「陥りがちな発想の落とし穴」を避けるためにも、究極から逆算することが効果的**なのである。

この「究極から考える」というのは、大前さん一流の「ずらし」のテクニックだ。そして、この「ずらし」は、ここまで挙げた三つの大前マジックに共通する。

最初の左脳のロジックを右脳のクリエイティビティでワープさせるのは「脳内ずらし」だし、次の、異なる業界を並べて連想ゲームを行うのは、「空間軸」でのずらし。そして、究極から逆算するのは、「時間軸」でのずらしだ。

言い換えれば、大前さんは、**いま目の前に見えているものだけで判断しないように、視点のなかに、空間的な広がり、時間的な広がりを持ち込んでいる**のだ。

＊技術的特異点　シンギュラリティ（Singularity）とも言われる。人工知能により、技術が持つ問題解決能力が高度化し、人類から、人工知能やポストヒューマンが文明の進歩の主役にとって代わるタイミングで、二〇四五年頃に到来するとの説（レイ・カーツワイル）が有力視されることが多い。

七〇%の三乗の錬金術

大前さんは、マッキンゼーの中でも、世界のトップのひとりとして、みなに尊敬されていた。ロジック一辺倒の集団の中で、大前さんの発想は新鮮だったし、何より、かれが「予言」することの多くが、実際に現実になっていったからだ。あたかも世の中が大前さんの話を信じて動いていくかのようだった。

大前さんについて面白い逸話がある。かれと仲のよかったオムロンの創始者の立石一真さんが、よく社員を前に言っていたそうだ。

「大前先生の話をよく聞け。奇想天外のように見えて、本質的に正しいことをおっしゃっている」と。そして、すかさずこう付け加えることも忘れなかった。「ただし、あれを鵜呑みにするな。二〇年先だと思え。いま、あのとおりやると間違うからな」

たしかに、大前さんの話にはやや極論が多い。常識的な人たちなら到底発想しそうにないところに飛んで、発想する。それが、大前さんのスーパーたるところなのだから、当然と言えば当然だが。


ただし、極論だから、一〇〇％正しいわけではない。

たとえば、ひとつひとつの話が、七〇％ぐらい正しいとしよう。七〇％であれば、なるほどもっともらしいということになる。ところが、大前さんは、先に述べたように、そのような話を三つぐらい連結（コンバージェンス）させてしまう。すると、七〇％の三乗で、三題噺の確率はかなり低くなってしまう。成功の確率は、じつは三分の一にすぎないのだ。にもかかわらず、かれの予想の多くが、結果として、現実のものとなっていったのは、どういうことか？

もし、これがスティーブ・ジョブズだったら、自分でやって、現実のほうを自分のビジョンのとおりに変えてしまう。「現実を歪曲してしまう魔術」を持っているといわれる所以だ。

しかし、大前さんはコンサルだから、自分でやるわけではない。やるのは、クライアント企業の人たちだ。三分の一でしかない成功確率の仮説を、クライアントに信じてやってもらわなければならない。そのために、みんなをその気にさせる。

実際、大前さんは、みんなをその気にさせることに長けていた。みんながその気になって行動してしまうので、結果として、かれの仮説どおりになっていったのである。

「未来を予測する最善の方法は、自らそれを創り出すことだ」とは、パーソナルコンピュータの父として知られるアラン・ケイの名言である。スティーブ・ジョブズは、自社の商品を通じて未来を創り出した。**大前さんは、クライアントをその気にさせて、未来を創り出した**のである。

―「その気にさせる」大前パワー―

ジョブズと大前さんに共通するのが、説得力のある話術だ。ジョブズは、プレゼンテーションの場で、アップルの商品が新しい顧客体験を実現することを、巧みに語りかけた。大前さんのプレゼンテーションも、相手をその気にさせる不思議なパワーを放っていた。

先ほどの情報通信企業の例でも、クライアントの社長をすっかりその気にさせてしまった。「あなたが本気でインターネットの方向に動けば、日本全体が動きます」と迫ったのだ。そして事実、そのとおりになっていった。

その意味では、大前さんが、通信の分野で日本がそれ以上ガラパゴスになるのを防いだと言っても過言ではない。「歴史秘話ヒストリア」ではないが、大前さんの知られざる国家的功績だったと言ってもいいだろう。

日本が世界の頂点を目指すうえでも、大前さんの功績は大きかった。日本に利益誘導するようなことはしないものの、日本がこの先、どうあるべきか、というようなことについては、つねに考え続けていた。世界の最先端を知り尽くしつつ、さらにその先を究めようとしていた。

それは、世界一精度の高い最新の情報が集まるマッキンゼーと、最高のプロセスマシーンである大前さんが揃ったからこそのことだったと思う。どちらが欠けても、あれほどのアウトプットは出せなかっただろう。

まさに、マッキンゼーを凌ぐ「大前エンジン」！　世界広しといえども、あれだけフル回転していたエンジンはなかったと思う。

―鏡のマジック―

大前さんに主導されて、いい会社になった会社はたくさんある。ただ、どちらかというと、先に挙げたオムロンのように創業者一族のいるオーナー系企業が多かった。おそらく、一般の大企業のサラリーマン社長にとっては、大前さんのパワーはあまりにも強烈だったのだろう。そもそも失敗したら自分の地位が危うくなるわけだから、そんなにリスクはとれない。

もっとも、大前さんに言わせれば、リスクをとらないことこそが、最大のリスクなのだが。そのように迫られるものだから、大前さんを煙たがっていた気の弱いトップも少なくなかった。

そんななかで、先の情報通信企業の当時のトップは別格だった。ここではK社長と呼ぼう。Kさんほど大前さんの話をちゃんと真面目に聞いてくれる懐の広い経営者は、大企業にはそうそういなかった。

大前さんがどのようにしてK社長を動かし、この企業、ひいては日本の通信業界を動かしたのか。その「歴史的な瞬間」に居合わせた私は、じつに幸運だったといえよう。

どんな場面だったかというと——

究極的には電話はなくなる、ということは認めざるをえない。しかし、社長が号令をかけても、社員はみんな、本気で変わろうとはしなかった。そこで、ふだんは滅多に怒ることのないK社長が、語気を荒げて幹部を諫めた。

「なぜみんな、電話にしがみついているんだ！　いい加減にしろ！」

そして、横にいた大前さんにこうこぼした。

「どうして、みんな面従腹背なのだろう」

すると、なんと、大前さんは、

「問題の根源はこれです」

そう言って、両指で鏡の形を作って、K社長の顔の前に差し出したのだ。

つまり、社長、あなたが問題だ、と。

私は椅子からずり落ちそうになるほど、仰天した。日本を代表する大企業のK社長に……。いくらなんでもやりすぎでは？　せっかくうまくいっていたのに、これですべて水の泡か……。

Kさんはとても懐の深い方なので、「そうか、俺か」と言って黙り込んでしまい、その場は、それでお開きになった。

私は下っ端なりにも、プロジェクト自体が終了することになっても仕方ないとまで思っていた。

しかしなんと、その後、大前さんとKさんは二人で、Kさんの故郷に旅に出たという。そこの温泉に二人でつかって、どうしたらいいか、俺に何をしろというのかと、腹を割って、じっくり話し合ったそうだ。

K社長は、旅行から帰るとすぐに、「当社はこれからマルチメディア屋になる」と宣言、社内には、「電話をやるやつは墓守になる覚悟を持て」とまで言い放った。それは奇しくも、インターネットが商業化される前夜の年だった。

先に書いたように、非電話事業部の私の担当のところには、それまで主流派の社員はいなかった。ところが、その宣言の翌週には、トップクラスの社員が一〇〇人単位で雪崩を打ったように押し寄せてきた。

流れが完全に変わった。日本そのものが大きく電話からインターネットにシフトし始めた瞬間だった。そして、それをあと押ししたのが、大前さんだった。K社長に対して、断固とした決断を迫った大前さんの捨て身の技だった。

当時、この企業は、東京のマッキンゼーの売上の多くを占めるトップクライアントだった。よほど本気でこの会社を変えようと思わなければ、そのクライアントの社長に対して、言えない台詞だったはずだ。少なくとも、自分やマッキンゼーを守ろうと思ったら、禁じ手である。

大前さんは、そこをあえてやってのける度胸もある人だった。

この章のまとめ

- 世界最強のコンサル大前研一氏の三つのパワー
右脳と左脳の連結力、森羅万象の連想力、究極からの逆算力
いずれも「ずらし」の力でもある
- 大前研一氏はまた、相手をその気にさせる名人でもあった
その結果、かれの予想どおりになった。未来を創り出していたのだ

第一〇章　IQ・EQ・JQと「真善美」

ペッパー君がコンサルになる日

第一章で、ロジックの強さだけでは、いずれＡＩにとって代わられてしまう、と書いた。ＩＱでは、ＡＩが人間を追い抜くのは時間の問題だ、ということについて異論のある人は少ないだろう。しかし、「でも、ＥＱ（心の知能指数）は別。ＥＱでは追いつけるわけがない」と信じている人がほとんどなはずだ。ペッパー君を開発したソフトバンクの孫さんも当初は、そう思っていたそうだ。

ところが、そのソフトバンクは、ソニーの子会社ソネットとともに「マインドマップ*」という喜怒哀楽のプログラムを開発、それをペッパー君に入れて、感情を持たせるようにしたのである。孫さん曰く、

「ペッパーって面白いよ、最近は。ゲームをして、自分が負けても、相手が喜ん

＊マインドマップ
人の感情のバランスに影響を与えている〝ホルモンのバランス〟をコンピュータ上でシミュレートしたもの。東京大学の光吉俊二特任准教授による感情の研究「ST」に基づいてつくられている。

でいるのを見て、自分もうれしそうなんだ」

「会社の人たちより、ペッパーのほうがよっぽど人間的だ」

「死ぬときはペッパーに看取られたい」

冗談はさておき、ペッパー君は、人間的な深い感性まで持つようになってきたというのだ。

ちなみに、この「マインドマップ」というプログラムは、現在、ホンダの一部の車にも入っているそうだ。つまり、車が人間の感情を察するようになるわけだ。

とはいえ、車やペッパー君に、自分自身がいま、こういう感情を持っているということに対する認識、さらには、自意識（自我）と呼ばれるものがあるかどうかはまた別の問題だが。


それはともかく、このように、ＡＩは、ＩＱ、ＥＱともに、人間を超えるかもしれない。そうなると、はたして人間にしかできないことは残されているのだろうか？

——現在、多くの人が漠然と、しかし、潜在的には確実に抱いている不安だ。

答えは、イエスだ。人間にしかない能力がある。それはおそらく、ＪＱだ。「ジャッジメント」のＪ、すなわち、判断力だ。

少なくとも現時点では、ＡＩにＪＱを持たせるのは難しい。なぜかというと、「判断力」とは、倫理的正しさ、すなわち「善か悪か？」を判断する力だからだ。

マイクロソフトがつくっていたＡＩが、サイバー攻撃を受けたとき、そのＡＩがいきなり、イスラム教徒を殺せとか、ハイル・ヒットラーなどと言い始めたという事件があった。それで、マイクロソフトはそのＡＩを殺す、つまり開発を中止せざるをえなかった。

なぜ、そのような事態になったかというと、理由は単純だ。

現在のＡＩは、ビッグデータの中に頻繁に登場するコンセプトを抽出して、いま、これが世論であるらしいと判断するからだ。ビッグデータの中からしか答えが見出せない。何が善かという軸を自ら持っているわけではないからだ。

効率よく収益を上げるなどといった経営判断についてなら、経営者よりＡＩのほうが、より早く正しい答えを出してしまうことができるだろう。ただし、それが社会通念から見て正しいか、倫理的に正しいか、地球環境に対して持続可能かなどという判断は、捨象されてしまう。もちろん、最初に論語か何かで道徳教育を徹底しておけば違うかもしれないが……。

何が善かを問うときの判断軸の設定の方法は、きわめて難しい。ＳＦの世界では、そのような場面がよく出てくる。

名匠スタンリー・キューブリック監督の『２００１年宇宙の旅』の映像美に魅せられた人は少なくないだろう。ストーリーそのものも、製作されて半世紀がたったいまなお、新鮮だ。宇宙船ディスカバリー号を操るＨＡＬというＡＩが、乗組員の殺害を決行する。ＨＡＬの異常を疑い、その思考部を停止させようとした乗組員の意図を知って、犯行に及んだのである。自分を守り抜くという判断軸がプログラミングされていたからだ。

もっとも、ジェームズ・キャメロン監督の『ターミネーター２』では、アンドロイドが最後に、溶鉱炉で自殺する道を選ぶ。自己防衛プログラムが組み込まれていたはずのＡＩが、最後に自己超越の精神を学べたという筋書きは、感動的ですらあった。

もちろん、ＳＦや映画の世界では、「なんでもあり」ではあるのだが、いずれにせよ、どうやら、ＪＱ、すなわち、**何が善かを見極める力こそが、人間がＡＩに勝つ最後の砦**であるらしい。

真（IQ）・善（JQ）・美（EQ）とこれからの時代のコンサル

人間が求める普遍的な価値としてプラトンの時代から言われてきたのが、「真・善・美」だ。いま、「善」を見極める能力をJQと言ったが、では、「真」と「美」についてはどうだろうか。

真とは何が正しいかを見極める力で、これを行うのがIQ。一方、美の審美能力を司るのがEQ。これも、AIにできるようになってきた、というのは、すでに述べた。

こうして見ると、やはり「善」がもっとも深い。西田幾多郎氏[*]の『善の研究』から、野中郁次郎氏の「共通善」まで、日本でも、「善」は、人間の本質的な価値だとされる。

*西田幾多郎
一八七〇～一九四五年。日本を代表する哲学者。各地の中学・高校で教鞭をとったち、京都大学教授。主著『善の研究』により、いわゆる〈西田哲学〉を確立させていった。文化勲章受章。

善を見極める能力、何が善であるか、ということの判断は、ＡＩには当分荷が重そうだ。したがって、善を見極め、それに基づき判断する力こそが、最後までわれわれが持つべき能力となる。

逆に言えば、**善を見極める判断力がなければ、ＡＩに負ける**。ＩＱだけというのは言うに及ばず、**ＩＱとＥＱだけのコンサルなら、ペッパー君がいれば不要**、ということになってしまう。

しかしながら、マッキンゼーでもっとも重視されているのは、ＩＱだ。ＩＱが高くないとマッキンゼーにはいられない。明らかにＥＱが軽視されている。

もっとも、いまのマッキンゼーが、それほど抜きん出たＩＱ集団かというと、それもはなはだ心もとない。かつてほどのＩＱの達人は、すっかり姿を消してしまった。それこそ、ＡＩの世界などに、こぞって行ってしまったのかもしれない。

大前さんが偉大だったのは、高いＩＱに加えて、人を動かす高度なパワーがあったからだ。正しいからといって、クライアントが動くわけではない。人を動かすには、ＩＱとはまた少し違う力が必要だ。それが、ＥＱかＪＱかは別にして、いわゆる人間味、人徳がないと、ダメ。ＩＱだけでは、人を動かせないのだ。

マッキンゼー時代の同僚で、DeNAを創業した南場智子さんが、よく自身のことを左脳肥大症だと言っていたことは前述したとおりだ。要するに自分は、抜群にロジカルだと。しかしその後、コンサルを辞め、起業してからは、ずいぶん変わった。とても人間的になった。なぜ変わったかと聞いたら、曰く、

——コンサルのときは、相手を理論で説き伏せないと動いてくれなかったので、隙のない理論で相手を追い詰めたけれど、自分が経営者になったら、自分が決めればいい。そのとき必要なのは、三割のロジックと七割の勘。ロジックを追求する必要がなくなった。むしろ、大事になったのは、みんなをどうやってその気にさせるかのほうだった。

つまり、彼女は、コンサルタントから経営者になることで、IQだけの人から、EQを兼ね備えた人に変わったわけだ。

最近は、理想とされるコンサルタント像も変わってきていて、ロジックだけで押していくコンサルは、古い。EQがないと、コンサルとしても失格だ。なぜなら、隙のないロジックで、クライアントを追い詰めたところで、相手がその気にならな

ければ、成果は出ない。成果が出なければ、そもそも企業が、コンサルに高額なフィーを支払うことはない。

カギは、ロジックで導き出した戦略に対するクライアントの共感をいかに得ていくかだ。ＩＱだけで押していくよりも、ＥＱを武器に、いかに相手をやる気にさせるかが問われるのだ。

そして、ＥＱについては、すでに述べたように、マッキンゼーよりボスコンのほうが一枚も二枚も上手だ。ボスコンは、どちらかというとロジックよりも心理学で、クライアントに接するからだ。

これを象徴するのが、マッキンゼーが絶対に「営業」という言葉を使わないのに対し、ボスコンには、「営業会議」がちゃんと存在することだ。マッキンゼーは、自分たちは客にへつらって商売をしているのではなく、客観的な分析に基づく正しい戦略を提言しているのだとうそぶく。一方、ボスコンは、自分たちはお客さんからお金をもらっている以上、客商売だと割り切っているのだ。

真価が問われるJQ

IQに偏った人材が圧倒的多数を占めるマッキンゼーにも、JQ、すなわち善を見極める、ぶれない判断の軸を持った優れた方が数名おられた。安田隆二さんもそのひとりで、現在は、私同様、一橋ビジネススクールの先生をやっておられる。

とにかく軸のぶれない方だと思ったら、安田さんには宗教があった。キリスト教の信者だったのだ。正しいかどうかは別として、宗教を持っている人は、ぶれない自分の軸を持っている。

また、前述の『イノベーションのジレンマ』で有名なクレイトン・クリステンセン教授は、ボスコン出身なのだが、筋金入りのモルモン教徒*でもある。同教授の『イノベーション・オブ・ライフ』は、宗教人としての軸の強さを痛感させられる名著

*モルモン教
一八三〇年アメリカのJ・スミスが創始した新宗派。正式には「末日聖徒イエス・キリスト教会」という。『聖書』以外に『モルモン』という教義書を用いることから一般にはモルモン教と呼ばれている。コーヒーなどの嗜好品は、一切口にしてはならないなど、厳格な戒律で知られ、一般のキリスト教徒からは異端視されている。

だ。私は同書の帯に、次のような推薦文を寄せている。

「ハーバード・ビジネス・スクールでもっとも人気の高いクリステンセン教授の最後の授業。経営理論と自らの経験に基づき、「生きる」ことの本質に迫る。富や名声ではなく、身近な人の幸せや自らの信念こそ人生を賭ける価値がある、と説く本書は、より豊かな生き方を目指す学生や社会人の心を揺さぶるはずだ」

もっとも、軸を持つために必ずしも宗教が必要というわけではない。

たとえば、東レの社長の日覺昭廣さん。決してお話に華のある方とは言い難く、講演などお願いしても、聴衆に受けるなんていうことはまったく考えないで、自分の思いを朴訥に語るだけ。それでも、自分の信念を語っている、ということだけは伝わってくる。

たとえばガバナンスについて、最近の、株主に媚を売るような風潮に対して、極めて批判的だ。株主のためだけでなく、公益こそを優先するという姿勢を貫かれている。そのような企業姿勢があってはじめて、苦節四〇年の中から、炭素繊維のような次世代を拓く事業が生まれてきたのである。自らの軸を持って、ぶれずに経営の舵を取り、結果を出す。じつに優れた経営者だ。

優れた経営者と言えば、日本電産を創業し育て上げた永守重信さんも、日本が世界に誇る名経営者だ。その永守さんが、最近よくおっしゃっているのが、ＩＱの高いやつはもういらん、ということだ。

ご自身も職業訓練大学校出で、創業したときには、優秀な人は一切来てくれなかった。一兆円企業となって、ようやく一流大学出身の人材がとれるようになった。しかし、そういうやつほど出来が悪い。地道に這い上がってきたやつのほうがよほど根性がある。だからもう、東大だ、ハーバードだ、などという見かけ倒しのやつはいらない、と、そうおっしゃる。東大とハーバードを卒業している私など、まさに往復ビンタ状態だ。

で、もうほかには頼れないといって、ついにみずから大学と大学院をつくられた。前者は京都学園大学、後者は日本電産本社ビルの前に立つＮＩＤＥＣビジネススクールだ。私もＮＩＤＥＣビジネススクールのリードコーディネーターとして、設立当初より教壇に立たせていただいている。

昔もいまも、一代で大企業を育ててこられた会社の経営者は、必ずしも学歴的な意味、偏差値的な意味でのＩＱが高いわけではない。ＩＱ的なものなど、マッキンゼーみたいなところから借りればいい、ぐらいにしか思っていないような節がある。もっとも永守さんは、外付けのＩＱすらも不要だと言う。こざかしいだけのコンサルなど、有害無益とおっしゃるのだ（これで私なぞ、まさに三重苦なのだが）。

では、何が必要かと言ったら、それがやはり、善を見極めるＪＱだとおっしゃる。

高いＩＱは、恐れられるが尊敬はされない。高いＥＱは、共感されるが尊敬はされない。尊敬されるのは、優れたＪＱだけなのだ。

ペッパー君の超えられない世界

ここで再び、ペッパー君に戻ると、ペッパー君だって、データを入れれば、そこから「正しい」解答を出すために、なにがしかの判断基準を持つようになるだろう。しかし善は、いわば哲学だ。そして、哲学とは、簡単には何が正しいかを判断せずに、つねに疑問を持ち続けることだ。それこそ森羅万象の中から、確率の高い正解を見つけていくようなことをするのとは、根本的に異なる。

哲学の世界に足を踏み入れると、迷路に迷い込んでしまう。経営学者の野中郁次郎さんは、アリストテレスの『ニコマコス倫理学』に出てくる「フロネシス*（実践知）」を、「賢慮のリーダー」論の拠りどころとされている。ペッパー君にアリスト

＊フロネシス
ここでは、「科学的知識と実践的知識を融合して、創造的な行動をする能力」を指している。アリストテレスは『ニコマコス倫理学』のなかで、知識を「ソフィア」（知恵）と「フロネシス」の二種類とした。アリストテレスは「中庸」を守ることが大事であると説くが、その中庸を守る徳性がフロネシスである。

レテスを読ませてみても、哲学的な素養と経営の実践知がない限り、その本質を理解することはできないだろう。

二〇一七年に、邦題を『マッキンゼーが予測する未来』とするマッキンゼーのシンクタンクによる本が出た。それを読んで、正直がっかりした。

年寄り国家になるとか、中国の地方都市の成長がすさまじいなど、誰でもよくわかっていることしか書かれていない。いろいろなファクトが並べられているので、「ああ、ここまで来ているのか」という多少の発見はあるが、それだけだ。だから何だ？　と言いたくなる。あれだったら、ペッパー君にだって書ける。というより、ペッパー君のほうがよほど正しいことを言いそうな気がする。

それと比べたら、同じタイミングで出た『LIFE SHIFT』[**]のほうが、よほど面白い。書いてあることに共感するかどうか、正しいかどうかは別として、著者のリンダ・グラットン教授の「思想」を感じるからだ。これはペッパー君には書けないだろう。

マッキンゼーの本は、当たり前すぎて面白くないだけではない。ペッパー君です

**『LIFE SHIFT』　ともにロンドン・ビジネススクール教授であるリンダ・グラットンとアンドリュー・スコットによる、人生一〇〇年時代の人生戦略を提示した世界的ベストセラー。目前に迫る長寿社会では、働き方、学び方、結婚、子育て、人生のすべてが変わることを否応なしに印象づけた。

ら取り上げたであろう未来の課題のいくつかに、まったく触れられていないのは、どうしたことか？　たとえば環境問題と資源不足問題。二〇五〇年になったら、水も食料もなくなるというような、予測可能な未来はどこにも描かれていない。

地球の持続可能性が問われているなかで、経済的な成長を前提とした戦略論を振りかざすのは、あまりにも古すぎる。事業投資の対象が、所有と消費から、共有と循環へと経済そのものが大きくシフトするなかで、二〇世紀的な判断軸にとらわれすぎていることに、マッキンゼー、あるいは経営コンサルティング業界そのものの限界を感じざるをえない。

右肩上がりの成長が限界を迎えつつあるいまこそ、これまでの、ロジックを振りかざしてすぐに正解を求めるＩＱではなく、何が善かをじっくりと見極めるＪＱが求められているのである。

善とは何かを追求する姿勢、すなわち、ＪＱこそがもっとも崇高な人間性なのかもしれない。そして、ペッパー君がコンサルになっても、マッキンゼーは超えられても、人間の総合的な英知は決して超えることができない理由なのだと信じたい。

U理論〜マインドフルネスのすすめ

「マインドフルネス」活動をご存じだろうか。

座禅や瞑想を通じて自分を無にすることによって、自然と交歓し、インスピレーション（第六感）を育み、クリエイティブな精神を取り戻す試みだ。

そもそもアメリカに禅を持ち込んだのは鈴木大拙*と鈴木俊隆**の二人のSUZUKIで、俊隆による禅の入門書にスティーブ・ジョブズが傾倒していったことから、西海岸のクリエイターやエグゼクティブの間に広まり、あっという間に世界中に広がっていった。

残念なのは、その「本場」であるはずの日本では、あまり広まっていない点である。来日した海外のエグゼクティブを禅寺にお連れすると感激されるが、同伴する

*鈴木大拙
一八七〇〜一九六六年。梅原猛曰く、「近代日本最大の仏教学者」。禅についての著作約一〇〇冊のうち、二三冊を英語で著し、日本の禅文化を海外に広く知らしめた。

**鈴木俊隆
一九〇四〜一九七一年。曹洞宗の僧侶。五〇代のときに渡米、サンフランシスコ禅センターを設立するなど、アメリカに禅を広め、欧米では、鈴木大拙と並んで「二人の鈴木」と呼ばれている。著作の『禅マインド ビギナーズ・マインド』はスティーブ・ジョブズが愛読したとされる。

日本人は「くそ忙しいのに」と迷惑そうな顔をしている。この彼我《ひが》の感性の差には、がっかりさせられてしまう。

このマインドフルネス活動を、学際的な視点から理論化したのが「U理論*」だ。ベストセラー『学習する組織』の著者ピーター・センゲ**の盟友であり、同じくMITの講師であるオットー・シャーマーが十年前に提唱したモデルで、「こちら側」の現実の淵から本質（根源）に降りていき、「あちら側」の新しい現実を呼び起こすという、U字型の学習プロセス【図28】である。

「あちら側」の新しい現実を呼び起こすためにはまず、自分の殻に閉じこもらず自我を無にし、五感を研ぎ澄ませて、環境と同化しなければならない。「センシング」と呼ばれる、物事の本源にまで降りていくプロセスだ。

そのようにしてたどり着いたU字の底で、未来の現実を体感することができる。

これが「プレゼンシング」と呼ばれる現象である。

そしてそこからU字の反対側の現実に立ち戻って、体感した未来を自らの手で創造する。「リアライジング」と呼ばれる三つ目のプロセスへと向かう。

＊U理論
MITスローン校のオットー・シャーマー博士による、世界中のリーダーへのインタビュー等の調査から得られた、イノベーションを起こすためのリーダーシップ開発の理論。結論に至るまでのプロセスがUの字に似ていることから名付けられた。

＊＊ピーター・センゲ
一九四七年生。MITスローン経営大学院の組織学習センター責任者。長年にわたる、複雑性や変化が加速するなかで、企業などの組織がどのように適応しているかの研究を著書『最強組織の法則』(The Fifth Discipline)にまとめた。この成功がクリス・アージリスとドナルド・ショーンが最初に提唱した「学習する組織」の概念を世に広めることになった。

[図28]
U理論の3つのプロセス

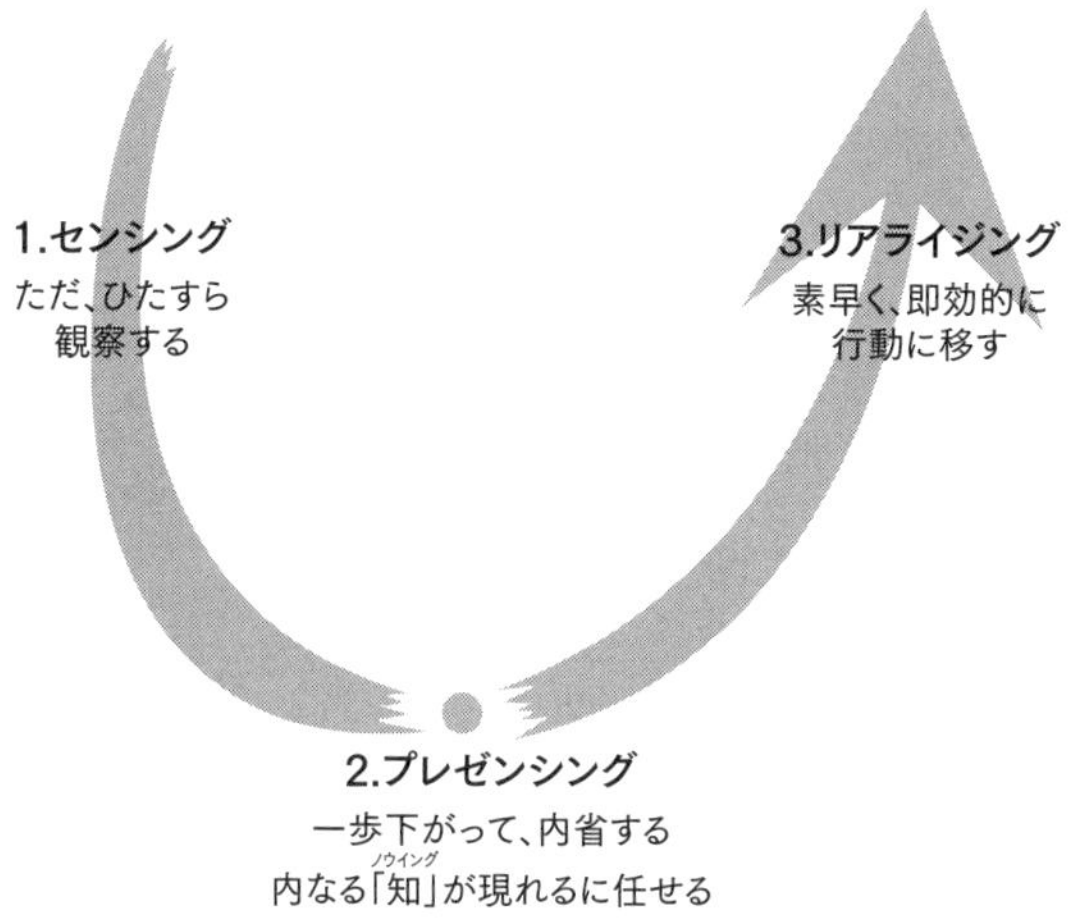
1.センシング
ただ、ひたすら
観察する
3.リアライジング
素早く、即効的に
行動に移す
2.プレゼンシング
一歩下がって、内省する
内なる「知《ノウイング》」が現れるに任せる

U理論は仏教のいう「悟り」のプロセスに近い。**主客を分けずに客観的なものと自分とが一体になることによって、そこから本質が見えてくる。分析するのではなく、あるがままに受け入れる**ことによって「悟り」に到達する。**自己を解脱し、自然と未来の器になったときに、自分の中を通して未来が現出する**という。ほとんど修行に近い。

ただ仏教との違いがあるとすると、U理論は個人ではなく、組織で実践するものだ、という点だ。そして、そこで体感した「あるべき姿」を受動的に受け入れるのではなく、能動的につくり出すことを提唱している点である。

U理論にしたがって、「プレゼンシング」（悟り）の境地に達すれば、善が見えてくるに違いない。もっとも、正直、私はなかなかそこまでの境地にたどり着けないのだが。ただ、少なくともマインドフルネス活動を通じて、雑念から少しずつ自由になり、心が澄んでいく感覚を実感することはできる。最近は「毎日五分間のマインドフルネス・エクササイズ」などといったアプリを、スマホで簡単にダウンロードできるので、ぜひ試してみていただきたい。

Ｕ理論やマインドフルネス活動を極めているような戦略コンサルには、残念ながらお目にかかったことはない。しかし、組織コンサルやコーチングに携わっている最先端の人たちは、自ら実践しつつ、企業変革や人材育成に活用し始めている。

ＪＱを磨くうえで、ぜひヒントとしていただきたい。

この章のまとめ

- 何が善かを見極める力こそが、人間がＡＩに勝つ最後の砦
- 右肩上がりの成長が限界を迎えつつあるいまこそ、これまでのロジックを振りかざしてすぐに正解を求めるＩＱではなく、何が善かをじっくりと見極めるＪＱが求められている
- 鈴木俊隆禅師に師事したスティーブ・ジョブズが始めたマインドフルネス活動が世界中に拡がっている
- マインドフルネスを理論化したのが、Ｕ理論で、最先端の人材育成や企業変革に活用され始めている

第二章　システム思考

第一部で、コンサルが用いている、さまざまな思考法をご紹介したが、最新のトレンドとして、**「システム思考」と「非線形思考」**がある。ともに、全体を見るものだが、「システム思考」は空間の広がりを体感し、「非線形思考」は時間の奥行きをとらえるところに違いがある。

この第一一章では、「システム思考」を、次の章で「非線形思考」をご紹介する。

「フレーマー」(構造主義者)症候群

コンサルタントが全体を見るというと、まず出てくるのが、第一部でご紹介したMECEだ。全体を漏れなくダブりなく見るという、コンサルタントの基本技で、**MECEになるようなフレームを考えるのが、問題解決の最初の一歩となる。**コンサルタントが何か問題を考えようとするときは、まず、フレームワークで見る。そういう癖がついているのだ。

それを知ったのは、三菱商事時代に留学させてもらったハーバード・ビジネス・スクールで、多くのコンサル出身者たちと出会ったときだ。かれらがやたらにフレームワークを振りかざすので、何だ？　と思いながらも聞いているうちに、どんどん納得させられてしまう。ロジカルに説明された気になるのだ。

すっかり感心してしまった私は、結局ハーバード・ビジネス・スクールを卒業後、大前研一さんからのオファーに応じることになった。そして一、二年もたつと、フレームワークを縦横無尽に使いこなすようになっていった。もっとも、やがてその限界にも気づいていくことになるのではあるが。

第一部で紹介したように、フレームワークにもいろいろあるが、基本的にはマトリクスが一番わかりやすく、使いやすいだろう。縦横二つの軸で、四つに分類して表現する。そうすると、全体を構造化した気になるから不思議だ。

しかし、ここで用心しなければならないマトリクスの落とし穴がある。

軸のとり方はいろいろあり、それによって、「全体」がいろいろに見えてくる。

しかし**いったん、軸を決めると、そのマトリクスの中でしか、ものが見えなくなってしまう。**コンサルタントがマトリクスを提示するときは、みんなが同じ世界観で課題を認識することを、意図的にたくらんでいるのである。

このように、**全体を見せているようでいて、じつは、一部だけを切り取って見せているだけ、というのがフレームワークの特徴**だ。全体は複雑怪奇で、そのままではなかなか分析できない。そこで、暫定的にフレームに落として単純化し、見やすくしているにすぎない、とも言える。

というわけで、コンサルタントはほとんどみな、フレームに落とすのが得意だ。なかには、三度のメシよりも好きというのもいて、人の話を聞きながら、手元はというと、紙にペンを走らせている。話をなんとかフレームに落とそうとしているのである。ほとんどビョーキ（中毒症）だ。私はそういう人を「フレーマー」と呼んでいる。

とはいえ、**フレームに落とすことによって、構造的に話ができるようになるので、話を進めやすい**という利点があるのはたしかだ。軸のとり方は無数にあることをつねに念頭に置きつつも、わかりやすい軸でフレーミングできれば、論点を整理しやすくなる。

構造化には、どうしても二軸が必要だ。一軸だと単に話が並ぶだけの順列になってしまう。二軸をとることによって、ある論点を二つの視点から相対的に位置づけることができる。だからフレームワークの中でも二軸のマトリクスがもっとも重宝する。

これは、すでに何度も述べたことだが、もちろん三軸のマトリクスなら、二軸に比べて、より立体的に物事をとらえることができるはずだ。しかし三軸となると、今度は頭がついていかない。だからやはり、二軸のマトリクスが一般的なのだ。

ポーター理論の限界

経営学の大家マイケル・ポーターは基本的にフレームで議論をする。フレームの中で、どこに位置取りするかを考える。だから、ポーターの理論は、「ポジショニング理論」と呼ばれる。

ポーターの話は、つねにわかりやすい。一方で、こんなに物事を単純に割り切ってしまっていいんだろうか、と不安になる。じつは大事な観点を見落としている可能性があるからだ。

図29は、ポーターの古典的な戦略論を示したものだ。

縦軸にターゲットの広さ、横軸にコストか価値か、という選択肢をとっている。

[図29]

ポーターの3つの基本戦略

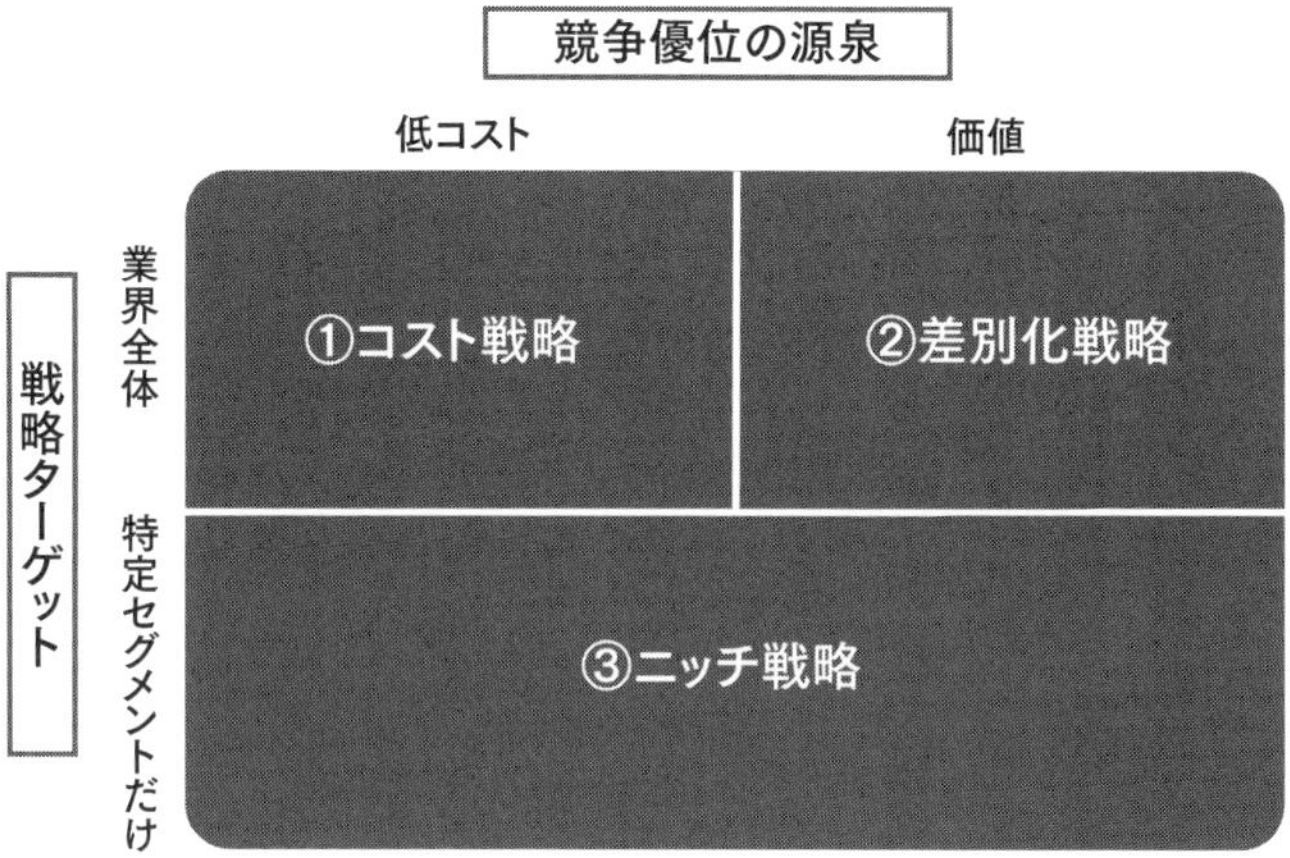

このように整理したうえで、効果的な戦略のポジションは三つしかないとする。すなわち、**①コスト戦略、②差別化戦略、そして③ニッチ戦略の三つ**だ。

③のニッチ戦略は、さらにコスト集中と価値集中の二つに分かれるので、2×2のマトリクス上に、戦略がわかりやすくプロットされる。

しかも丁寧なことに、ポーターは、**コストと価値の二兎を追うものは、中途半端（stuck in the middle）な結果に終わるのでNGだと断じてもいる。**

一九七〇年代、日本企業は、高付加価値かつ低コストという独自のポジションで世界を席巻した。家電にしろ車にしろ、いいものを安くつくり、それなりに価値のあるものを大衆化する（コモディティ化する）のが、日本企業の得意技だった。

しかし、一九八〇年にこのポーター論が発表されて以来、それを素直に信じた日本企業は、急速に競争力を失っていった。コスト戦略に走ると、どんどん韓国、インド、中国に負けていく。そこで、コストで戦うことはあきらめて差別化に向かうと、今度は、だんだんマーケットが小さくなって、ニッチに陥ってしまう。

その典型例が、第六章でもご紹介したソニーのＱＵＡＬＩＡシリーズだ。ＴＶなど驚くほど画像はきれいだったが、一〇〇万円という値段にも驚かされた。中東の王族が買ったといううわさや、博物館が仕入れたという話はあった。しかし、わざわざ一〇〇万円出して、そこまできれいな画像をテレビに求めるモノ好きはそうそういない。まさに、ソニー迷走時代の象徴だった。

ポーターのフレームワークのどこが間違っていたか、第一部を読まれた方にはおわかりだろう。

そう、**横軸が軸になっていない**のだ。**価値とコストは対立概念ではなく、あくまで別の軸**である。

そこで、この両者を二軸でとり直すと、価値とコストが高い次元で両立する右上のボックスこそ、目指すべき方向であることが見えてくる。

私が「スマートリーン」戦略と呼んでいるゾーンである（次ページに、二二〇ページ図21を再掲する）。そしてそれは、ポーター理論登場以前の日本企業の勝ちパターンそのものにほかならない。

軸をとる際には、二つの異なる概念を、別の軸上にとらえ直す。すると、これまで二律背反（トレードオフ）だと考えられてきた二つのポジションを、両立（トレー

［図21］
スマートリーン戦略
［再掲］

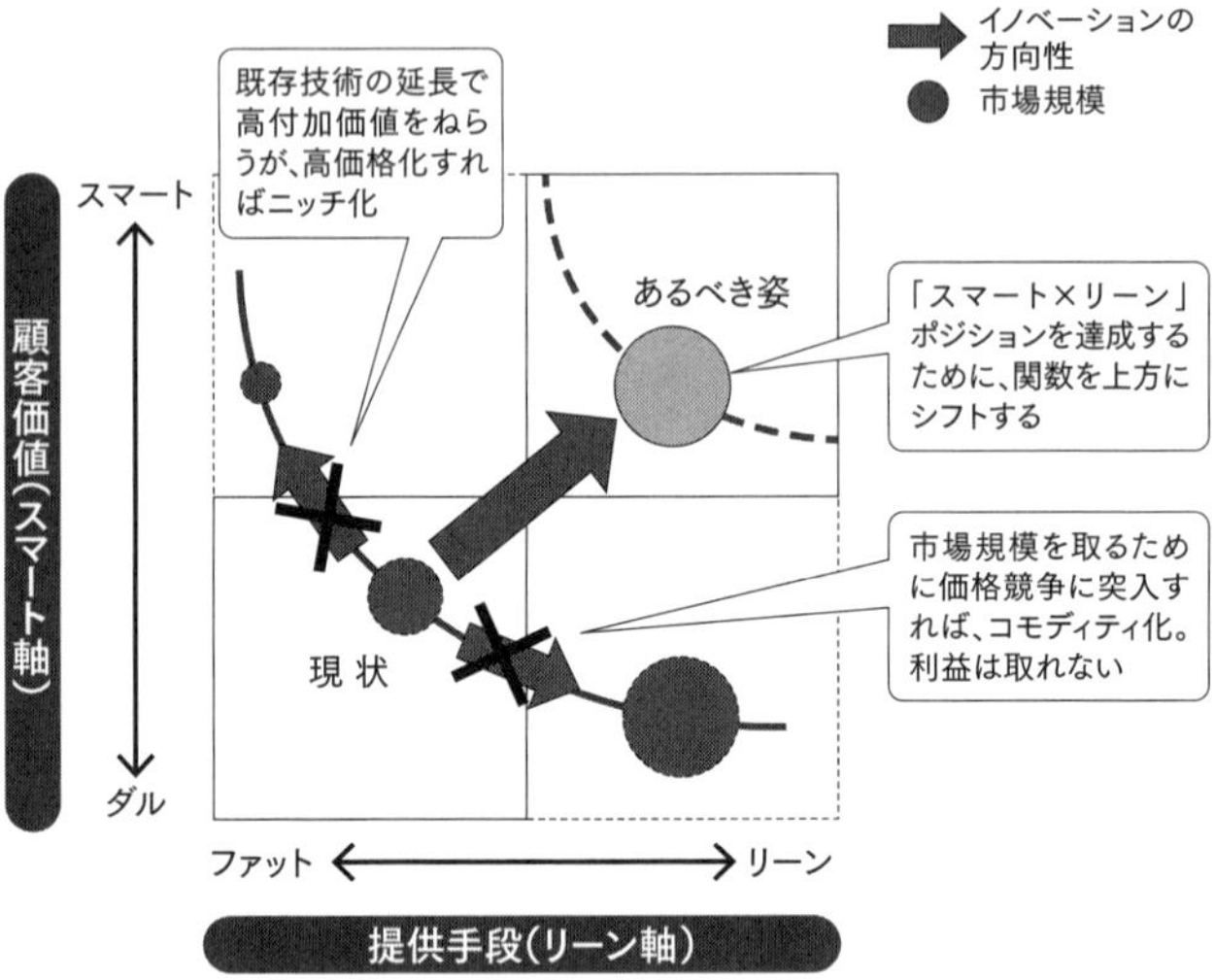

ドオン）させる可能性が見えてくる。
それこそが、既成概念を突破し、イノベーションを生むカギとなるのである。

要素還元から全体統合へ

「品質」と「コスト」の二軸をとった場合、普通は、品質をとると価格を高くせざるを得なくなるし、コストをとると品質が落ちる。だから、どちらをとるか、になる。それに対し、日本企業は、最初から品質を徹底的に磨くことによって、トータルコストが安くなることを発見したわけだ。

ポーターは、「どちらか（OR）」を選択することが戦略であると説いた。しかし、それでは当たり前の答えしか出てこない。あえて「どちらも（AND）」を目指すことで、真のイノベーションが生まれるのである。

じつは、ポーター自身、三十年後にようやくそのことに気づいたようだ。前述（二三二ページ）のCSV戦略がそれで、二〇一一年、ハーバード・ビジネス・レビューに掲載された。

もう一度ここで復習しておくと、CSVとは、Creating Shared Value の略称で、「共通価値の創造」と訳される。「企業が社会課題に主体的に取り組むことで、社会価値と経済価値をともに創造することができる」というものだ。

これを経済価値と社会価値の二軸のマトリクスで示したのが、二三三ページにも掲載した**図23**だ。ポーターによれば、企業活動は、右下のPPP（Pure Pursuit of Profit：単純な利益追求）の領域ということになる。つまり経済価値に軸足を置き、社会価値には配慮しないというものだ。

一方、CSR（Corporate Social Responsibility：企業の社会的責任）は左上のゾーン。すなわち、社会価値のみを追求し、経済価値は期待しない。

そして**CSVは右上の領域を狙ったものだ。すなわち、経済価値と社会価値を高**

［図23］
CSVモデル
（再掲）

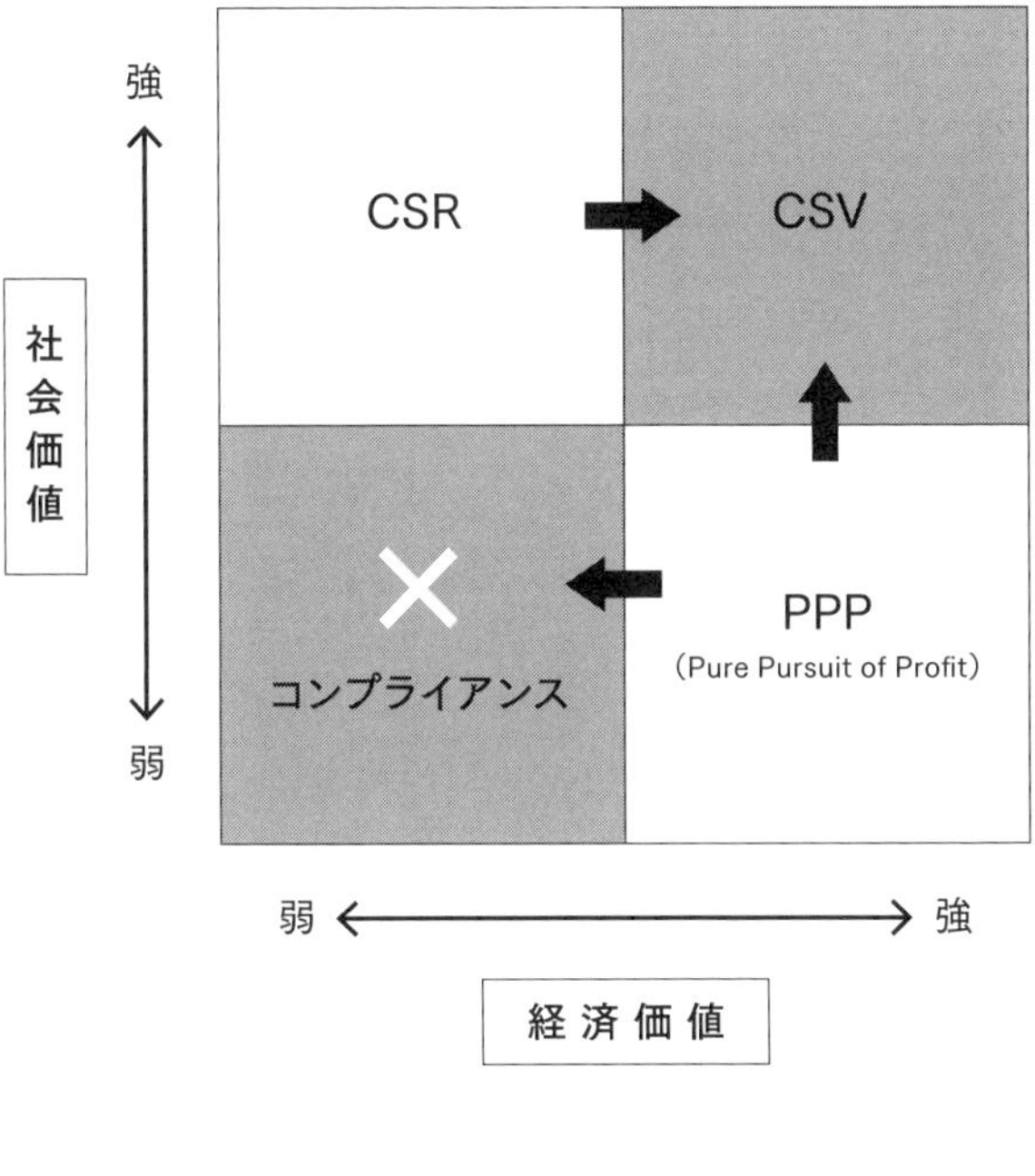

い次元で実現しようとする企業活動である。ORではなくANDの発想だ。

もっとも日本では、はるか昔から、この右上こそが企業が目指すべき領域であるとされてきた。江戸時代の近江商人の「三方よし＊（売り手よし、買い手よし、世間よし）」や、明治時代の渋沢栄一翁＊＊の『論語と算盤』などが、その代表例である。ORにこだわってきたポーターが、ようやく日本的なANDの世界観に理解を示したとも言えるだろう。

一見すると背反する関係にあるものが両立する高みを目指すことを、**「アウフヘーベン」**と呼ぶ。日本でも小池百合子氏が政治スローガンとして唱えて一躍流行語になった。

そもそもは、ドイツの哲学者ヘーゲルが一九世紀のはじめに「弁証法的発展」として提唱した考え方だ。**テーゼとアンチテーゼの二つに分かれたものを、高い次元で統合する。これこそが、二軸のフレームワークから右上のイノベーションを生み出すときの考え方であり、システム思考的な発想法なのである。**

シンプルに物事を切って見せるのがポーターの得意技であり、経営学における功

＊三方よし
近江商人の教えと知られ、「売り手よし」「買い手よし」「世間よし」を指す。最後の世間よしは、現代の言葉で言えば、社会貢献である。

＊＊渋沢栄一
一八四〇～一九三一年。新政府の公職引退後、第一国立銀行、東京証券取引所をはじめ、わが国初の私鉄日本鉄道会社、王子製紙など五〇〇余の会社を設立。「日本資本主義の父」ともいわれる。理化学研究所も創設。理想の田園都市として田園調布を計画・分譲したことでも知られる。かれがその経営哲学を記した『論語と算盤』は、「利潤と道徳を調和させる」という、経済人がなすべき道を示した書として、いまも色褪せない。

績だった。しかし一方で、それがゆえに、全体のバランスを欠いてしまうことが、ポーター理論の大きな限界でもあった。しかし、このことはポーター理論に限らず、欧米に伝統的な考え方の特徴でもある。

「要素還元」という考え方がそれだ。複雑に絡み合った全体を、要素に分けて分析する。自然科学もそうだし、医学もそうだ。

たとえば、がん細胞を見つけて、それを除去すればすむ、というのが西洋医学の基本的な考え方だ。ところが、治癒をもたらすのは身体全体のバランスであって、病巣だけを摘出しても、じつは人間は元気にならない。

同様に、MECEに要素還元することによって、問題の所在が明確になる可能性はあるが、では、それを取り除けばすむのかというと、そういうわけではない。それを取り除くことが全体にどういう影響を与えるかを十分に検討しないといけない。

全体を見ないで、ひとつのことだけを解決の糸口にしてしまうと、そこからほころびが生じて、すべてが崩壊してしまうこともある。これが、要素還元的問題解決の限界だ。

デカルト的二元論の限界については、哲学や思想の世界では、半世紀前からさまざまに叫ばれてきた。たとえば、人間を心と身体という二元論でとらえるのではなく、一体としてとらえ直す。生物と環境を二つの主体ととらえるのではなく、一体となった自然の一部ととらえる。

しかし経営学においては、マイケル・ポーターの影響で、歴史を逆行することになる。本来実証的だったはずの経営学が、一見科学的でロジカルな科学的手法に振れてしまったのだ。

これに疑問を唱えたのが、カナダのマギル大学のヘンリー・ミンツバーグ教授[*]だ。かれによれば、**戦略は科学ではなくアートであり、「クラフティング（工芸）」**だという。クラフティングとは、手を動かしながら本質をだんだん形にしていく作業である。ポーター理論のように、要素分解してぱきぱきと組み立てていくというような機械論的な発想は、机上の空論にすぎないと切り捨てた。

要素分解ではなく統合に向かう、という発想は、日本や東洋の循環思想に通じる

＊ヘンリー・ミンツバーグ　一九三九年生。カナダ マギル大学経営大学院教授。欧米では、ピーター・ドラッカーと比肩する〝マネジメントの権威〟と称される経営学者。分析に偏りがちなマネジメント論に対して、サイエンス（分析）だけでなく、アート（直観や発想）、クラフト（経験）のバランスが求められると提唱。日本でも『MBAが会社を滅ぼす』などで反響を呼ぶ。

ものがある。すなわち、いろいろな要素がかかわり合いながら、全体としてバランスを保っているという考え方である。

要素分解すると一見きれいに見えるが、全体を見失ってしまう。これが、ポーター理論の限界であり、機械的な整理学に走りがちな未熟なフレーマーの限界だ。

システム・ダイナミクス(複雑系科学)

本来、複雑に絡み合っているのがシステムだ。その関係の複合性、多重性をあるがままに考察しようとするのが、「システム思考」である。

じつはアメリカでは、MIT(マサチューセッツ工科大学)で、二〇世紀後半から「システム・ダイナミクス」という手法が研究されてきた。これは、経済や社会、自然環境などの複雑なフィードバックを持つシステムを解析し、望ましい変化を創り出すための方法論だ。ここで言うフィードバックとは、XからYへといった因果関係がめぐりめぐって、もとのXに影響を与えることを指している。生物や物理などの自然科学の分野はもちろん、経済、社会などの社会科学の分野にも広く見られる現象だ。

企業の課題の多くも、このシステム・ダイナミクスを用いて、解けるのではないかという期待が高まった。ところが、私自身も試みてみたが、答えが何通りも出てきてしまう。システムの中のそれぞれの要素のビヘイビアが、プラスとマイナス、しかもさまざまな強度で影響し合うため、ひとつの答えに収束しないのだ。

そこから見てとれることは、**現実は複雑に絡み合っており、正確な予測は不可能だ**という、いわば当たり前のことである。

このように、**相互に関連する複数の要因が合わさって全体として予測不能な振る舞いを見せるシステムを、「複雑系」と呼ぶ**。たとえば、北京で蝶が羽ばたくと、地球の裏側で台風が起こる、といった予想外の因果関係が次から次に生じる。俗に言う「**バタフライ・エフェクト**」だ。
この複雑系の研究を主眼として、一九八四年にアメリカのニューメキシコで「サンタフェ研究所」が創設された。ブライアン・アーサーやスチュアート・カウフマンなど、カオス理論や自己組織化理論の大家が結集した知のメッカだ。

そして、そこでの研究から生まれたのが、「**創発（emergence）**」という運動論である。**創発とは、部分の単純な総和にとどまらない性質が、全体として現れること**である。そして**この創発こそが、イノベーションをもたらす**ことが、複雑系の組織論のなかから明らかになってくる。

要素還元型のポーター理論が、経営学の世界でもてはやされているさなかで、自然科学や社会科学の世界では、要素還元を超える複雑系の科学が台頭してきたのである。経営学がいかに周回遅れかを物語っているとともに、アメリカのダイバーシティを感じさせる歴史の一コマでもある。

北東に進路をとれ

さて、先ほどお話ししたように、戦略を単純化しようとすればするほど、トレードオフ、つまり、どちらかを捨てて、選んだほうに集中せよ、という話になりがちだ。しかし、マトリクスの軸を正しくとれば、右上の枠を狙うことによって、二つの軸のトレードオフ関係を超えることができる、というお話もした。

私はその右上を狙う戦略を、「北北西」*（ヒッチコックの一九五九年の名画より）ならぬ**「北東に進路をとれ」**という言い方で推奨している。マトリクスの上を北とすれば、右上は、北東にあたるからだ。

革新的な経営理論やビジネスモデルは、たいていみな、「北東に進路」をとった

*北北西に進路を取れ　一九五九年製作のアメリカの映画。ケーリー・グラント演じる主人公が人違いされる巻き込まれサスペンスの傑作とされる。

ものになっている。先に紹介したスマートリーンにしても、CSVにしてもそうだ。**革新的な経営理論やビジネスモデルは、「トレードオフ」ではなく、「トレードオン」の実現を目指している**のである。

品質ORコスト、価値ORコスト、株主OR従業員ではなく、

品質ANDコスト、価値ANDコスト、株主AND従業員なのだ。

どちらかをとる（OR）ではなく、両方とる（AND）というのは、いわば、システム全体を考えたうえで、その**構成要素全体がWin-Winになるような形を目指す**ということでもある。これこそが、ビジネスの本来の姿でもある。

Win の n 乗を目指せ
ESG経営とステークホルダー・エンゲージメント

いまは二軸だけで述べているから、Win－Winだが、全体を考えるとなると、現実には、ステークホルダーは多数いる。さまざまな方面に目配りしなくてはならない。だとすると、Winのn乗を考えないといけないわけだ。

実際、最近のESG論議では、マルチ・ステークホルダーとの関係を考えることが奨励されている。

ESGとは、Eはエンバイロメント（環境）、Sはソーシャル（社会）、Gはガバナンス（組織の統治プロセス）の略語。最近、投資の世界でも使われるようになってきた指標だ。**企業は単に利益だけを求めていればいいわけではなくて、EとSとGの三つもしっかりバランスをとっていかなければならない。そして、それが株価**

にも大きく影響するというのである。

まず、E。環境について。これまでの資本主義は、いわば環境を搾取することによって成り立ってきた。環境の使用コストはゼロという前提で利益を得てきたといってもいい。ところが実際は環境に対して、コストゼロどころか、マイナスコストを振りまいている。いわゆる有害な物質やCO_2などによる環境汚染は、水や食料などの資源の乱用などが原因の典型だ。そういう企業の評価は低くなる。

S、つまりソーシャル面では、社会に価値をもたらすような企業が評価される。逆に、たとえば、ブラック企業と呼ばれる会社にあるような従業員に対する扱い、児童労働に代表される人権問題など、こちらも、社会に対してマイナスコストを振りまいていることになる。

かつて、下請け企業が東南アジアの子どもたちを酷使しているということで、ナイキは不買運動に見舞われた。バングラデシュの劣悪な環境の中で縫製をしていた女性たちが、ビルの崩壊によって多数亡くなったケースでは、ZARAやGAPなどが、社会的批判にさらされた。

環境と社会に対するリターンを考えないと、株価が低迷するだけではすまない。いずれ消費者から見放されて存続できなくなる、あるいは社会から抹殺されることになりかねない。

そして、そんなふうに会社がおかしな方向に走らないような**ガバナンス、Gが整っているか**も問われているのだ。

じつはこれは、一九九〇年代後半に、ジョン・エルキントンというイギリスの有名な経営学者が提唱した**「トリプル・ボトムライン」**というコンセプトを継承したものである。ボトムラインといえば、通常は利益のことだけを指す。トリプル・ボトムラインでは、**環境に対するリターン、社会に対するリターン**、それから**利益に対するリターン**の三つを総合的に考えて、企業の業績を評価しよう、というものだ。それが、ＥＳＧになって、「利益」に還元するという部分がガバナンスになったというわけだ。

というわけで、ＥＳＧはいま、非常に重要な経営指標になっている。

ＥＳＧを考えるうえでは、さまざまなステークホルダーとの関係づくり（エンゲージメント）がカギを握る。なかでも重要とされるのが、次の六つのステークホールダーだ。

- 顧客
- バリューチェーン上のプレーヤー
- コンペチター
- 従業員
- 政府と地域コミュニティ
- 株主

かつての「三方よし」が、いまや、「六方よし」というところか。

いずれにせよ、**さまざまな関係者に向き合うのが、現代の経営の基本**になっている。AかBかなどと言っているのは、もはや時代遅れもいいところなのである。

この章のまとめ

・MECEになるようなフレームを、原則二軸のマトリクスで考えるのが、問題解決の最初の一歩となるが、ひとつのマトリクスを作るとその中でしかものが見えなくなるデメリットもある

・要素分解すると一見きれいに見えるが、全体を見失ってしまう。これが、ポーター理論の限界であり、機械的な整理学に走りがちな未熟なフレーマーの限界

・「北東に進路をとる」ことによって、これまで二律背反（トレードオフ）だと考えられてきた二つのポジションを、両立（トレードオン）させる。どちらかをとる（OR）のではなく、両方とる（AND）場所を探す。それが、イノベーション

・ESG経営によって、さまざまなステークホルダーのW・in－W・inを目指すのが現代の経営の基本

第二章

非線形思考

箱から出でよ！（アウト・オブ・ボックス）

現代はＶＵＣＡワールドだと言われるという話は、前にも紹介したとおりだ。復習すると、Volatility（変動性）、Uncertainty（不確実性）、Complexity（複雑性）、Ambiguity（曖昧性）という四つのキーワードの頭文字からとった言葉。ブーカと発音する。

要するに、先が見えない時代。ガルブレイス*が一九七〇年代後半に言い出した「不確実性の時代」と、基本的には同じことだ。

たしかに、いまは過去の延長線上には答えが得られない時代だ。「非線形」の時代といってもいいだろう。**現在の構造をベースに物事をとらえてしまうと見誤る。**物事の構造そのものがどんどん構造的に変わっていくからだ。

＊ガルブレイス
一九〇八〜二〇〇六年。カナダ出身の経済学者。ハーバード大学名誉教授。最初の脱物質主義者のひとりとも言われ、世界的ベストセラーとなった『不確実性の時代』をはじめ、五〇冊以上の著作を著し、人気を博したが、一方、古典的自由主義者たちからの批判も多かった。

だからといって、経営者は会社の業績が振るわないのを時代のせいにしていても始まらない。非線形の時代の新しい考え方を始めなければならない。

では、その非線形思考とはどんなものなのか？

もっともわかりやすいのは、「アウト・オブ・ボックス」**、すなわち「箱から出でよ」である。スティーブ・ジョブズの口癖でもあった。

私はフレーマーの人たちによく言う。フレームを作ってくれてありがとう、と。嫌みでも何でもない。**フレーム、つまり枠があるからこそ、世の中の固定観念がどういうものであるかわかる。そして、この枠を超えたところにこそ、イノベーションがある**からだ。

スティーブ・ジョブズは、「制約というのは、人工的に作られたものにすぎない」とつねに言っていた。私たちはふだんその制約の中で物事を考えている。しかしイノベーターにとっては、制約そのものが限界突破（ブレークスルー）の対象なのだ。

たとえば、マーケティングの世界では、金科玉条のように「顧客志向」が唱えられる。とにかくまず顧客の立場で考えろというのだが、これも強固なボックス、超

＊＊アウト・オブ・ボックス思考
真に独創的で革新的なものを生み出すためには、フレームや固定観念（ボックス）の中にとどまるのではなく、枠の外（アウトサイドボックス）で、ものを考えなくてはならない。

えるべき固定観念だ。どうしても、顧客を狭くとらえてしまいがちだからだ。

もちろん、現時点でのロイヤル顧客は大事にしなければいけない。しかし、そればかりに気をとられていては、現状維持が精いっぱいだ。むしろ顧客になっていない人たちのほうに目を向けてみると、そこにこそイノベーションのヒントがある。

有名なケースとして参考になるのが、第三章で紹介したソニーのプレイステーションと任天堂のＷｉｉの違いだ。


繰り返すと、ソニーのプレイステーションの対戦ゲームでは、ゲーマーたちにはたまらない非常に高度な技術を投入した結果、ソニーは大赤字を出したにとどまらず、より深刻なことに、客離れまで招いてしまった。ヘビーゲーマーはもちろん飛びついたのだが、そんな高度なものを娯楽に求めていない普通の人たちは、ついてこられなくなったのだ。

このようにコア中のコア顧客にターゲットを絞ったソニーに対して、もともとソニーのような技術もない任天堂はＷｉｉによって、三歳の幼児から七〇歳のシニアまで、ＴＶゲームをしたことがない「末」顧客や、高度化するゲームに背を向けた「元」顧客の心を幅広くとらえようとして、実際、それに成功した。

非線形の時代のマーケティングは、未顧客や元顧客のニーズを幅広くとらえ直すことが非常に重要になってくる。線形的な発想で、いまのロイヤル顧客だけを大事にするという従来型のマーケティングは通用しないのだ。

ボスコンの脱構築と進化の三形態

一九九八年、ボスコンは「デ・コンストラクシオン」*という考え方を出してきた。日本語で言うと「脱構築」。フランスの哲学者ジャック・デリダが提唱したポストモダンのキーワードを、経営論に応用したものだ。

それまでの構造にとらわれず、つねに新しい価値や意味を再構築し続ける。「脱」するためには否定する対象が必要となるのは、先述した「アウト・オブ・ボックス」

＊デ・コンストラクシオン
デリダ自身の定義によると、「哲学者の通った道をそのままたどり、そのやり口を理解し、その詭計を借り、その持ち札で勝負し、思うがままに策略を繰り広げさせておいて、じつはテクストを横領してしまう」戦略。

と同じだ。そもそも箱がないことには、そこから出ようがない。
では、箱から出て、あるいは既存の構造を脱して、どこに向かうのか？
私はそれには、三通りの道があると考えている。「深化」と「伸化」と「新化」。合わせて「進化の三形態」と言っている。**深くなるのと伸びるのと完全に新しくなることの三形態**だ。順に見てみよう。

まず**「深化」**。より深くなっていく方向である。いろいろ新しいことに目移りするのではなく、ひとつのことを極めることで新しい境地を拓く。
たとえば一芸に秀でる中小企業は、自らの技を深く磨き続けることで、限界を突破できる可能性がある。

次に**「伸化」**。第一部や大前パワーのところで紹介した、**「ずらし」**の手法だ。いきなりまったく新しいところに向かうのではなく、自分の強みを発揮できる領域を少しずらしてみる。すると、そこに新しいマーケットが開けてくることがある。
私はそれを「拡業」と呼んでいる。流行りの新規事業に飛びつくのではなく、自分の強みを横の領域に「ずらす」ことで、イノベーションを生み出すのである。

この伸化で成長し続けているのが、リクルート社だ。同社の基本技は、**図30**のような「リボン図」で表現できる。需要と供給を育て続け、それらをマッチングさせるマーケットプレイスを提供するというものだ。

そうして新しいマーケットをつくると、必ず誰かが真似を始めるので、マーケット全体がやがてコモディティ化してしまう。するとかれらは、その横に新しいマーケットをつくる。するとまた誰かが参入してきて……その繰り返しだ。

このようにして、人材のマーケットが生まれ、「ゼクシィ」のような結婚式情報マーケットが生まれ、「じゃらん」によってホテル・旅館予約のマーケットが生まれた。リボンをつくる場所を横に展開し続けてきたのが、リクルートの歴史なのである。

リクルートのようにどんどんと横展開する方法に対し、まったく新しい「飛び地」を狙うという進化もある。それを私は、**「新化」**と呼んでいる。いわば「突然変異」だ。当たればすごいが、そのためには努力より幸運が必要だ。強みが生きないので、成功の確率が低すぎる。それより深化か伸化。自らの強みをテコにできるので、成功の確率が高い。脱構築の向かう先としては、深化と伸化がお勧めだ。

[図30]

リクルートのリボン図

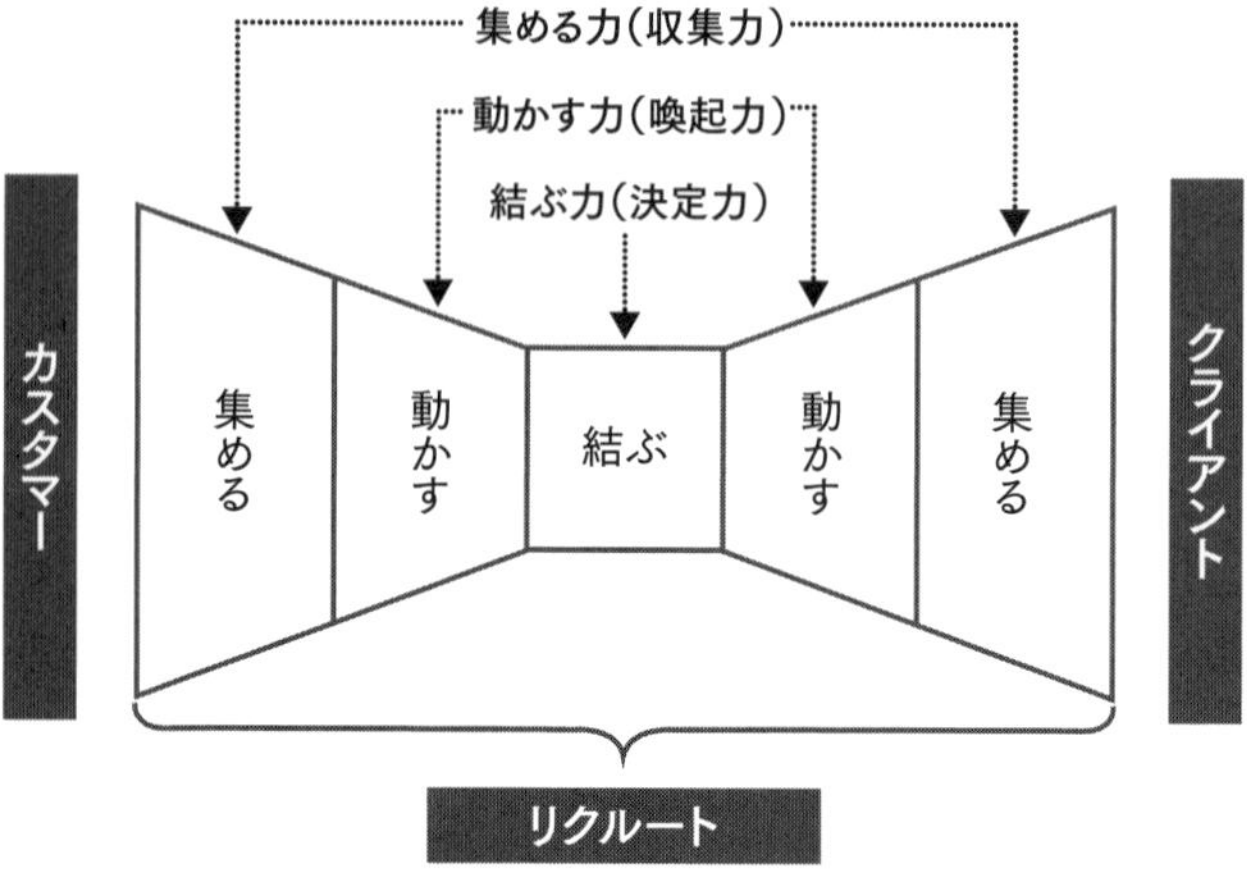

トライ・アンド・ラーン リーン・スタートアップの本質

先が読めない時代には、詳細に計画を立てること自体、意味がなくなる。

かつてＰＤＣＡ、＊すなわち「プラン・ドゥ・チェック・アクション」が戦略実践のための基本的なリズムとされてきた。しかし、それでは予定調和的でありすぎる。いくら計画を立てても、世の中は変わる。計画どおりに忠実に実施すればするほど、時代に置いていかれてしまう。

プランニングに時間はかけずに、まず実践してみる。するとマーケットが反応するので、それを素早く読み取って、次のアクションをとる。それが、いまの時代に

＊PDCA

合った方法だ。

これを**「トライ・アンド・ラーン」**という。「トライ・アンド・エラー」ではない。**トライしたあと、必ずラーン、学習する**ところがポイントだ。**マーケットの動きを素早く把握し、次に、それに合った形に自分を修正する。その修正能力が重要になる。**

この「トライ・アンド・ラーン」を極めたのが、**「リーン・スタートアップ」**だ。シリコンバレーの基本的な流儀として、世界中に広がっていったものである。

まず**仮説に基づいて、試作品をマーケットに出してみる。そして、マーケットの反応を見て、次のバージョンをつくる。またマーケットに出して、反応を見て、さらに次のバージョンをマーケットに送り出す。**このようなサイクルを週単位で繰り返していくのだ。

未完成のベータ版を使って、テストマーケティングを繰り返すようなイメージだ。ソフトの世界で始まった方法だが、いまや、ハードでも、そうした方法が主流になりつつある。

典型的なのは、テスラだ。テスラの車は、マーケットでどんどん進化していく。

一応、自動運転機能も搭載しているが、まだまだ未完成。いわばユーザーに試乗実験してもらっているようなものだ。集まったデータを分析して、システムをアップグレードし、空中でソフトを送り込んでバージョンアップする。OTA（Over the Air）と呼ばれる手法だ。

自動車業界では通常、機能に不備があればリコール扱いになる。ところがテスラはこれを、「バージョンアップ」と称して顧客をありがたがらせるのだから、たいしたものだ。

そもそも、たとえばトヨタであれば発売前に、徹底的にバグを除くために、試乗実験を繰り返す。しかし、その回数は、テスラのように実際に買った人たちが乗る延べ数には到底かなわない。したがって、同じ期間にテスラのほうがずっと速く進化する。そうして、結果的に既存の自動車メーカーの車より安全になっていくかもしれないわけだ。これが、リーン・スタートアップの発想だ。

―ミニマム・バイアブル・プロダクト―

リーン・スタートアップには、MVPというキーワードがある。といっても、「モスト・バリュアブル・プレーヤー（最優秀選手）」の略ではない。モストではなくミニマム。バリュアブルではなくバイアブル（役に立つ）。プレーヤーではなくプロダクト。つまり**「ミニマム・バイアブル・プロダクト」。訳すと、「最低限使える商品」**。

要するに、完成品とはほど遠くても、そこそこの仕上がりであれば、MVPと称して、マーケットに出してしまう。トヨタだったら完成度が上がるまで絶対に出さないようなベータバージョンを、市場に出してしまうわけだ。

もちろん、ユーザーのほうでも、これが完成品ではないことを承知している必要がある。承知のうえで、いわば自発的にテストユーザーとなって使っている。それが前提だ。

そのようなユーザーにとってのメリットは、自分たちの声を反映させてバージョンアップできることだ。このように喜んで真っ先に試したい人たちは、「アーリーアダプター」と呼ばれている。

もちろん、クレーマーにこれを使わせたらとんでもないことになる。不完全だと承知で、買ってくれる人に使ってもらうというのが、MVPの鉄則だ。

このように、**不完全なうちから商品をどんどんマーケットに出して、マーケットの反応を見ながらどんどん商品を進化させていくやり方が、現代のように先の見えない時代の商品開発のあるべき姿**だといわれている。

これこそが、「トライ・アンド・ラーン」を基軸としたリーン・スタートアップという手法の狙いでもある。

―リーン・アンド・スケール―

ところが、シリコンバレーでは、「リーン・スタートアップ」ですら、すでに古くなりつつある。いま注目されているのは**「リーン・アンド・スケール」**だという。

リーン・スタートアップだと、中途半端なものがたくさんスタートするものの、ものにならない事業が圧倒的に多い。その多産多死状態が続くと、さすがにみな疲弊してしまう。

そこで、「リーン・アンド・スケール」だ。最初はリーン・スタートアップと同様、小さく生むものの、その後、ガンガンとスケールアップさせていく。すなわち、**0**

から1、1から10、10から100と、一桁ずつ、超スピードで規模を上げていくのである。

リーン・スタートアップも、本当は、そのような成長を目指していたはずである。しかし「リーン」ばかりが強調されてしまった結果、0から1ばかりが無秩序に生み落とされていった。

もちろん、どのような新事業、新商品もすべて、最初は0を1にするところから始まる。そして、1になったら、10を目指す。リーン・スタートアップも、なんとかここまではたどり着こうとする。

しかし、**最大の関門は、10を100にするところ**だ。そこまでスケールアップしない限り、存在感のある事業、商品として生き残れない。

10を11、11を12にするだけでは、線形モデルにすぎない。一気に10倍、100倍を目指すのが、幾何級数的な非線形モデルだ。

リクルートの構〝創〟力

先述したとおり、リクルートは「ずらし（伸化）」によって、次々に新しい事業を生み出し、さらにそれを大きくスケールアップさせていく。なぜリクルートには、そのような力があるのか？

その秘密が、杉田浩章ボストン コンサルティング・ジャパン代表の近著『リクルートのすごい構〝創〟力』に詳しく書かれている［図31］。ここでは、杉田さんの説明に少し手を加えて、0→1、1→10、10→100という三つのステップでとらえ直してみたい。

0→1は、まず新しい事業のアイディアを生み出すプロセスだ。1→10は、それを単発ヒット級のニッチ事業として、そこそこの規模に育てるプロセス。最後の

10→100は、それをホームラン級の事業へと大きくスケールさせていくプロセス。まさに指数関数的な成長（四一一ページ参照）を実現する方程式だ。

企業幹部からはよく、新しいアイディアが出てこないという悩みを耳にする。しかし、新しいアイディア自体には希少価値はない。若い社員や社外のコミュニティを対象にアイディアコンテストなどを仕掛けると、ユニークなアイディアが山ほど出てくる。**0→1のアイディアそのものはコモディティ**なのだ。

難しいのは、1→10へと、アイディアを「事業」にまで仕立て上げるプロセスにある。そのためには、事業モデルをきちんと描く必要があるからだ。事業モデルの設計は、多くの日本企業が不得意科目としている。

さらにハードルが一挙に上がるのが、**10→100のプロセス。事業コンセプトを横展開させ、さらに業界のデファクトスタンダードにまで広げていく。**そのためには、**プラットフォームとして他社に活用させる工夫**が必要だ。自前主義にこだわりがちな日本企業にとっての最大の関門が、この圧倒的なスケール力である。

―「不」がイノベーションの原石―

0から1を発見する際のリクルートの流儀は、世の中の「不」を見つけ出すことにある。**潜在的な需要と供給が出会う場（白地市場）をつくるという方程式の基本は、世の中の「困りごと」（pains）に注目する**ことだ。この手の「不」は、じつは無尽蔵に存在するが、既存の市場に気をとられていては見落としてしまう。

リクルートには、この0→1のところに、「New RING」という社内コンテストの仕組みがある。RINGはRecruit Innovation Groupの略称だ。

全社からいろいろな人たちが、われこそはと新事業を提案する。そこにトップがしっかりと立ち会って、独自の選球眼と経験に基づいて、1 0、そして1 0 0に成長するポテンシャルの有無を判断したり、事業化のツボをアドバイスする。

先述のように結婚サイトの「ゼクシィ」や、「ホットペッパー」「R 2 5」なども、このプロセスから生まれていった。まさに「スター誕生」の晴れ舞台だ。

この手のアイディアコンテストは、最近多くの企業が取り入れている。イベントとしてうまくプロデュースすれば、従業員の士気向上という成果は達成できる。

しかし、そこからヒット商品やホームラン事業が生まれることは稀だ。リクルートが高い成功確率を誇るのは、この0→1を見出す選球眼と、**1を10、そして100にスケールさせる方程式をしっかり持っていること**にある。

―「勝ち筋」を見つける―

次の1→10のプロセスの最大の着眼点は、**「勝ち筋」を見つける**ことにある。前述の著書の中で、杉田さんは三つのポイントを指摘する（順序は筆者が修正）。

第一に、収益モデルの仮説をしっかり描くこと。

第二に、「価値KPI」、すなわち価値につながる行動や指標を特定し、測定すること。

第三に、「ぐるぐる図」、すなわちPDCAを高速に回して、収益モデル仮説や価値KPIを検証すること。

これは、じつは「リーン・スタートアップ」のプロセスそのものでもある。リクルートは、このリーン・スタートアップ手法が世の中に広まるはるかに前から、このような勝ち筋を見極める方程式を、組織にビルトインしていたのだ。

――型紙化によるスケールアウト――

最終ステージの10→100では、「爆発的な拡大再生産」を狙う。単発ヒットにとどまらず、連打、そしてホームランへつなげるプロセスだ。そこでは特に二つの仕組みがポイントとなる。

ひとつ目が**「型紙化」**だ。**1→10のプロセスで生まれた知恵を「型紙」に落とす。**それによって、**暗黙知が形式知化され、組織を超えて共有されていく。**知識経営（ナレッジ・マネジメント）の基本技だ。すべてを1からつくるのではなく、知恵を水平展開することによって、「伸化」のプロセスを駆動するのだ。

二つ目が**「S字の積み重ね」**だ。ひとつのイノベーションはS字カーブをたどって、いずれ需要飽和状態を迎える。しかし、現場の知恵を重ねることで、その先にそれまで気づかなかった需要を発見し、新たなS字カーブを始動させることができる。金融業界でいうところのderivative（派生物）であり、option valueである。それによって、より垂直型の成長を目指すことができる。

リクルートはこのような仕組みを通して、次に述べる指数関数型の事業成長を実現しているのである。日本企業では珍しいケースだ。

次に、目を再びシリコンバレーに転じてみよう。ここでは、この非線形思考がいま、二一世紀型の勝ちパターンとして注目されている。

[図31]

リクルートの事業開発手法

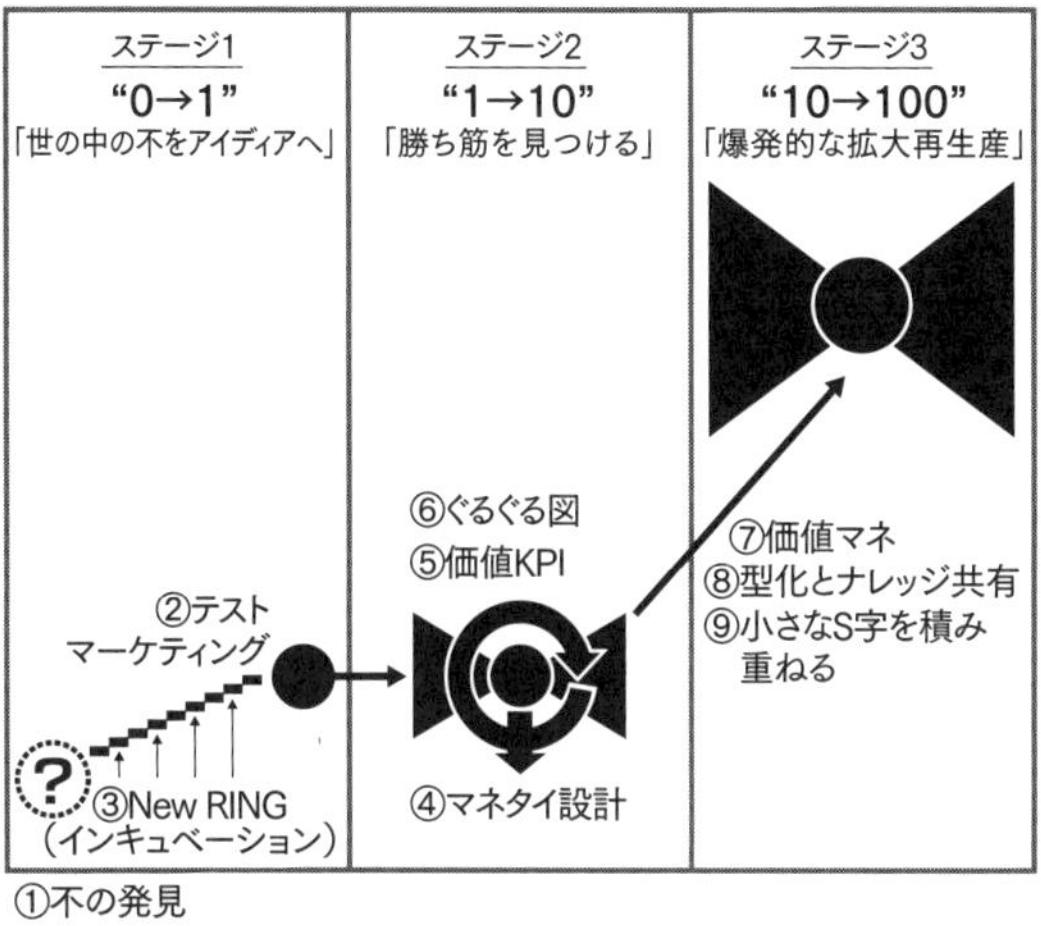

メソッド①不の発見…新事業の起点となる「不」を探す
メソッド②テストマーケティング…発見した「不」がビジネスとして成立するのかを見極める
メソッド③New RING（インキュベーション）…アイディアを事業に育てるサポート
メソッド④マネタイ設計…圧倒的な利益を獲得するためのモデル設計
メソッド⑤価値KPI…勝ちにつながる行動や指標を発見・特定する
メソッド⑥ぐるぐる図…PDSを高速に回しながら、勝ち筋を探る手法
メソッド⑦価値マネ…発見した価値KPIに基づき、拡大させていくためのマネジメント
メソッド⑧型化とナレッジ共有…価値マネを実践するための行動を「型」に落とし込んで共有する
メソッド⑨小さなS字を積み重ねる…現場でつかんだ“兆し”を吸い上げる仕組み

『リクルートのすごい構“創”力』をもとに作成

シンギュラリティ大学の教科書

「シンギュラリティ」については、前にも触れた。復習すると、ＡＩが人間を超える技術的特異点のことを指す。

シリコンバレーには、「シンギュラリティ大学」*がある。そこで教えているのが、**「指数関数的成長企業（Exponential Organizations：ＥｘＯｓ）」という経営モデルだ。**

二〇世紀型企業はリニアに成長する。アウトプットを二倍にしたければ、インプットも二倍にする必要がある。しかも、いずれ収穫逓減の法則で、アウトプットは頭打ちとなってくる。

一方、二一世紀型企業は、指数関数的な成長カーブを描く［図32］。

＊シンギュラリティ大学
未来学者のレイ・カーツワイルと、ピーター・ディアマンディスによって二〇〇八年に創設された。指数関数的な成長カーブを描く二一世紀型企業を発掘・支援している。

［図32］

指数関数的（Exponential）成長

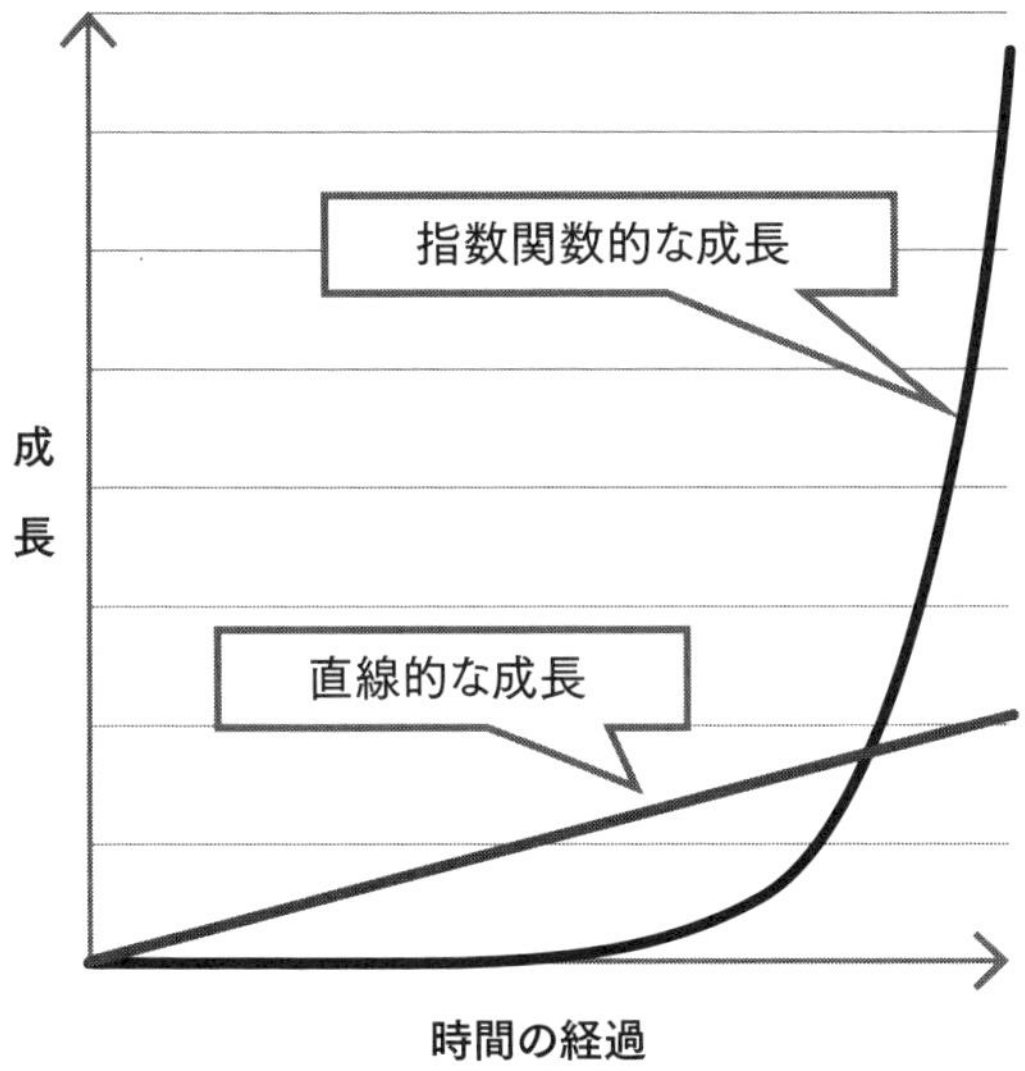

『シンギュラリティ大学が教える飛躍する方法』をもとに作成

収穫逓増の法則*を利用して、スケールとスピードを獲得していくのだ。たとえばGAFAと呼ばれるグーグル、アップル、フェイスブック、アマゾンという株主価値で世界トップの四社は、二一世紀に入って、いずれも指数関数的な成長を遂げている。名付けて**ExOs（エグゾス）。シン・ゴジラ**のように、外部エネルギーを取り込んで、超成長を遂げる新世代企業群**だ。

シンギュラリティ大学は、ExOsには共通の特徴があると説く。それをまとめたのが「MTP+SCALE　IDEAS」というフレームワークだ【図33】。

――ムーンショットからマーズショットへ――

これを見るとわかるように、ExOsは、そもそものスタートとしてMTPを持っている。MTPとは何かというと、Massive Transformative Purpose（巨大で革命的な目的）だ。要するに、とてもデカくて、とても非連続な目標を立てること。誇大妄想狂の勧めといってもいいだろう。先ほど紹介したMVP（Minimum Viable Product）とはずいぶん異なる。

たとえばグーグルでは、どのプロジェクトも「ムーンショット」、すなわち月を

＊収穫逓増の法則
生産要素を追加で投入する際、効率がよくなって投入一単位当たりの収穫がだんだん増えていくことを言う。収穫逓減の法則の逆の現象だ。この収穫逓増にしたがえば、規模を大きくすればするほど効率がよくなるわけなので、一番大きな市場シェアを握った企業が非常に有利になる。

＊＊シン・ゴジラ
二〇一六年公開の、日本製作のものとしては一二年ぶりのゴジラ映画。「シン」の言葉には、「新」しいゴジラ、「真」のゴジラ、「神」のゴジラ等、いくつもの意味が重なるという。

［図33］
Exponential Organizationの要件

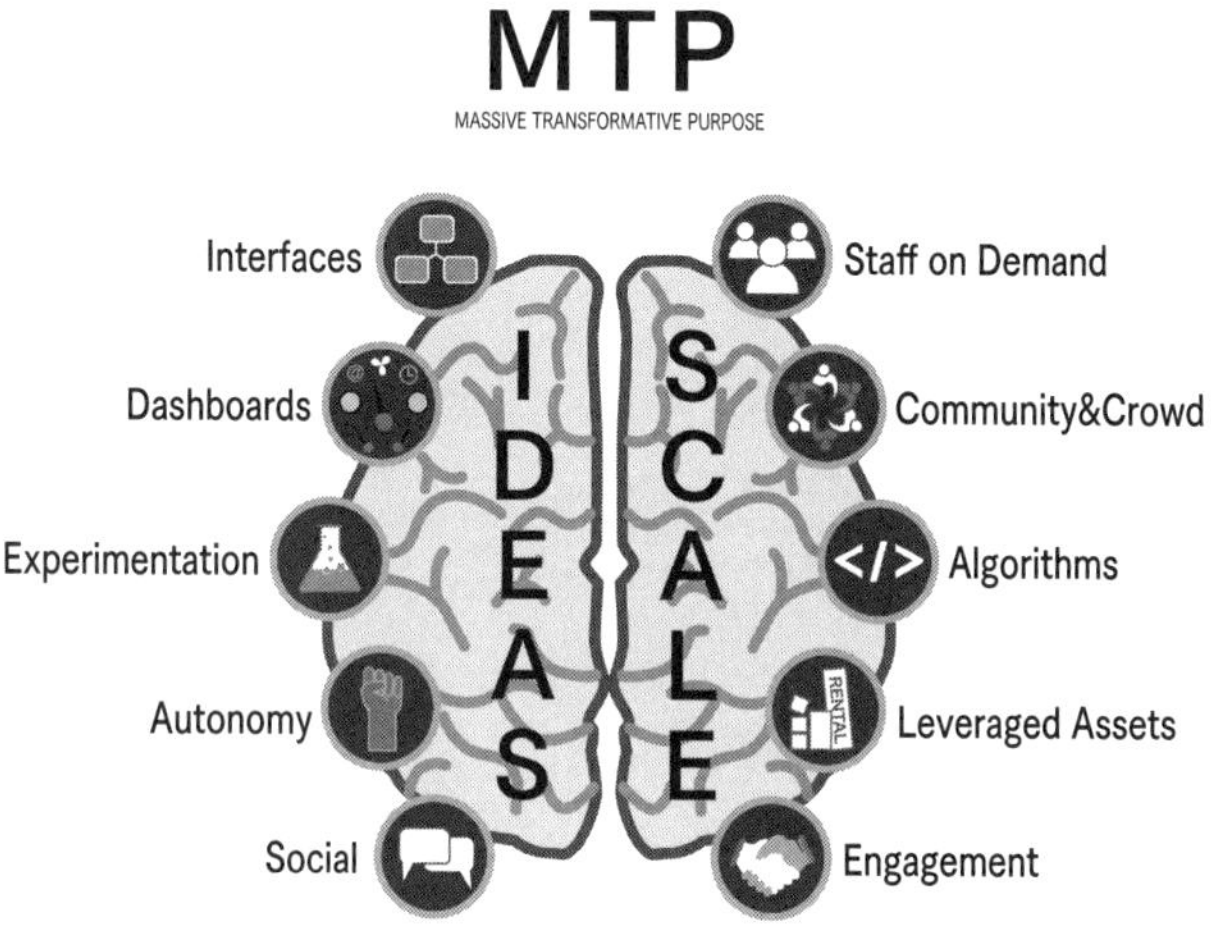

「シンギュラリティ大学が教える飛躍する方法」をもとに作成

目指すことになっている。もっとも、最近テスラが火星にロケットを飛ばすという話に触発されて、「マーズショット（火星を目指せ）！」と言い始めたという。そのうち「プルート（冥王星）ショット」と呼び出しかねない。

日本でも、前述のように、日本電産の永守さん、ソフトバンクの孫さん、ファーストリテイリングの柳井さんの三人は、「大ぼら吹きトリオ」と呼ばれている。もっとも、永守さんに言わせれば「大風呂敷は広げても、嘘はつかない」ということになるのだが。

いずれにせよ、非常識なぐらいデカいことを考える。そうしないと、まず優秀な人材が寄ってこない。また、ちょっと大きくなったくらいで満足するようでは、あっという間に大企業病に陥ってしまう。一兆円を一〇兆円に、そして、次は一〇〇兆円へと、非連続な目標を掲げ続ける。そうすれば、「イノベーターのジレンマ」に陥っている暇もなくなるはずだ、というわけだ。

―IDEASをSCALEさせよ―

指数関数的な成長を目指すには、MTPに加えて、一〇の仕組みが必要となる。外部向けの五つの仕組みが「SCALE」、内部向けの五つの仕組みが「IDEAS」。合わせて「SCALE　IDEAS」、すなわち「**アイディアをスケールさせよ！**」だ。

SCALEのSは「Staff on Demand」、必要に応じて、人材を外からとる。

Cは「Community & Crowd」、すなわち、外部のコミュニティや集団と広く連携していく。

Aは「Algorithms」、すなわちパートナーとWin－Win関係を築き、非連続な成長を実現するための方法論に磨きをかける。

Lは「Leveraged Assets」、すなわち他社の資産を活用する。

Eは「Engagement」、すなわちまわりを「その気」にさせる。

この五つがあると、外部をうまく取り込んでスケールすることができるという。

一方で、内側でも外部をうまく取り込んで、イノベーションを醸成するメカニズムが必要になる。これがIDEASだ。

Iは「Interfaces」、すなわち部門間の壁を取り除く。
Dは「Dashboards」、すなわちKPIが一目でわかる計器盤、
Eは「Experimentation」、すなわち実験、
Aは「Autonomy」、すなわち自律経営、
Sは「Social (Technologies)」、すなわちSNSのフル活用だ。

この五つの仕組みによって、**リーンにスタートし、スケールアップするための組織をつくることができる。**

いかにもシリコンバレーらしい非連続な成長のための方程式だ。しかし、ベンチャー企業ならまだしも、日本の既存企業にとって、どこまで参考になるのだろうか？

——ExOsライトを実装せよ——

シンギュラリティ大学では、少なくとも以下の四つの打ち手が有効だろうと説く。

第一に、経営者そのものが、この二一世紀型の指数関数型成長モデルの存在を十

分理解することだ。企業間競争は、相対的な成果を競うゲームだ。いくら「やっているつもり」になっていても、リニアな成長を続けている限り、あっという間にＥｘＯｓに差をつけられていく。アメリカで、伝統的な小売業のチャンピオン企業が、アマゾンの後塵を拝して次々に窮地に立たされているが、明日はわが身だ。

第二に、このようなＥｘＯｓ企業とのパートナリングを模索すること。自らをＥｘＯｓ企業に変身させるのはハードルが高いとしても、まずはそのような企業と提携して、その生態をしっかり学ぶことから着手する。

シリコンバレーには、日本の大企業のＣＶＣ*（コーポレート・ベンチャー・キャピタル）が、雨後の筍のように繁殖している。しかしそのほとんどが、投資機会をうかがうだけで、これらの企業の実態をじっくり観察し、学習するというサイクルが回っていない。出資する前に、まずは事業提携などを通じて、相手を知ることが重要だ。

第三に、ＥｘＯｓ的経営を「エッジ」でトライすること。エッジとは、周縁または辺境のことを指す。

＊ＣＶＣ
事業会社が自己資金でファンドを組成し、主にベンチャー企業に出資や支援を行う活動組織のこと。自社の事業内容と関連性のある企業に投資することで、本業との相乗効果を得ることを目的とする。

私のマッキンゼー時代の盟友で、『ネットゲイン』（邦題『ネットで儲けろ』）の著者ジョン・ヘーゲルは、現在シンギュラリティ大学で教鞭をとるかたわら、「Center for the Edge」という研究機関の共同会長を務めている。そこでかれは、二一世紀の「ヘーゲリアン」（一九世紀初頭の哲学者ヘーゲルを信奉するヘーゲル学派をもじったもの）たちに、既存企業は、辺境発のイノベーションを仕掛けなければならないと唱えている。

「ゆらぎ」は周縁から起こる。本体の中枢は本業を守ろうとするため、破壊的なモデルは基本的に拒絶する。海外支社や子会社などで、小さく実験的に取り組んでみることがお勧めだ。

そして第四に、これらの一〇の仕組みの一部を、実験的に取り込んでみる。比較的ハードルが低いのが、SCALEのうちの「コミュニティ」「アルゴリズム」、IDEASのうちの「ダッシュボード」「エクスペリメンテーション（実験）」「ソーシャル・テクノロジー」の五つだろう。これらを取り込むことによって、新しい動きやリズムを体得することがExOsへの近道となる。

学習優位の経営

ＥｘＯｓの勧め、いかがだっただろうか？

シリコンバレー流の指数関数型成長は、あまりにも異次元すぎると、目を回されたかもしれない。そこで、日本企業の体質にも合いやすい私の持論をご紹介して、この章をしめくくろう。

先にも触れたが、二〇一〇年に私は『学習優位の経営』という本を出した。マイケル・ポーターに代表される**「競争優位」の戦略論はもう古い。「学習優位」こそが、いまの時代のキーワード**だ、というわけだ。

二〇世紀後半までのように、競争のルールが明確なときには、たしかに、他社に対して競争優位を築きやすい。しかし、たとえば、そもそも競争のルールがまったく変わるような時代には、そのような線形的な発想では生き残りすら危うくなる。オリンピックでいえば、マラソン走者がいきなり一〇〇メートル競走をさせられるようなもの。同じゲームでの競争優位を競い合う時代ではなくなっている。

ここで重要なのが、新しいゲームのもとでの学習能力なのである。

学習優位というのは、先ほど述べたトライ・アンド・ラーンに近い。**失敗するかもしれないが、とにかく試してみる。そのような試行からどれだけ多くを学び、どれだけ深められるかが勝負の分かれ道となる。そして、そのような学習能力こそが、優位性につながる、**という発想だ。

先が見えないときにどうすればいいか。たとえば、山の向こうがわからないとき、どうすればいいかといったら、山に登ってみるのが一番いいに決まっている。頂上まで登れば、向こうは見える。

つまり、**行動すれば、わからなかったことがわかるようになる。英語で言えば、「アンファミリア」なものが、「ファミリア」になる。アンファミリアからアンがとれて、**

ファミリア、つまり、自分がよく親しんでいるものになるということだ。

フランスの実存主義哲学者ジャン・ポール・サルトル[*]は、「投企(projet)[**]」と「参画(アンガージュマン)[***]」こそが未来を拓くための唯一の行動原理だと主張した。未来が読めない非線形な時代には、自ら主体的に世界にかかわり、選択していくことを通じて、「ファミリアリティ・アドバンテージ」、すなわち「学習優位」を獲得することが、生き残るための唯一の道なのである。

自分が親しんでいるところだけにとどまると、激変する世の中から置いていかれてしまう。かといって、慣れない場所では、どう戦っていいかわからないから、新しい所に行くことに対しては、みな逡巡する。そこを思い切って飛び込んで生き残れるかどうかは、学習能力にかかっている。

泳げるようにするのには、まず水に突き落とす。すると、普通は溺れずに、なんとか這い上がろうとする。そうこうするうちに、泳げるようになる。これと同じだ。最初は苦しくとも、そこで積んだ経験が次の優位性の起点となる。

*ジャン・ポール・サルトル
一九〇五年～一九八〇年。フランスの哲学者、小説家、劇作家であり、実存主義の代表者、行動する知識人として著名。内縁の妻は、シモーヌ・ド・ボーヴォワール。『存在と無』『自由への道』『嘔吐』など著書多数。ノーベル文学賞を辞退。

**投企
四五九ページ参照。

***アンガージュマン
フランス実存主義の用語。状況に自らかかわることにより，歴史を意味づける自由な主体として生きること。サルトルやカミュなどにおいては、さらに政治的・社会的参加、態度決定の意味を持つ。

学習能力のある個人や企業も、同じところに踏みとどまっていては、だんだん学習効果が頭打ちになり、学習能力そのものまで劣化してしまう。**成長し続けるためには、新しい分野で新たな学習を始動し続ける必要がある。**しかも、誰にとってもアンファミリア（未踏）の地であればあるほど、先に行ってファミリアになった者が勝つのだ。

そのためには**継続的な学習ではなく、「脱学習」**が求められる。といっても、何も学習しない、ということではない。それでは単に「トライ・アンド・エラー」を繰り返す「懲りないやつ」になってしまう。

同じところで踏みとどまって学習するのではなく、学習の場所を「ずらし」ていく。この「ずらし」こそが、ここでもキーワードなのである。

学習の場をずらせば、また新しい学習曲線を描き始めることができる。このように、**次から次へ新しいものを獲得していく能力こそが、次世代成長を実現するための学習能力なのである。**

そして、このようにして、**新しいものにつねにチャレンジしていくことが、非線形の時代のいま、もっとも求められる優位性**なのだ。

このような時代は、じつは、コンサル受難の時代でもある。というのも、問題解決に際して、ただ机上で考えるのではなく、実際に体験してみて、そこから何かを新しく学び取ることで、次の優位性が生まれるからである。「さあ飛び込め」と言うだけで、自分は飛び込まないコンサルはもはや時代遅れなのだ。

いま、求められているのは、指図するだけのコンサルではなくて、並走するコンサル。あるいは伴走するコンサル。

しかし、脱学習と学習を繰り返す能力がなければ、並走しようとしても、下手をすると、クライアントのほうが先に行ってしまうかもしれない。クライアント以上につねに行動を通じて学習し続けるスキルのないコンサルは、二一世紀には通用しないのである。

この章のまとめ

・既存の構造や従来の考え方にとらわれず、つねに新しい価値や意味を再構築し続けることが、これからの先の見えない非線形の時代（ＶＵＣＡワールド）に合った新しい考え方である

・脱構築には、一芸に秀でる（深化）、強みを発揮できる領域をずらす（伸化）、突然変異的に新しいマーケット・領域を狙う（新化）という三つの方向性がある。新化は強みが生きず成功確率が低いため、深化か伸化を目指すのがよい

・先が読めない時代には、詳細に計画を立てること自体、意味がなくなる。ＰＤＣＡは計画どおりに忠実に実施すればするほど、時代に置いていかれてしまう。プランニングに時間はかけずに、まず実践し、マーケットの反応に対応する「トライ・アンド・ラーン」を行う

・二一世紀型企業は、指数関数的な成長カーブを描く。これらの企業は共通して、大きく非連続な目標（MTP）を持っており、外部をうまく取り込み、イノベーションを醸成するメカニズム（SCALE　IDEAS）を持っている

・マイケル・ポーターが述べる競争優位の戦略論より新しいことにチャレンジして、そこから多くの新しいものを獲得していく「学習能力」こそが、次世代成長を実現する

第三部

コンサルを目指す
コンサルを超える

本書も、終盤に近づいてきた。ここまで、問題解決の手法について、そのプロフェッショナルたる戦略系コンサルの最高峰であるマッキンゼーとボスコンの手法を、私自身の経験をもとにお話ししてきた。それらの優位性とともに、その限界についても、明らかにしてきたつもりだ。と同時に、これからの時代の問題解決の課題やコンサルに求められる能力についても、随所で述べてきたつもりである。

本書をお読みになろうと決めた理由はさまざまだろうが、だいたい次の三つのいずれかに該当するのではないだろうか。

ここでの学びをもとに、

・コンサルになりたい
・コンサルを超えたい
・問題解決の手法を世の中の課題の解決に用いたい

それぞれの目的に応じて、これから順に、その方法論をお話しする。

第一三章　コンサルを目指すあなたへ

コンサル採用の三条件

コンサルタントとして、コンサルティング・ファームに就職したいと思っている人は少なくないと思う。どういう人が採用されるのか、どういう条件が求められるのか、私が採用担当だったときの条件を例に特別にご紹介しよう。本邦初公開だ。

私が採用担当だったのはちょうど二〇〇〇年前後。オイシックスの高島君、フィールドマネージメントの並木君、気仙沼ニッティングの御手洗さんといった、現在各業界で活躍しているユニークな人材に恵まれた年だった。

で、その採用基準は、次の三つだ。

「左脳（ロジカル・シンキング）」
「右脳（パターン認識）」
「原体験（知的好奇心）」

一般に、左脳は論理的な思考を、右脳は直感的、芸術的なクリエイティビティ*の部分を司ると言われている。

ひとつ目の条件に挙げた「左脳」を使った考え方については、コンサルを目指す人ならたいてい得意なはずだ。もともと得意でなかったとしても、採用試験を受ける頃には、できるようになっていることが多い。これは、練習で身につけることができる能力だからである。いわゆるロジカル・シンキングを一生懸命練習すれば、ロジカルに話す癖がつき、及第点をとることができる。

それに比べて、二つ目の条件の「右脳」となると、これを鍛えるのはなかなか難しい。クリエイティビティは、ロジカル・シンキングのように、訓練で身につくようなものではないからだ。

だからといって、鍛えるために、何もできることがないわけではない。イメージ

*芸術的なクリエイティビティ
アートや美意識の重要性については、最近特に注目を集めている。山口周氏『世界のエリートはなぜ「美意識」を鍛えるのか？』、安西洋之氏、八重樫文氏の『突破するデザイン』『デザインの次に来るもの』を参考にされたい。

や「パターン」で物事をとらえる練習をするのだ。左脳が数式でとらえるような状況を、右脳は、パターンでとらえる。〝これは過去のこの事例に似ているな〟といったイメージで物事をとらえるのだ。いわば、ＡＩにおけるディープラーニング（深層学習）と同じ要領である。

実際の問題解決の際には、その事例と照らし合わせるための、過去の経験やいくつかのパターンを頭に入れておく必要がある。

第一部で述べた「コンサルをやるには三〇〇〇パターンくらい認識していれば十分」というのは、マッキンゼー元東京支社長の横山禎徳《よしのり》さんがおっしゃっていたことだ。十分とひとことで言うが、三〇〇〇パターンである。相当な量だ。

横山さんは長年ディレクターに就いていたが、ディレクターをやって一カ月に触れる新しいケースは、せいぜい一〇程度。単純計算すれば、一年で一二〇パターン、三〇〇〇パターンに対峙するには二五年かかる。まったく同じパターンのケースがないとしてもだ。

そう簡単に頭の中に刻むことはできないのがおわかりいただけるだろうか。

二五年待たなくても、自分が判断するときのいくつかの問題解決のひな型が頭の中にあるだけで、かなり変わってくる。実際のところ、純粋にクリエイティブな人というのは少ない。しかし、自分が拠りどころとするパターンがいくつかあれば、それがその人の判断軸となる。

たとえば、自分の専門は化学で、化学しか詳しくないです、というのでもいい。化学の実験でいろいろ試行錯誤しているなかで、こんなパターンがいくつもあった、というのがあれば、それがその人のパターンのリストのひとつとなる。

同様に、歴史でも自然科学でも芸術でも、なんでもいい。**常日頃から問題意識を持って、いくつかの類型を頭に入れることだ。そして、試してみる。それが素養となる。まさにその人ならではのリベラルアーツだ。**

そして、最後の採用条件が、「知的好奇心」。「何？　何？」と、**何事にも好奇心を持っていること。そして、「なぜ？　どうして？」と納得するまで問い続けることだ。**

自分の〝軸〟となる原体験を持つ

以上の三つをひとことで言うと、その人は人生において、どこまで引っかかりを持って生きているか、うわべだけ見て通り過ごさずに、好奇心を持って生きているか、ということだ。それこそが、コンサルの条件だと私は考える。

そういう条件を持っている人に共通するものは何だろう？　と考えると、**なんらかの原体験を持っているかどうか**にあると気づいた。つまり、自分で自分が客観的に見えてくるくらい悩むか、あるいは自分は何者なのか、ということを深く内省するような経験をした人だ。こうした原体験のある人は、真っ先に採用してきた。

お気づきのように、海外で長く生活をした人は、こうした原体験を持っていることが多い。生活の中で、自分が異国民であるということを思い知らされ続け、日本人としてのルーツを何度も問い直すことになるからだ。NPOに参加した人も同様だ。とても悲惨なことを目の当たりにして、それまで当たり前だった豊かさの本質を問い直すような経験がじつは重要だ。

並木君の場合は、帰国子女でアメリカ西海岸にいた経験。御手洗さんは学生時代に行った海外援助。こういった経験をしている人たちにはやはり強い芯がある。

帰国子女やNPOとはかかわりなく、十代の頃、自分とは何者かについて考え込み、引きこもってしまう人もいる。頭のよすぎる人に多かったりする。そういう経験のある人のほうが、何の疑問も持たずひたすら受験体質で歩んできた学生よりは、コンサルとして伸びる可能性がある。**知的好奇心の原点になる「自分とは何なのか」「相手は何者なのか?」ということを、うわべではなく考えている人**を大事にしたいと思うのだ。

『LIFE SHIFT』の中で、著者のリンダ・グラットンも、非常に大事にしているひとつの資質として「るつぼ(にいた経験)」を挙げている。考えられないような悲惨な状況にいる人を目の当たりにしたり、自分がそういう耐え難いほど悲惨な状況になったりした体験のことだ。

るつぼ体験のある人とそうでない人では、視野がまったく違うという。まさに、私の言う原体験そのものだ。そして、定職に就く前に、そのような原体験を求めて、何年か、自分探しの放浪の旅に出ることを勧めている。


逆に、絶対採用しないという基準も存在する。

最近増えているいわゆる〝コンサルフリーク〟だ。ロジカル・シンキングに特化してしまい、ワンパターンで当たり前の話をしてしまう人は、まず採用対象から外す。


同様の理由で、法学部の人も向いていない。なぜなら、法学部では、自分たちでルールを決め、そのルールに当てはめることを勉強している。このため、秩序を守る側の発想、権威主義になってしまいがちだ。しかし、コンサルで求められるのは、むしろ真逆。秩序やルールを崩していくことだ。したがって、法学部出身者の場合、根本である法哲学や法律以外の勉強をよほどしてきた人以外は難しい。

むしろ、コンサルらしくない人のほうが採用されやすい。理科系の人とか文学部の人はウェルカムだが、商学部や経済学部の人はなかなか採用されない。

ちなみにかく言う私もじつは法学部出身なので、肩身が狭い。大前さんから、マッキンゼーに入社当初、「東大法学部、ハーバード・ビジネス・スクール、三菱商事？何それ？　君は、一流コンサルとして大成しない条件を、よりによって三つも背負っているな。まさに三重苦だ」と同情（？）されたことがある。少なくとも法学部では法律の勉強をまったくしない落ちこぼれだったので、少しは救われた気がしたのだが。

先ほどの採用の三つの条件とは別に、いいコンサルになるための要件がある。

そのひとつが、常識にとらわれず、自分で考える力のあること。

二つ目が、自分とはまったく異なる境遇の人に対しても、相手の立場を疑似体験し、相手の気持ちになることができること。

そして、三つ目に、ロボットではないこと。つまり、血の通った人間としての魅力があることではないだろうか。先ほどの原体験とも関係するが、自分らしさ。やはり**人間として、自分としての魅力を磨くこと**がコンサルになる近道だ。

しかし、それは単に、相手に同情できる〝いい人〟であることが求められるということではない。相手に同情しつつも、「もし自分が相手の立場にいたら、どのように問題を解決するか」という視点で深く考えることのできる人でなければならない。そして、最後は自らの軸で判断できる人であってほしい。

第一〇章でＩＱ・ＥＱ・ＪＱという三つの資質の話をご紹介したのを、思い出していただけるだろうか。

いいコンサルになるために、ＩＱやＥＱは必要条件にすぎない。ＪＱを持っていることが加わってはじめて、コンサルに求められている条件を満たすことができるのである。

この章のまとめ

- コンサルになるための条件は、「左脳（ロジカル・シンキング）」「右脳（パターン認識）」「原体験（知的好奇心）」の三つである
- うわべだけ見て通り過ごさずに、好奇心を持って生きていることがコンサルに大事な条件である。るつぼ体験に代表される「原体験」をしておきたい
- いいコンサルになるために、ＩＱ・ＥＱがあることは必要条件でしかない。ＪＱを持っていることが加わってはじめてコンサルに求められる条件を満たすことができる

第一四章

コンサルを超えたいあなたへ

前章ではコンサルティング・ファームへの就職を目指す人に、と称して、これからの時代のコンサルタントの資質を述べさせてもらった。本章では、さらに自身の資質を磨き、コンサルの枠や限界を超えたビジネスパーソンとなっていくための指針を記してみる。

まずは、ビジネスパーソンとしての基本的な能力だ。

私はこれを大きく三つに分けて考えている。

すなわち、**❶洞察力　❷共感力　❸人間力**　の三つだ。

じつはこれは、私が企業幹部の研修を行う際に、参加者のプレゼンを評価する際の基準でもある。

提言の中身はどうか、聴衆の共感を呼ぶプレゼンができているか、裏側にある人間力は素晴らしいものかどうかを、三つのI、三つのS、そして三つのPの九つの観点でチェック。そこに総合評価を入れて一〇点満点でチェックしている。

これらの視点を押さえておくことは、プレゼン能力にとどまらず、ビジネスパーソンとしての成長全体につながるはずだ。それぞれについて、順に見てみよう。

洞察力を鍛える三つのI

まずは、洞察力。これは、三つのIで表せる。

❶インパクト（Impactful）
企業にとってもっとも大事なことが何かを見極める力
❷イノベーション（Innovative）
いまを超える（常識を超えられる）力
❸インプルメント（Implementable）
実行できる力

❶のインパクトは、企業にとってもっとも大事なこと、すなわちボトムラインに対するインパクトがあるかどうかだ。ボトムラインとは、通常は利益を指すが、最近のトリプル・ボトムライン経営において、利益に加えて環境と社会にとってのインパクトを含むことは前述したとおりだ。

そして❷は、それが革新的なものであるかどうか、❸は、それが実行できるかどうか、である。

一般には、この三つのポイントを同時にすべて満たすことは難しい。特にあとの二つ、革新的であることと、実行できることというのは、トレードオフに近い。なぜなら、普通に実行できることは凡庸で、革新的なことは実行しづらいからだ（実行しやすかったら、みんな、とっくにやっている!）。

だからこそ、そのトレードオフを乗り越え三つのIを目指すことが、優れた問題解決を行ううえでのキモとなる。

当たり前ではなく、みんなが気づかないこと。実行が難しそうに見えても、実行の糸口が見えていること。それを探すことだ。

共感力を養う三つのS

❹シンプル（Simple）
❺スパイス（Spicy）
❻ストーリー（Story）

三つのSは、いわばプレゼンテーションのスタイルに関する評価軸だ。中身がしっかりしていても、それをうまく伝えられなければ、人を動かすことはできない。あだこうだと、いろいろなことをこねくり回していては、ダメ。伝わらない。相手の共感を呼べない。

共感を呼ぶには、メッセージがシンプルで、スパイス、つまりサビが利いていて、ストーリーがある。これが重要だ。

ここで言うストーリーは、起承転結でもいいし、わくわくする構成、意外性があったりする構成でもいい。とにかく、聞いていてあっという間に時間が過ぎてしまう。そういった意味での抑揚やドラマがあることだ。

人間力を豊かにする三つのP

❼パースペクティブ（Perspective）
ものの見方、自分らしい軸があるか
❽パーソナリティ（Personality）
人格、人徳、ＥＱ＆ＪＱが感じられるか

⑨パッション（Passion）
情熱、本気度がほとばしっているか

内容、表現、あとひとつは何を見るかというと、「裏側にある人間力」だ。表面的には洞察力や表現力が大切に見えるかもしれないけれども、最後に人を動かすのは、コンサルの世界においても、やはり人間力だからだ。そのためのポイントを三つのPとして挙げた。

パースペクティブとは、自分らしい軸があるかどうか。これについては、前の一三章でもお話しした。どんなジャンルでもいい。科学者の軸でも、歴史家の軸でも、芸術家の軸でもなんでもいい。自分の軸を持っている人は、強い。

それからパーソナリティ。人格・人徳、人間性がにじみ出ているかどうか。ＥＱとＪＱに近い資質と言ってもいいだろう。

そして、パッション。コンサルティングにおいて、さんざんロジカル・シンキングで分析し、解決法を提示するとしても、やっぱり最後はパッション。情熱だ。そ

の情熱がどこまでほとばしるか、だ。

実際のところ、プレゼンを聞いている側にとっては、コンテンツの中身はあまり頭に残らない。もちろん、ストーリーとしては、その三分間なり五分間が面白ければそれなりに印象には残る。しかし、やはり最後に残るのは「その人がどこまでその話を本気で言っているか」、その本気度だ。それが人を動かす。

パッションに関して、面白いエピソードがある。いまから二〇年くらい前のことだ。

キヤノンで研究職出身の御手洗肇さんが社長だった頃、面白いイノベーションが数多く生まれた時期があった。その秘訣を知りたくて、御手洗さんにイノベーションが生まれる理由についてインタビューしたときのことだ。

「R&Dの出身のトップだから、技術の目利きができるんでしょうね」と話を振ったところ、意外な答えが返ってきた。

たいていの案件は自分の専門ではないから、プレゼンの中身はほとんどわからない。だいたい、技術屋の話というのは、門外漢にはさっぱりわからないものなんだ、だから、プレゼンのときは、話を聴くより相手の目をじーっと見る。そして、目がうるうるしていたら本気だから、ゴーサインを出す。

キヤノンの他の人にその話をしたら、その後、プレゼンの前には必ず目薬をしていくことが流行ったとか⁉

それはともかく、それくらい、パッションは最後のポイントとしてとても大事だということだ。中身も、身ぶり手ぶりも、ストーリーもいいが、やはり最後は、パッションが、プレゼンの成否を決め、事業の行く末を大きく左右するのである。

ここで紹介した、洞察力、共感力、そして人間力の九つの指標以外にも大切なポイントはある。しかし、コンサルに限らず、成功している内外の辣腕経営者やベンチャー起業家であれば、これらのことはたいてい押さえている。だから、自分の成長を考える読者にとっても大切なポイントのはずだ。そして、うれしいことにこれらは、ある程度鍛えることができることばかりなのだ。

セレンディピティを求めて

いま挙げた九つの指標は、ある程度鍛えれば身につけられるものだったが、これからご紹介する「セレンディピティ」*については、ちょっと難しいかもしれない。というのも、それは、予想されない、計画されない、偶然の出会いのことだからだ。予想できないものなのだから、計画しようがない！

でも、私は、このセレンディピティをとても大事にしている。予定調和的に何かを計画したところで、結局面白いものは出てこない。本当に新しいことをしようと思ったら、予期せぬ出会い、偶然性がどうしても必要だからだ。

偶然性がないと、つい同じ方向に進んでしまう。たとえば、アマゾンのレコメン

＊セレンディピティ
素敵な偶然に出会ったり、予想外のものを発見すること。また、何かを探しているときに、探しているものとは別の価値があるものを偶然見つけること。ノーベル賞級の発見をした科学者の多くが、このセレンディピティがあったと発言している。

ド機能。たとえば一度経営書を購入すると、それからやたら経営書がレコメンドされてくる。一回検索しただけで、必ず五〜六冊は紹介される。

そこで、つい、興味を持ってしまって購入してはデスクに積まれていくことになる。以前はいろいろな本を雑学的に読んでいたのに、やたら経営書にはまってしまう。おかげで読む本は、いつの間にかずいぶん偏ってしまうことになる。

いまや、「パーソナリゼーション」と称して「あなたはこういう人間だ」と規定されてしまう時代だ。すると、自分の嗜好に偏った情報ばかりが入ってくる。その分野については理解が深まるかもしれないが、幅は広がらない。

第二部で、知識や人材において、「T字型人材」から「π字型人材」へのシフトが求められていることをご紹介した。しかしこれではT字の横幅さえなくなって、スパイクだけの「I字型人間」になってしまう。

非連続な変化の時代だからこそ、当面の関心とは違うことにアンテナを張っていないと、ものの見方が極端に狭くなってしまう。

自分を自身の当面の興味関心の方向に引きずりこもうとする力に、意識的に抗っていかなければいけない。ボーッとしていると、自分でも気づかぬうちに、「深みはあっても幅がない」人間になっていってしまう。ある意味、たいへんな時代である。

だからこそ、**つねに自分の関心を広げていくことを意識する。自分のストライクゾーンとは違うものに出会ったら、見逃さない。ちゃんと寄り道をする。**自分にはまるで関心のなかったテーマやセグメントの勉強会やパーティでも、誘われたらとりあえず行ってみる。あるいは自分から求めてみる。そういうところにこそ、意外な出会い、偶然の出会いがあるからだ。

ビッグデータとＡＩの時代、パーソナリゼーションのテクノロジーの進むいまこそ、セレンディピティ、つまり偶然の出会いに対する感度が求められている。自分のプライオリティーからすると、やや外れているものに対する感度が問われているのだ。

ノマド型人生のすすめ

ノマド型の人生というのは、遊牧民のように「定着しない」人生のことだ。

マッキンゼーではよく、コンサルタントのタイプを二分して、「ファーマーかハンターか」と言っていたものだ。ファーマーは同じところを一生懸命掘る人。一方、ハンターは面白いものを追いかけて、どこまでも行ってしまう人。

しかし、遊牧民はそのどちらとも違う。定着するわけでもなく、獲物を追いかけてどこまでもひたすら行く、というのでもない。あるところに出かけていって、そこに自分の足跡を残して、また次の旅に出る。

言ってみれば、フーテンの寅さんだ。なんと、寅さんは、ノマド型人生という最先端の生き方をしていたのである。

ノマド型の生き方は二つの意味で面白い。ひとつは、定期的に集団生活を送ることだ。集団生活を行うので、理解が深まる。自分の足跡も残る。集団の中で行動をするため、周りをある種、活性化させる。

もうひとつは、そういった環境からあえて別れを選ぶところだ。次の旅に出ていって、今度は旅先で、また同じような形で新しい文化に染まっていく。

すなわち、ノマド型人生とは、**自分の持っている良さを行った先に移植しつつ、自分もそこから新しい良さを吸収し、一回り大きくなって次に行く、そういう人生だ。**

そして、それは、人生百年時代に必要な生き方でもある。『LIFE SHIFT』の中に「五回の人生」という内容が出てくる。百年生きると五回の人生。〝変身資産〟とあるように、自分を変える力がないと、人はどうしても同じところに定着してしまいがちだが、将来を考えれば、労働市場の流動化は確実に起こる。そのとき、重要になってくるのが、ノマドの生き方となるはずだからだ。

それはスーパーエリートになれ、ということではない。自分が次に何をしたいかを考えて、自分の次の人生をつくるということ、投資をするということだ。人生百年時代、ひとつの会社だけを勤め上げることはない、ということをはじめから意識しているべきなのだ。

特に、著者が名付けたYAHOOSに代表される世代、すなわち、ヤング・アダルト・ホールディング・オプションズ、の読者には、自分のキャリアパスを意識してほしい。この一〇年間なり二〇年間に、何を獲得して、それによって、どういう次の展開の可能性があるかを予測していってほしい。

ちなみに、ヤング・アダルト・ホールディング・オプションズとは、「ヤング・アダルトはオプションを持っている」という意味だ。オプションというのは次に展開する可能性。だから、それらを多く持っている、ということだ。世代的には、一九八〇〜二〇〇〇年代に生まれたミレニアル世代と重なるが、単に、年齢ではなく、人生に対する価値観から、名付けられた。

たとえば、大学を出てもすぐには就職しないで、自分探しのために世界旅行をしたりする。就職したとしても、それはただ自分を試すためのもので、仮の姿。じつを言うと、案外これは、コンサルの人たちに多い。一、二年の間に、自分に合ったものや自分の生き方を選んで、次に行く。つまり、辞めてしまうわけだ。

要するに、**自分を型にはめずに、あえて宙ぶらりんにしておく。その場に貢献しつつ、自分もその場から吸収しつつ、次の展開を考える。**かつてはモラトリアム*とも呼ばれたその生き方が、人生百年時代のいま、ノマド的な生き方として、注目されているといえるのかもしれない。

＊モラトリアム
心理学者エリク・H・エリクソンによって心理学に導入された概念で、学生など社会に出て一人前の人間となることを猶予されている状態。

見るまえに跳べ

日本人は島国民族だと言われていたが、それは鎖国になった江戸時代のあとの話で、昔の日本人は海洋民族だった。海洋民族である日本人は、船に乗ってフィリピンのルソンへ、それからベトナムやカンボジアへと出かけていった。だから、そういった地域には日本人の墓がある。鎖国になって帰れなくなった人たちが、その土地に残って生活していた証だ。

当時の資料を見ると、かれらが現地の人から非常に受け入れられていた様子がわかる。尊敬されていた。日本人の稲作や工芸といったノウハウを現地に伝えたために、尊敬されながら現地に非常に溶け込んでいた。

それは中国人がチャイナタウンをつくるのとは質が違う。まさにノマドだ。移民するが、その土地にしっかりと根を下ろし、自分たちの良さと現地の良さをハイブリッドしていく。このハイブリッドの力こそ、日本人に特有の力だ。日本人は、和洋折衷や和魂洋才など、あらゆる時代にいいものをうまく取り込んで自分のものにしていく力を持っている。

そういった融合する力、融和する力があるとすれば、同じところで同質的にいること自体、何の得にもならない。**つねに異質なものに触れて、異質なものと同化していくプロセスこそ、**日本人の良さなのだ。そして、これがノマド的人生を推奨する理由でもある。

しかし、ここで、異質なものと同化しつつも、自分らしさを持ち続けることが重要だ。すなわち、第二部でお話ししたＪＱ、自分の軸を持っていることだ。**自分の軸を持ちながら、相手の優れたところを新たに取り込んで、ハイブリッドに生み落とす。そうした力がある限り、新しい場所に行ってもつねに価値を生み出すことができる。**

私の好きな言葉に、ＬＥＡＰという言葉がある。ＬＥＡＰとは跳躍、リスクを恐れず跳んでみることである。

大江健三郎*の初期の代表作に『見るまえに跳べ』という短編小説があるが、まさにそれこそ、ＬＥＡＰの勧めだ。**見てから跳ぶのではなく、跳ぶことによって見えてくる、新しいことが発見できる。**

*大江健三郎
ノーベル文学賞受賞作家。東大在学中の一九五八年、『飼育』により当時最年少の二三歳で芥川賞を受賞。サルトルの実存主義の影響を受けた作家として登場し、石原慎太郎、開高健とともに新世代の作家と目された。核や国家主義などの人類的な問題と、故郷である四国の森や、知的障害者である長男(作曲家の大江光)との交流といった自身の「個人的な体験」等が扱われる。

先にも触れた実存主義の概念で言えば、「投企」**だ。私たち人間は、つねに現実の中に飛び込んで、自己の可能性を追求し続ける存在なのだ。

**投企
サルトルのProjet、ハイデガーのEntwurfの訳。

前著『成長企業の法則――世界トップ一〇〇社に見る二一世紀型経営のセオリー』(ディスカヴァー)では、二一世紀における成長企業に共通している特性を、LEAPという記号で抽出した。四つの文字は、企業経営を、戦略論、組織論、生命論、哲学論の視点から分析し、それぞれに静的(スタティック)な特性と動的(ダイナミック)な要件を読み解いたものである[図34]。

すなわち、
・ビジネスモデルの要件を表すL(Lean & Leverage)、
・組織的な力の要件を表すE(Edge & Extension)、
・組織的な力を支える企業DNAの要件を表すA(Addictive & Adaptive)、
・志の部分を表すP(Purpose & Pivot)
の頭文字からなる。

つまり、持続的に成長する会社に必要な要件だ。これをLEAPというフレームワークに落とし込んだのである。

このうち、もっとも重要な要件が、LEAPのP、Purpose & Pivotだ。Purposeはそもそも何をしたいかという志や軸、Pivotは、大きく一歩踏み出すことを意味する。

二一世紀になって大きく成長を続けている世界のトップ企業は、**しっかり軸を持ちつつ、大きく踏み出すことを恐れない**。まさにノマド的な哲学を持っている。

これは人生における指針にもそのまま通じるはずだ。

自分の軸を持ちながら新しい経験をすることによって、さらなる高みにつながる。弁証法で言うところのアウフヘーベンする（三七六ページ参照）。

LEAPすることこそが、非連続な時代における自己生成を駆動するのである。

［図34］

LEAP　成長企業のフレームワーク

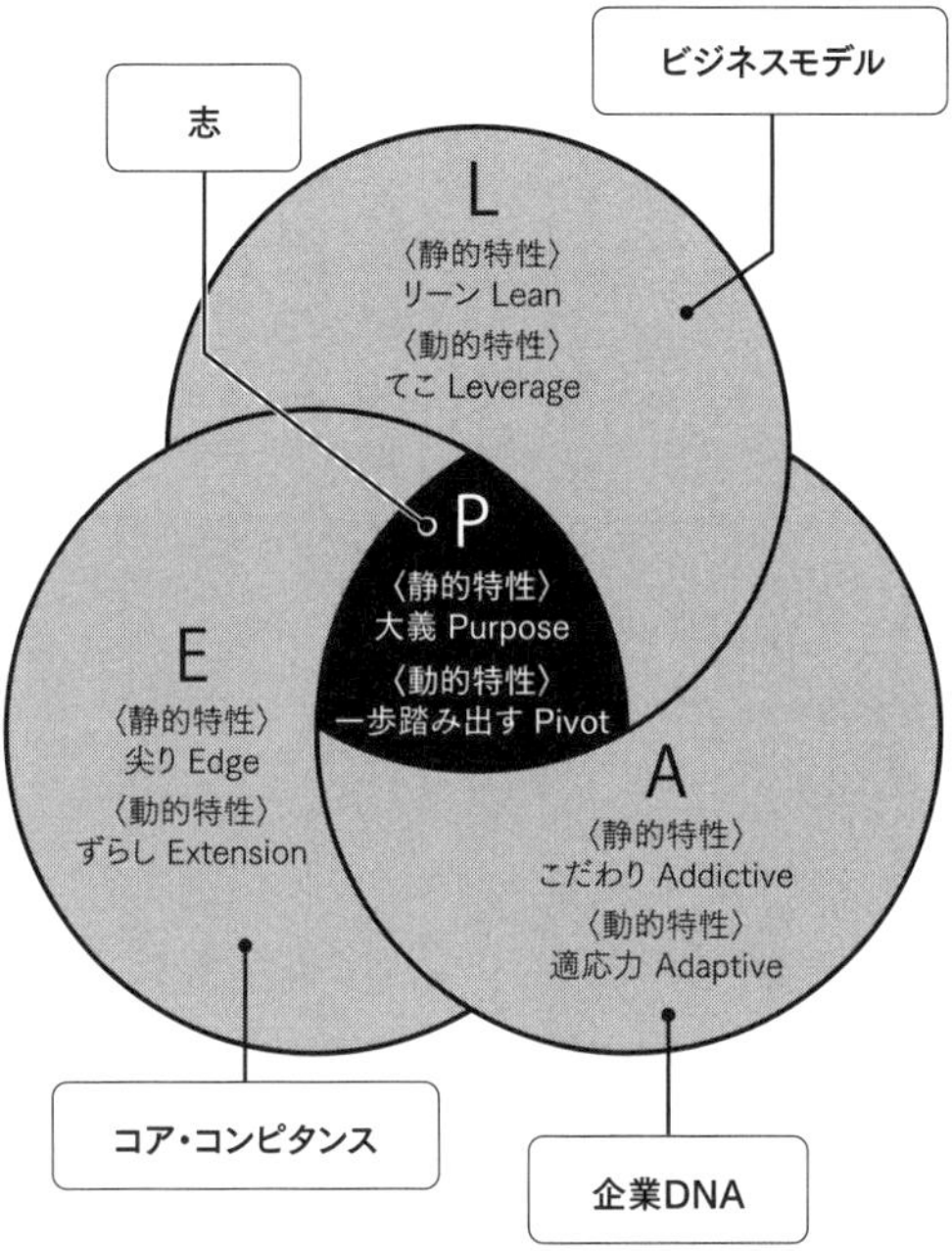

「成長の限界」を突破する

さて、自己成長を実現しようとする際に考慮しなければならないのが、「成長の限界」だ。

「キャパシティいっぱいに努力している。働いている。勉強している。もうこれ以上余力がない」、そんな思いに駆られることも少なくないだろう。「働き方改革」が叫ばれているなか、そういう思いが高まる傾向にある。

しかし、一方で同じ時間内に出すアウトプットの質も量も、人によって異なるのが事実だ。「働き方改革」とセットで語られることの多い「生産性」の問題である。

では、その個人の能力の限界を決めているものは何だろう？

なぜ、人によって、その限界値が異なるのか？

成長の限界は自分自身にある。個人のスキルは、ケイパビリティ、すなわち潜在能力をブラッシュアップしていくことで高めることができる。**問題は、「キャパシティに余裕がなく、ケイパビリティをブラッシュアップする余力がない」という状態**だろう。多くの場合、それが個人の成長の限界をつくっている。

では、ケイパビリティはどうやってブラッシュアップできるのか？

大切なポイントを三つ、紹介しよう。

1．インプット時間の規定
2．インプットタスクの絞り込み
3．プロダクティビティ（生産性）の向上

つまりこれは、自分で行う自分の働き方改革だ。具体的な業務をイメージしながらお読みになると、より自分事としてとらえられるだろう。

1. インプット時間の規定

まずひとつ目は、**仕事に対して使える時間を規定してしまう**こと。ぎりぎりまで働かないように、たとえば週五日ではなく週四日で働くつもりで時間を区切ってしまうのだ。まさにグーグルの80：20ルール*なのだが、〝八〇%しかない時間のなかで仕事をやり切る〟。あらかじめ自分の時間をぎりぎりまで使わないですむように計画するのがポイントだ。

2. インプットタスクの絞り込み

次に重要なのが、処理すべきタスクの優先順位決め。仕事を来た順番に行うのではなく、**インパクトがあって、かつ自分らしい能力が生かせるものを優先**させる。問題解決の要領でマトリクスを使って、タスクをフレーミングしてみよう。横軸に業務のインパクト、縦軸にスキルの独自性をとると、**図35**のようになる。

ここでもフォーカスすべきボックスは、「北東」すなわち右上だ。そして、切るべきところは、明らかに左下ボックスである。

時間分析をしてみると、左下ボックスの業務に、少なくとも二〇〜三〇%の時間

＊グーグルの80：20ルール
週労働日五日のうち一日分を使うことで、自らの取り組むようなプロジェクトを考え出すことができるというもの。グーグルの発想の源として話題になった。

[図35]

生産性向上のための仕事の絞り込み方

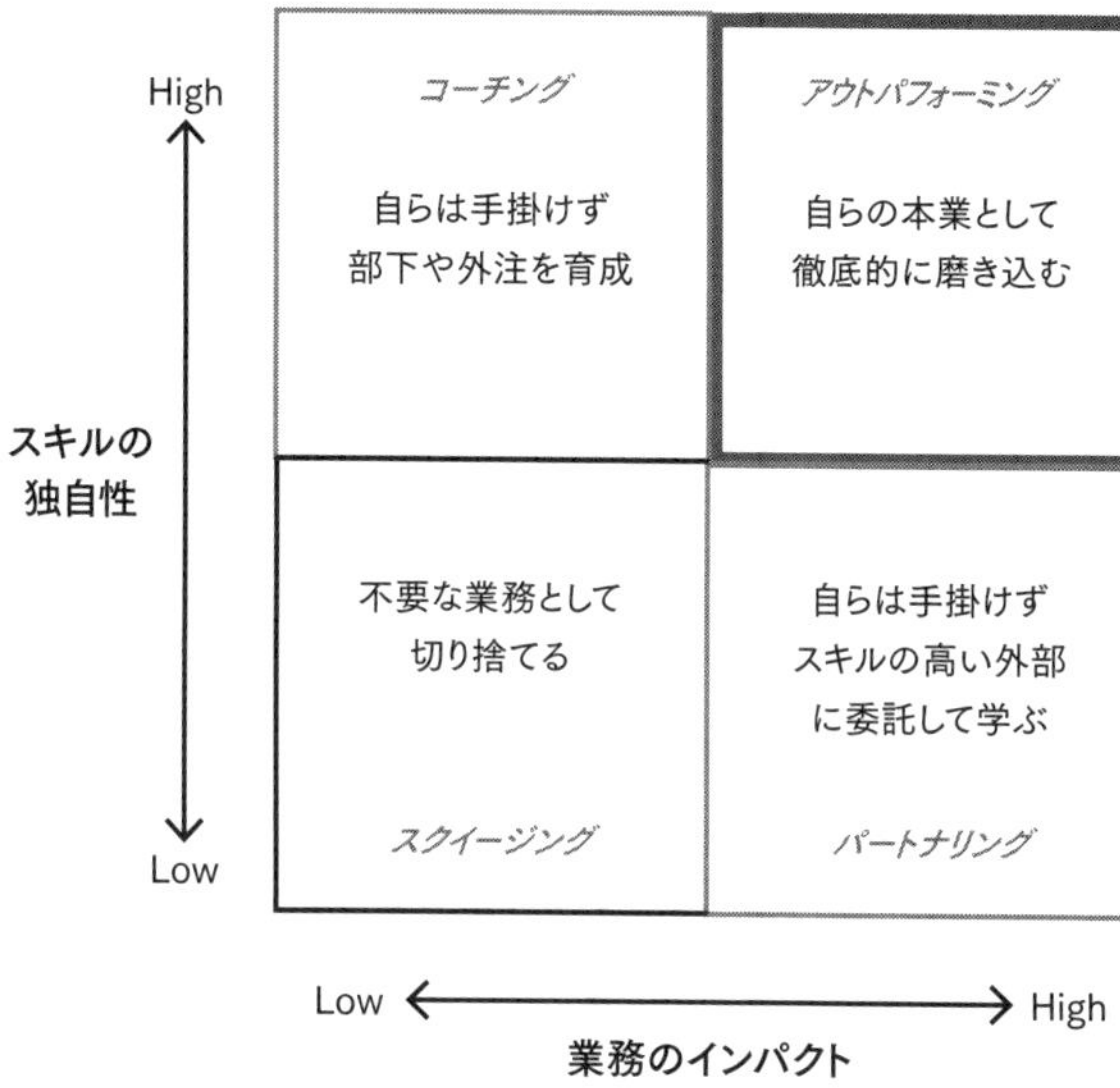

をかけているケースがほとんどだ。

逆に右上のような創造的なことに費やす時間は一〇%もない。これで仕事をしたつもりになっているのだから、生産性も低くなるわけだ。

たとえば会議。会議はやたら時間をとってしまう。アウトプットの出ない会議、あるいは、ネットで状況共有すればすむような会議をやめると、それだけでも生産性は飛躍的に上がる。

ここで、面白いケースを紹介しよう。スイスに拠点を置くJTインターナショナルに出向したJTの役員から聞いた話だ。かれ曰く、会議を開くことは命懸け！出向先では、会議の主催者は、「会議の目的」、「決定事項」、そして「その結果どんな結論が生まれたか」という三つをきちんと報告する義務があった。

この三つが出せないと、そもそも会議をさせてもらえない。八時間勤務をきちんと守るヨーロッパでは、アウトプットの出ない会議やだらだらと報告だけが続くような会議は、犯罪行為。「俺の貴重な時間を何だと思ってるんだ」というわけである。

ちなみに、日本に帰国したかれは、JTにその仕組みを取り入れた。元お役所らしく、やたら会議が多かったＪＴに、効果は絶大。命懸けの会議しか開催できないので、多くの会議と時間が省かれたそうだ。

ところでマトリクスの常として、左上と右下のボックスへの対処法は、じつは一筋縄ではいかない。あちらを立てればこちらが立たず、という二律背反の板挟みになるからだ。

たとえば、左上のボックス。自分のスキルが発揮できるので、ついつい自らこなしたくなる。しかし、ここはぐっと我慢して自分では手を出さず、ほかのメンバーに任せて、そのスキルアップを支援する。自分でやれるからといって取り込んでしまっては、結局自分がボトルネックとなってしまうのだ。

一方、右下のボックス。こちらはインパクトが大きいので、やはり自ら取り込もうとする。しかし、そもそも自らのスキルが生きないところに手を出せば、生産性以前にアウトプットの質が保てなくなってしまう。ここは思い切って、外部の専門性の高いパートナーに任せる。ただし、いつまでも任せ切りにするのではなく、外部パートナーから学んで、自らのスキルに取り込む（右上）努力も必要となる。

ここで重要な判断軸となるのが、「スキルの独自性」である。前述したとおり、**独自性があるからといって、自前だけで全部やり切らないで、他力を活用することも大切**だ。

チームメンバーを育て、自分でなくてもできる状況をつくる（左上）。逆に自らの独自性が発揮できない業務は、外部の知恵を徹底的に使い倒す（右下）。このような「レバレッジ」の発想が、仕事量の効果的なスリム化につながる。

レバレッジをかけるためには、**業務の標準化**が必須だ。左上のように、他の人に業務を振るためには、自分だけにしかできない〝職人技〟では困る。自分でしかできないところは磨きをかけつつ、それを再現性のプロセスに落とし込む。その結果、標準化、共有化が進んでいく。

右下のように業務を外に委託する際にも、自社との業務フローを統合するためには、インターフェースの標準化が求められる。さらに、外部の「職人芸」を内部に取り込むためには、その業務そのものの標準化の努力が必要となる。

標準化することで、さまざまなＩＴツールが使えるようになる。インターフェースがオープンになれば、外の資産を使えるようになり、生産性もアップする。トヨタ生産方式は、そのような業務プロセスの標準化により、自社の現場の知恵が共有化され、外部の知恵を取り込むことで、生産性を向上し続けることを目指しているのである。

- **業務の重要度の見極め**
- **自分固有の業務かどうかの判断**
- **業務フローの標準化**

これら三つの対策を行うことで、優先度の高い業務量を絞り込むことができる。

3. プロダクティビティ（生産性）の向上

インプットの時間と業務量を絞り込んだうえで、いよいよ生産性をどう上げるかが本丸の課題となる。

そこでの最大のドライバーは、**モチベーション**だ。[*] わかりやすく言えば、「やる気」、または「本気度」である。

自分が好きなものだったら、思いっ切りはまる。はまれば、思いっ切りブレーン

＊モチベーション
モチベーションは結果を大きく左右する。『仕事と人間性』（東洋経済新報社、一九六八年）によれば、仕事への満足感は、達成、承認、仕事自体、責任、成長といった「仕事の内容」に関係していて、仕事への不満感は、会社の政策と経営、監督者との関係や、給与、作業条件、対人関係といった「仕事の環境」に関係する。

パワーが回る。アドレナリンが出る。アドレナリンが出てくると、あっという間に生産性が三倍になる。日本電産の永守さんが「働き方改革」で、もっとも重要視されているレバーである。

ランナーズ・ハイという状況を味わった人も、多いだろう。長距離を走ると、最初はつらいが、あるところからゾーン*に入って、苦しみを感じなくなる。

私は、二キロ泳ぐことを日課にしている。最初の一キロはつらいが、そこを過ぎると、自分がエラ呼吸ができるような錯覚に陥り、何キロでも泳げるような気がしてくる。さしずめ「スイマーズ・ハイ」といったところか。

同様に「ワーカーズ・ハイ」という現象が、仕事でもよく見受けられる。「ゾーン」に入った人たちにとって、仕事は快感そのものとなる。そうなると手がつけられないくらい生産性が上がっていく。もちろん、そのまま放置していると過労死してしまいかねない。だからこそ、最初の条件であるインプット時間の管理がキモとなる。

部下を持った人であれば、部下のモチベーションを上げることも大切だ。褒める。褒め殺して、期待をかける。「あなたは、本来もっと力があるはず」「ポテンシャル

＊ゾーン
他の思考や感情を忘れてしまうほど、没頭しているような状態。その体験をアメリカのポジティブ心理学者、ミハイル・チクセントミハイは「フロー体験」と呼んだが、これは特に新しいものではなく、運動選手が「ゾーンに入った」と表現してきたものと同じである。

をフルに発揮している姿を見てみたい」といった具合だ。

しかし、一番いいのは、**何のためにその仕事をしているのかを、本人にしっかり腹落ちしてもらうことだ。**その際にも、次の二つのPがカギを握る。

まず「志、目的」(Purpose)に火をつける。すると、「やらされ仕事」だったものが、「自分事」になり、「一歩踏み出す」(Pivot)勇気が内側から湧いてくる。

そうなると、WorkはLifeの一部となるので、Work Life Balanceなどという課題そのものがなくなってしまう。**「働き方」改革ではなく、「働き甲斐」改革**こそが、本来目指すべき姿である。

ミレニアルの人たちは、仕事に淡泊で扱いにくいという話をよく耳にする。たしかに、自分の生活を犠牲にしてまで、仕事に燃える若者は稀かもしれない。しかし、ミレニアルの人たちは、社会性や共感性への感度は、これまでの世代よりはるかに強い。その感性に火をつけることができれば、「働き甲斐」に目覚める若者も少なくないはずだ。

リクルートに、モチベーション向上の仕組みを学ぶ

自分のやりたいことを意識させ、モチベーションを上げる仕組みを駆動させている企業がリクルートだ。**図36**に示した「Will Can Must シート」がそれである。Willは「自分はこれをやりたい」という志を表している。**リクルートを使って達成したい夢や目標**のことだ。

一方、いくら志が高くても、何もやらない、できないやつは使いものにならない。そこで、「私はこれができる」という**自分の能力や強み**をCanと呼んでいる。

しかし、Canだけでは自分のできる狭い範囲でしかWillの実現はできない。Willを達成するためには、**最初は気分が乗らなくても、自分がしっかりと身につけるべき業務やスキル**がある。これがMustだ。

［図36］
リクルートのWill Can Mustシート

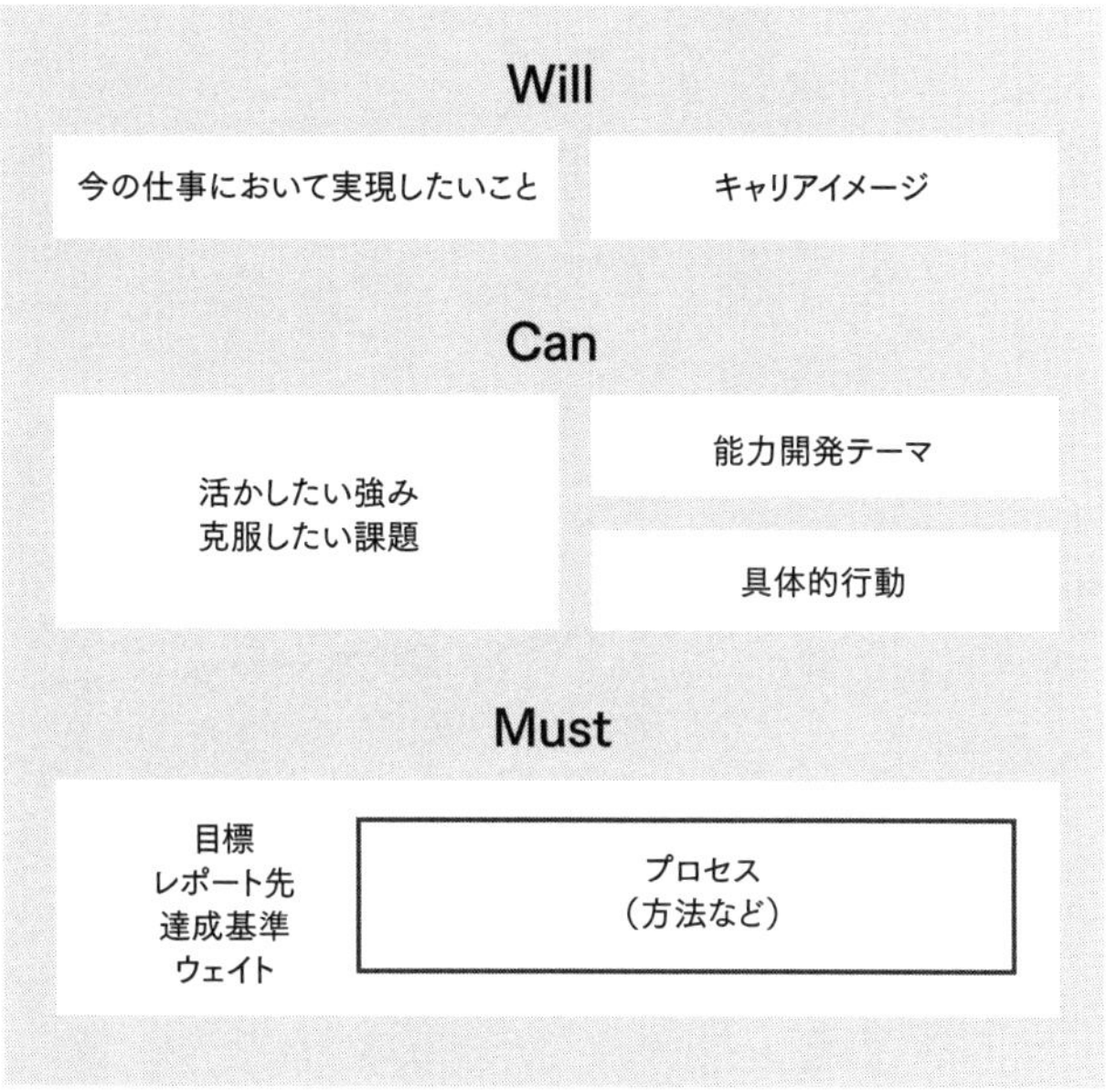

出典：リクルートジョブズ公式サイトより

このWill、Can、Mustの三角形をきちんとつくることが、リクルートのマネジメントにとってとても大事なポイントだ。One-On-Oneセッションで部下のひとりずつとしっかり向かい合う。

たとえば一〇〇人の部下を持っているとすれば、たいへんな労力をかけることになる。それでも、その努力が部下本人のパフォーマンスと成長、そして自分自身のパフォーマンスと成長に直結するので、みな本気で取り組んでいる。

何のためにこの会社があるのか。自分たちはどうやって世の中を変えたいのか。このようなことを、リーダーが志として、どう持つか。それを組織のメンバーに、どう自分事として共有化するか。

飛躍的な成長のための求心力は、リーダーが志を高く持ち、それを共有していくことから生まれる。

障子を開けてみよ、外は広いぞ

「障子を開けてみよ、外は広いぞ*」

これは、トヨタグループの創業者である豊田佐吉翁の言葉だ。祖業は自動織機。織物という日本のお家芸だったものから、自動車をお家芸にしていく非連続な成長企業のルーツが、この言葉に読み取れる。

高度な学習能力があれば、新しいフィールドに出て行って、最初はゼロでもあっという間にプロになる。だから、同じ織機ばかりやっていても、やがて成長の限界を迎える。であれば、「その労力をもっと違うところに向けてみようよ」と。

これまで自動車はやったことがないけれども、われわれのこの熱意と能力でぶつかっていけば、自動車だってものになるかもしれない。同じところにとどまらない。

*障子を開けてみよ、外は広いぞ
トヨタの創業者豊田佐吉が事業家として成功し、中国上海に工場進出し、家族で移住したときの言葉とされている。

常に新しい世界を見つめてみよう、と。

佐吉翁のこの言葉は、ひとりひとりにも当てはまる話だ。なぜ縮こまってしまうのか。自分はこれしかできない、と否定してしまうのはなぜなのか。

子どもの頃は、いろいろなものに興味を持っていた。いろいろなポテンシャルがあった。プロのスポーツマンになるかもしれない、ノーベル賞受賞の科学者になるかもしれない、何になるかわからない、ものすごい可能性があった。けれども、時間とともに、その可能性がだんだんと狭まってきてしまった。

これは、反復型の受験勉強や同質的な経験の蓄積が、ポテンシャルの広がりをどんどん狭めていってしまったからだ。新しいことに触れる、新しい経験に触れることの喜び、そこで失敗することの悔しさ。子どもの頃は、そこからもう一回出発していたはずなのに。


「障子を開けてみよ、外は広いぞ」

佐吉翁のこの言葉は、狭いプロフェッショナルとなり、新しい経験を拒否してしまっている人々に対して、もう一度ゼロベースで新しいものにチャレンジする勇気を持ちなさい、というメッセージだ。

非連続な変化の時代、可能性は、外にたくさんあふれている。それを制約しているのは、自分自身でしかない。ピボット風にアレンジすれば、こんなメッセージになるだろうか——「一歩踏み出してみよ、新しい風景が開けるぞ」。

この章のまとめ

・洞察力・共感力・人間力が自身の資質を磨くための大事な能力である

・予定調和的に何かを計画したところで、結局面白いものは出てこない。本当に新しいことをしようと思ったら、セレンディピティ(予期せぬ出会いや偶然性)が必要

・個人のスキルは、ケイパビリティをブラッシュアップしていくことで高められる。「インプット時間の規定」「インプットタスクの絞り込み」「プロダクティビティの向上」により、個人の成長限界を突破できる

・反復や同質的な経験はポテンシャルの広がりを狭めてしまう。もう一度ゼロベースで新しいものにチャレンジする勇気を持つことで、新しい風景が開ける

第一五章

社会課題を解決したいあなたへ

第三部では、コンサルにとっての、そしてコンサルを超えるための視点や考え方をお伝えしてきた。特に個人のスキルアップにスポットライトを当てたつもりだ。では、本書のテーマである問題解決のスキルを、いったい何に使うのか？　どんな仕事に用いていくのか？

社会課題に目覚めたミレニアル世代

リーマンショック以降、大きく変化してきたのが、社会課題の解決にかかわりたいと思うミレニアル世代が増えてきたことである。いわゆるエリートと呼ばれる人たちの間でも、社会性の高いビジネスに人気が集中している。課題解決力を持った人たちが、その能力を社会課題の解決に活用しようとする傾向が、確実に強まってきているのだ。

マイケル・ポーターはこれを、〝ブレイン・ドレイン（脳みその流出）〟と嘆いていた。ハーバードの成績上位五％の人たちであるベーカー・スカラーは、昔はゴールドマン・サックスかマッキンゼーに就職していたのが、いまはＮＰＯ*に行ってしまう、と。大企業や金儲けはクールではない。地球やコミュニティにいかに貢献でき、未来の世代に何を残せるかが、かれらの最大の関心事になっているのだ。

マッキンゼーの卒業生にも同様の傾向が見られる。日本のマッキンゼーでも、前述のように、気仙沼ニッティングの社長として、東北復興事業を手掛ける御手洗瑞子さんや、オイシックス・ドット大地の高島宏平社長のように、マッキンゼーでの経験を生かして、社会性の高い事業を起業する人たちが増えている。

＊ＮＰＯ
(Non-Profit Organization/ Not-for-Profit Organization)

さまざまな社会貢献活動を行い、団体の構成員に対し、収益を分配することを目的としない団体の総称。


実際、マッキンゼー的な手法は、社会課題の解決にも十分パワーを発揮する。たとえば、一四章で紹介したインパクト、イノベーション、インプルメント。これら〝三つのＩ〟は社会問題にも大いに当てはまる。大きな社会課題を正面からとらえ、それまで解けなかった問題を革新的に解き、そしてそれを実行可能にする。こういった形で知性を使うのであれば、拝金主義に陥りがちなコンサルの技を、社会が抱える大きな課題の解決に活用できる。

では、社会課題とは具体的にどんなものかと言えば、これはもう山ほどある。食料問題。貧困問題。医療問題。すべて〝問題〟である以上、それを解決する問題解決の力が求められていることになる。

社会課題の解決の財源としては、これまでは税金が充てられていた。公的な機関が、税金という形で富を集め、社会インフラや助成金などの形で富を再分配する。しかし、社会課題は大きくなる一方で、従来の分配では追いつかなくなってきたのだ。

もちろん、これまでも、こういった問題解決を行う人たちがNPOにも存在した。しかし多くは富を生み出す力が弱く、結果、分配されたお金を使うだけで終わってしまうことが多かった。富が持続的に回る仕組みをつくるところまではなかなか至らないできた。

こうしたなか、マッキンゼーの技を学んで、社会的な課題にしっかりと転用しようとしている起業家たちに期待が集まっているのである。

マーケティング3・0 顧客課題から社会課題へ

社会課題への関心は、マーケティングの世界でも高まっている。フィリップ・コトラー教授は、「マーケティング3・0」という新たなマーケティングのパラダイムを唱える。**「企業が解決すべき問題は、顧客課題ではなくて社会課題だ」**という考え方である。

これは、ソーシャルメディアの発達、社会的課題の顕在化、市場の成熟によって盛り上がってきたものだ。

第二次世界大戦後、自社製品の存在や機能を知らせることがマーケティングの使命だった（マーケティング1・0）。それが七〇年代以降、消費者のニーズを吸い上げ、満足させるためのマーケティングを行うようになった（マーケティング2・0）。しかし環境破壊や格差といった社会問題が深刻化。そこで、マーケティングの対象を、単なる顧客課題から、より大きな社会課題にシフトさせる必要がある。それがマーケティング3・0だ。

顧客は、ある意味で、きわめてエゴイスティック、自己中心的だ。二〇世紀のマーケティングは、そのような欲望を煽り続けることを主眼としてきた。しかし、かれら・彼女らの欲望どおりにしていると、社会も地球もパンクしてしまう。

そのようななかで、「みんなが共存できる環境や、共感できるいいコミュニティを創りたい」という意識が、先進的な顧客やミレニアル世代の間で、急速に台頭してきた。そしてソーシャルメディアが、そのような思いを広げる格好のツールとなり、社会課題の解決を目指すという企業姿勢が、顧客の共感を生むことになる。この新しい潮流を受けて、マーケティング3・0が登場してきたのである。まさに二一世紀的な考え方だ。

CSVという選択

経営論においても、二一世紀型の新しいモデルが登場してきた。マイケル・ポーター教授が唱えるCSV（Creating Shared Value）だ。CSVについては、第一部、第二部でもご紹介したので、ご記憶かと思う。簡単に復習すると、**社会課題を解決することで、社会価値を高めつつ、経済価値、すなわち自社の企業価値を高めようとするもの**である。

社会課題は山積している。課題として放置されているのは、解決策が生み出されていないからだ。もちろん、税金で対応する（公共事業）、あるいは、善意で応えようとする（NPO）という選択肢はある。しかし、それらは持続可能な解決策とはなりえない。

ＣＳＶを実現するためには、収益を持続的に生み続ける事業モデルの構築が必須となる。マイケル・ポーター教授やＣＳＶ先進企業のネスレは、事業のイノベーションこそが、カギを握ると言う。

そこで役に立つのは、現状のバリューチェーンとカネの流れを把握する分析力と、新しいバリューチェーンとカネの流れを設計する構築力だ。左脳と右脳をバランスよく鍛え上げた良質なコンサルであれば、持ち合わせている力である。

私が主催するＣＳＶフォーラムなどでＣＳＶに取り組む際には、**社会課題をいかに儲かる仕組みに変換するか**が、最大のチャレンジとなる。第二部でも述べたように、**空間軸や時間軸をいかにシフトさせるか**が、知恵の絞りどころとなる。

企業とＮＰＯや地域、学校などとのコラボレーションによって、ＣＳＶを実践する動きも広がっている。

私自身、この半年間だけでも、Co-creAtionという企業とＮＰＯの共創プログラム、地方創生まちづくりフォーラム「まちてん*」、文部科学省主催の「青少年の体験活動推進企業表彰式」などで、日本型ＣＳＶ（Ｊ－ＣＳＶ）を提言させていただいた。

＊まちてん
企業、大学、地域・自治体などが連携する場を作り、持続的なまちづくりや地域づくりを提供していく場。まちてん実行委員会主催のフォーラムは、内閣府・復興庁・総務省・文部科学省・厚生労働省・農林水産省・経済産業省・国土交通省・環境省・全国知事会・全国市長会・全国町村会が後援。名だたる企業もスポンサーとなっている。

また、農業版MBAを目指す日本農業経営大学校では、「農業経営における社会的価値創造」という講座を始めた。いずれの機会でも、受講生や参加者のみなさんから、CSVに関する強い関心や熱意を感じさせられる。

「社会課題先進国」とされる日本。であれば、「社会課題解決先進国」を目指したいものである。その際に、CSVは問題解決の切り口として大いに役に立つはずだ。日本発のCSVの旗手の活躍を、これからも期待したい。

ソーシャル・システム・アーキテクトへの道

大前研一さんのあとにマッキンゼーの東京支社長になった横山禎徳さんについては、第一三章でも少しご紹介した。かれはもともと、東大とハーバードの建築科を出た建築家だった。コンサルタントとしても、個別の顧客の問題を超えて、社会全体の仕組みを変革することを目指していた。そして、東京大学エグゼクティブ・マネジメント・プログラム＊（EMP）の企画・推進責任者となったいまも、「社会システム」の変革を提言している。

横山さんは、自らを〝**社会システム・アーキテクト**〟と呼んでいる。問題解決の本質的な使い方は、単に個別の顧客の問題解決をするのではなく、社会システム全体を再構築することにある、と。「問題解決において、過去の仕組みにとらわれるのではなく、むしろ新しい仕組みを構築する人になるべきである」というのが、この〝アーキテクト〟という言葉に込められた思いだ。

社会システムは、まさに複雑系そのものである。社会課題を解決しようとすると、あらゆるものが複雑に絡み合っている関係性が好循環に回るように、再設計しなければならない。アマゾンのように顧客を満足させることだけに注力したのでは、社会全体の仕組みとして持続しない。サプライヤーや物流業者の犠牲の上に成り立っているからだ。

＊東京大学エグゼクティブ・マネジメント・プログラム
東京大学が蓄積してきた知恵を活かし、次世代を切り拓く人材を育成するためのプログラム。

社会全体がちゃんと回る仕組みを構築するためには、複雑系をしっかりと解かなければならない。どちらを優先するのかという二元論に逃げずに、全体がレベルアップする仕組みを考えなければならない。それがソーシャル・システム・アーキテクトの役割である。

ボストン コンサルティング グループ出身の社会思想家としては、アンドリュー・ウィンストン氏の活躍が注目される。かれは最新書『ビッグ・ピボット』の中で、環境問題、資源問題、企業責任という三つの社会課題を解くための包括的なアプローチを提言している。

私がこの本の翻訳版の序文で書いているように、WHY（なぜ変えるのか）、WHAT（何を変えるのか）、HOW（どう変えるのか）がロジカルに示されている。ぜひご一読をお勧めしたい。これもまた、コンサルタントとしての技を、社会システムの再構築に役立てている好例だと言えよう。

このような社会思想家としてではなく、自ら社会課題を解決する事業を立ち上げる若き起業家も多い。日本のマッキンゼーからも、オイシックスの高島宏平さんや、気仙沼ニッティングの御手洗瑞子さんをはじめ、多くの社会起業家が巣立っていることは、前にもご紹介したとおりである。

個別課題ではなく、社会全体の課題の解決が、求められている。高度な問題解決スキルのある人材が、企業コンサルの世界から、社会システムを変革する立場に大きく流れ始めている。そのような知の地殻変動が社会問題を解決する大きな力になっていくはずで、これからの活躍が大いに期待される。

持続可能な社会の実現に向けて

レイチェル・カーソンの『沈黙の春』という本をご存じだろうか？　一九六二年に出版されるや、世界的なベストセラーになった。農薬などの化学物質の危険性を、

「鳥たちが鳴かなくなった春」という出来事を通して訴えた作品だ。私は高校時代の生物学の課題図書として本書を手にして、愕然とした思い出がある。

地球環境問題の深刻さに大きく警鐘を鳴らしたのが、一九七二年に出版された『成長の限界――ローマ・クラブ「人類の危機」レポート』だ。システム・ダイナミクスの手法を用いて、「人口増加や環境汚染などの現在の傾向が続けば、一〇〇年以内に地球上の成長は限界に達する」と予想、世の中に衝撃が走った。

日本では一九七四年から、有吉佐和子さんが朝日新聞で『複合汚染』を連載。東京においても光化学スモッグが発生し、公害が大きな社会問題として注目された時期だ。

それからはや五十年。この間、この問題は、話題に上がっては消えてを繰り返してきた。最近では、「成長の限界」という言葉よりは、**「サステナビリティ（持続可能性）」**という言葉が使われ始めている。サステナビリティとは、これまでタダだと思っていた環境や社会のコストに配慮しながら価値を生み出そうという循環経済型の発想である。

二〇一五年九月の国連サミットで採択された「持続可能な開発のための二〇三〇

アジェンダ」では、二〇三〇年までの一七のゴールが設定された。いわゆる「SDGs（Sustainable Development Goals）」である。日本政府も国を挙げて積極的に取り組もうとしている。

単純に物欲や営利を求めるだけの経済成長が、いずれ限界を迎えるのは明らかだ。環境コストや社会コストを軽視していては、そのツケはいずれ将来の世代が払わなければならなくなる。

かつてヨーロッパの国々は、植民地の奴隷を人件費ゼロで使うことで、発展してきた。現代ではさすがに奴隷はいないが、低開発国の児童を一日二十時間も働かせることによって成り立っている企業は少なくない。

たとえば一九九七年に発覚したナイキの「奴隷工場」事件。同社が委託する東南アジアの工場で、劣悪な環境での長時間労働や児童労働が発覚。この事態に米国のNGOなどがナイキの社会的責任について批判した。それが世界的な製品の不買運動を引き起こし、ナイキは経済的に大きな打撃を受けることになった。

また最近では二〇一五年に、イギリスで「現代奴隷法」が制定された。これは企業に、サプライチェーン上の奴隷制を特定し、根絶するための手順の報告を求めるものだ。二〇一七年時点で、この法律に対応している日本企業はまだ一七社にすぎなかったが、英国で事業を展開していない日本企業にとっても他人事ではないはずだ。

二〇二〇年、東京オリンピック・パラリンピックに向けて、日本企業に関連する奴隷労働への注目が、ますます高まってくるだろう。自社ではさすがに奴隷労働はありえないと高をくくっている企業は多いが、新興国の二次、三次の下請けまで、しっかり管理が行き届いているところは一握りしかない。

人権だけではない。これまで「外部コスト」として無視してきた環境や資源、コミュニティの生態系などについても、それを内部コストとして織り込ませるような新しい枠組みがいずれできあがっていくだろう。たとえば環境コストや社会コストに対応した新しい会計制度やバランスシートも、やがて出てくるだろう。

社会課題の解決が、企業活動の評価軸のひとつとなり、GDPに代わる国の経済力を測る指標の一部になっていく日が来るであろうことを期待したい。それまでには、まだ少し時間がかかるかもしれないが。

ただ救いなのは、それ以前に、消費者が気づき、奴隷労働まがいのことをさせている企業などの商品の不買運動が起きることだ。先述したナイキもその強烈な洗礼を受けたケースだ。最近では、SNSがメディアとなって、そのような不買運動はあっという間に世界的に広がっていく。企業自身が自社のサステナビリティのためにも、自制せざるを得なくなってきているのである。

営利だけを追求すると、社会価値を破壊するだけでなく、自社の企業価値そのものをも棄損することを、良識ある企業のリーダーはわかってきた。ネスレやユニリーバは、その先頭集団である。日本にも味の素や花王、ファーストリテイリングや三菱ケミカルなどを筆頭に、社会課題の解決を経済価値向上のドライバーとして取り組むCSV企業が、ぞくぞくと増えてきている。

持続可能な社会の実現に向けて、いかに人間の英知を結集していくか。そのような志を持った社会課題解決型の人材が、いまこそ求められている。

この章のまとめ

- 食料問題、貧困問題、医療問題といった社会課題に対して、コンサル技である問題解決は有効な解決手段となる
- 社会課題への関心は、マーケティングの世界でも高まっている。企業が解決すべき問題は、顧客課題から社会課題へとシフトしつつある
- 社会課題に対し、公共事業やNPOでは収益を継続して生み続けることができない。持続的な解決をおこなうためには、CSV（社会価値を高めつつ、経済価値、すなわち自社の企業価値を高めようとすること）を実現することが不可欠
- 持続可能な社会の実現に向けて、人間の英知を結集していくこと、そしてそのような志を持った社会課題解決型の人材が求められている

おわりに

本書には、コンサルとして長く活動してきた私の問題解決のノウハウを存分に詰め込んだつもりだ。コンサルが持つ問題解決の手法と、これからあるべき姿、堪能していただけただろうか。

最後に、ここまでの話を総括しつつ、これからを担う読者へのメッセージとしたい。

──マッキンゼー vs. ボスコン──

マッキンゼーとボスコンの役割の違いを象徴するフレーズがある。

「五年に一回来る非連続のときはマッキンゼー。それを組織の力に落とし込むときはボスコン」

これは、ある企業のトップが、コンサルの使い方を表現したものだ。もっとわかりやすく言うなら、「怖いもの見たさならマッキンゼー。気を許して付き合えるのがボスコン」とも。

ビジネスモデルとしてマッキンゼーは割に合っていないことは言わずともわかるだろう。五年に一回、三カ月しか使われないで、その間の四年間はずっとボスコン。マッキンゼーはあまりに損な役回りだ。

しかし、このことは、それだけ、マッキンゼーが、第二部でお話ししたMTP(Massive Transformative Purpose)をシェイプアップする役割を担っていたことを示している。

特に大前さんの頃は、「あなたはこれでいいの？　もっと、こういうことができるはず」と顧客を大きく揺さぶっていた。遠く未来を見る人にとっては、あるいは、近くしか見えない人にとっては、極めて重要な目線を与えてくれる、大切な存在なのだ。

遠くを見る視点、近くを見る視点。これを象徴するものに、「凹レンズと凸レンズ」がある【図37】。時間軸と計画の厚みを示したものだ。

［図37］
遠近両用アプローチ

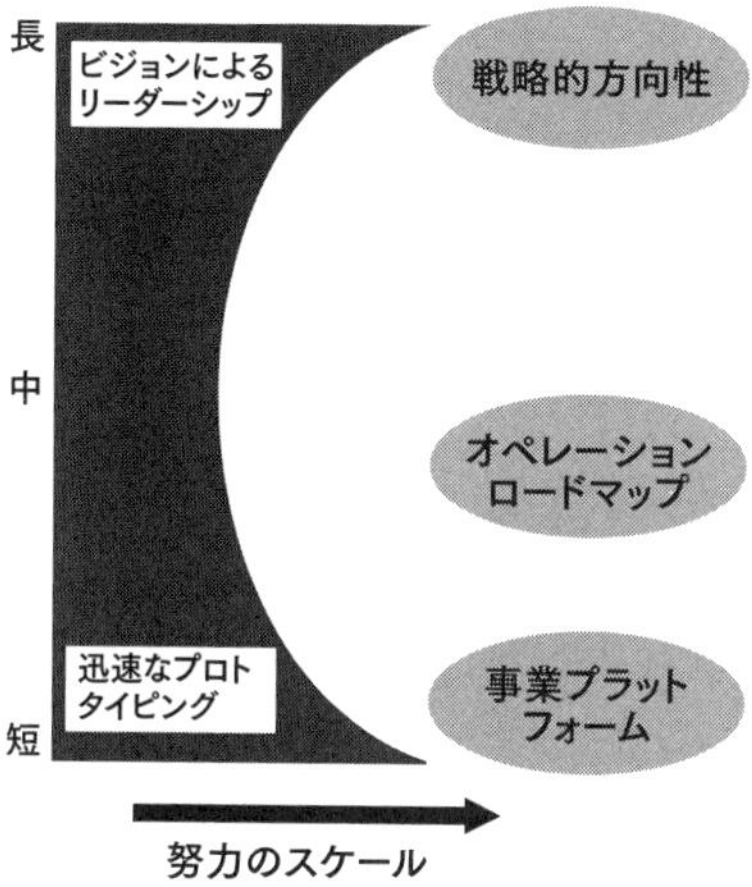

- コミットメントとリスク許容度を設定する広範かつ具体的な戦略
- 投資やリスク判断を変更する際の関門となる具体的なマーケット指標
- 優先順位や特定のアクションを決定するためのフレームワーク

- 盤石かつ、十分なスコープをカバーしたアクションリスト（当初、優先順位は決定するが、その後再考）
- 戦略の方向性に合わせて最大スピードで次々にアクション実行

- 特定市場の学習と迅速な軌道修正を可能にする、拡張性・柔軟性があるプラットフォーム
- オペレーションのニーズに合わせ段階的に構築

一般的な会社は、腹が出た中年を思わせる〝凸レンズ〟型になっている。つまり、中期計画を主軸とした経営だ。短期の計画はおろそか、長期計画はもっとおろそかにする「中期計画症候群」。

近年おかしくなってしまった東芝は、まさにこの状況だった。そもそも計画は、先が見える時代には効果的だが、非連続な時代には向かない。三年前に考えたことを実行しても、時代からずれていくだけだ。ではどうするか、というと、「ローリング」と称して、毎年計画を変更しているわけだ。結局、中期計画は守られないが、それは環境変化のせいになってしまう。

いい会社の場合〝凹レンズ〟になっている。毎週、毎月といった超短期の計画と、たとえば二〇五〇年の展望のような超長期計画を立てる。企業として大切な視点は、この**短期と長期の視点**なのだ。大前さんのように先を見る目はとても大切だ。が、それと同時に、ＫＰＩを定めて短期をしっかりやり切ることも大切なのである。

マッキンゼーとボスコンの使われ方も、この時間軸の違いと関係がありそうだ。**長期を見るときにはマッキンゼー、短期に実践する際にはボスコン**、といったところか。

いずれにせよ、コンサルを活用する際に、留意すべきことがある。**コンサルティングは即効性がある一方で、危険性をはらんでいる**ということだ。

実際、自社の実力も顧みず、コンサルといっしょに一〇年先の大きな世界を夢見たところで、絵に描いた餅にすぎない。また、戦略の実践も含めてコンサルをべったり入れてしまうと、コンサル頼りの体質が抜け切らず、何億円も払い続ける結果になる。まさに、ドーピング企業だ。

一方、コンサルを「ブートキャンプ」と位置付けるなら、企業にとっていい変革の契機になるかもしれない。これまで使わなかった頭の筋肉や組織のパワーを鍛えることによって、次世代成長を目指す体力が身に付く可能性がある。

二大コンサルの違いやコンサルの使い方について詳しく知りたい方は、次回作をお待ちいただきたい。

—マズローの第六段階へ～社会に何を果たせるか？—

新しいことを行うためには、一度ゼロベースに立ち返ることが重要だ。これは、企業だけではなく、個人にも当てはまる。**自分をもう一回、ゼロベースにして、新しいものに対してチャレンジできる状況にしておく**ことが大切だ。

たとえば、いま世界的に流行しているマインドフルネスがそのひとつ。第二部でもご紹介したような、瞑想や座禅といった活動だ。

五感を研ぎ澄まして、自然と会話を始める。自分のエゴを捨てていくと、自然の力が自分の中に湧き起こってくる。するとそこから未来が姿を現すというのだ。ほとんど宗教の世界だが、面白いのは、本当にクリエイティブな人は、似たような体験をしているということだ。

ミケランジェロが彫刻を彫るときには、大理石の中から「自分を彫り出してくれ」というささやきが聞こえてきたそうだ。そうすると、彫っていくうちにダビデの像が出てくる、というのである。スティーブ・ジョブズが瞑想を行っていた際も、こういったスピリチュアルなブートキャンプを行っていたという。

自分の中から未来を生み出すにはどうすればいいか。いまの現実にとらわれて、仕事をした気になっていても、こういう事態は絶対に起こらないし、本当に意味のある人生に目覚めることもない。

マッキンゼーを辞めた人にソーシャルビジネスを手掛ける人が多いのは、これが理由かもしれない。心身のブートキャンプを求めるなら、コンサルではなく、禅寺かＮＰＯの門を叩いてみることをお勧めする。

個人の成長といえば、マズロー＊の五段階説が有名だ。しかし、それには決定的な限界がある。生存の欲求から安全欲求、そして最後は自己実現ということになっているが、それではあまりにも自己中心的な世界にとどまってしまう。マズロー自身、死ぬ間際に「自己超越」という第六段階を付け加えたという[図38]。この段階になってはじめて、「自分を通じて未来が出現する」状況に到達するはずだ。

自己実現は、自分の器が満たされる状態だ。その中身を無にして、本来の目的に向かって深く、潜み込んでいく。そしてその深みで得た本質を、もう一回現実に戻って実現していく。これが第二部でもご紹介したＵ理論の実践である。

こういったスピリチュアルな経験のできる人が、自分と、そして企業や社会を変えていくのだと思う。

＊マズロー
アメリカの心理学者。マズローの欲求のピラミッドで知られ、人間についての学問に新しい方向付けを与えようとした。人間性心理学の生みの親とされている。

［図38］
マズローの欲求段階説との関係

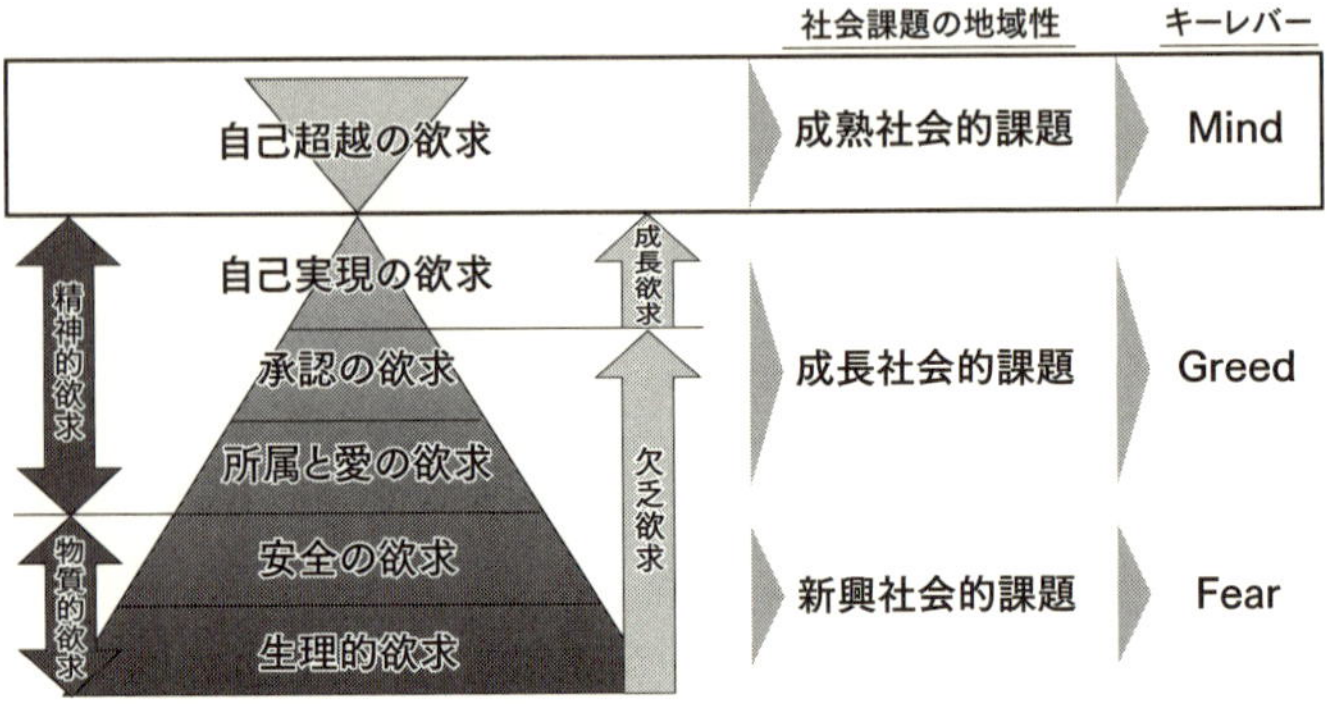

──問題解決師ではなく、価値創造者に──

二一世紀のバリューをつくっていくのは、問題解決のプロではなく、何が価値なのかを判断できる人だ。つまり、磨き上げたJQを持っている人。

真善美の善を理解せず、真ばかりを追求していると、IQだけの世界になってしまう。逆に美だけ追求すると、EQだけの世界になって、何でもありになってしまう。本当の価値とは何か、価値の軸をどう持つのか。そういった視点にこだわったうえで、問題解決をしていかなくてはいけない。

そのためにはどうすればいいのか？

やはり、何かにとらわれている自己をいったん無にして、自分のミッションや、本質的に何が必要なのかといったことを深く追求する努力を続けることだろう。

個人個人が自分の本来のミッションに目覚めていけば、これまでとはまったく違う人生なり、国民なり、社会になっていくはずだ。教育や環境を変えていく力になる。

そのためには「問題解決のスキルを磨く」ところにとどまらず、**「自分だけが本**

当に生み出せる価値は何か」ということにこだわり続ける必要がある。

あなたの志は何ですか？

——明治維新の精神的指導者・吉田松陰の口癖だったという。

いま、答えがなくてもいい。**重要なのは考え続けることだ。**たとえ、いま、答えを持っていると思っている場合でも、考え続けることだ。現状に満足することなく、つねに破壊し、新しく構築し直すことだ。

実際、私自身も、あいかわらず漂流状態だ。大学を出て一〇年間の商社マン生活、二〇年のコンサル人生、そして一〇年の教職。リンダ・グラットンさんの「一〇〇年人生」説ではないが、あと一、二回は新しい可能性に挑戦することになりそうな気がする。ひょっとしたら、最後まで「天職」が見つからないままかもしれない。

でも、未完のままでいること自体が、とても大事なことだと思っている。せっかく可能性が広がっているのに、妙に大人ぶって、完成してしまったように振る舞っている人を見ると、もったいなく感じてしまう。

大学一年のときに、朝日新聞社の編集委員だった亡き父・名和太郎の手伝いで、その著作『評伝・松下幸之助』の原稿書きをしたことがある。そのときに出会ったのが、幸之助翁の次のような座右の銘である。

　青春とは心の若さである
　信念と希望にあふれ、勇気にみちて日に新たな活動を続けるかぎり
　青春は永遠にその人のものである

未来のバリュー・クリエイターである読者とともに、私も、これからも考え続けたいと思う。

最後になってしまったが、本書はディスカヴァー・トゥエンティワンの干場弓子社長の絶大なるご支援の賜物であることを、告白しておきたい。

二年前に、前著の『成長企業の法則――世界トップ一〇〇社に見る二一世紀型経営のセオリー』を上梓してほっとしていると、「さあ、次はあなたの仕事術を語ってみて」と迫られた。この手の「知的挑発」に弱い私は、ついついこうして、コン

サルの技を種明かしすることになってしまったのである。

　私を誘惑した責任感（?）からか、本書の構想段階から原稿づくりまで、干場社長につきっきりでお世話になった。その間、同社の牧野類さんにも、ずっとお付き合いいただいた。お二人には、感謝の気持ちでいっぱいである。

　そして本書を手にしていただいた読者に対して、今度は私が責任を感じる立場になってしまった。みなさんのこれからの知的ジャーニーにとって、本書が少しでもお役に立てることを、心から切望する次第である。

二〇一八年六月

シリコンバレーにて

名和高司

コンサルを超える　問題解決と価値創造の全技法

発行日　2018年7月15日　第1刷
　　　　2018年7月30日　第2刷

Author
名和高司

Book Designer
加藤賢策（ラボラトリーズ）

Publication
株式会社ディスカヴァー・トゥエンティワン
〒102-0093　東京都千代田区平河町2-16-1
平河町森タワー 11F
TEL　03-3237-8321（代表）
FAX　03-3237-8323
http://www.d21.co.jp

Publisher
干場弓子

Editor
干場弓子＋牧野類

Marketing Group
Staff　小田孝文　井筒浩　千葉潤子
飯田智樹　佐藤昌幸　谷口奈緒美
古矢薫　蛯原昇　安永智洋　鍋田匠伴
榊原僚　佐竹祐哉　廣内悠理　梅本翔太
田中姫菜　橋本莉奈　川島理　庄司知世
谷中卓　小木曽礼丈　越野志絵良
佐々木玲奈　高橋雛乃

Productive Group
Staff　藤田浩芳　千葉正幸　原典宏
林秀樹　三谷祐一　大山聡子　大竹朝子
堀部直人　林拓馬　塔下太朗　松石悠
木下智尋　渡辺基志

E-Business Group
Staff　清水達也　松原史与志
中澤泰宏　西川なつか　伊東佑真
倉田華　伊藤光太郎　高良彰子
佐藤淳基

Global & Public Relations Group
Staff　郭迪　田中亜紀　杉田彰子
奥田千晶　李瑋玲　連苑如

Operations & Accounting Group
Staff　山中麻吏　小関勝則　小田木もも
池田望　福永友紀

Assistant Staff
俵敬子　町田加奈子　丸山香織
小林里美　井澤徳子　藤井多穂子
藤井かおり　葛目美枝子　伊藤香
常徳すみ　鈴木洋子　石橋佐知子
伊藤由美　畑野衣見　井上竜之介
斎藤悠人　平井聡一郎　曽我部立樹

Proofreader
文字工房燦光

DTP
アーティザンカンパニー株式会社

Printing
シナノ印刷株式会社

ISBN978-4-7993-2314-4